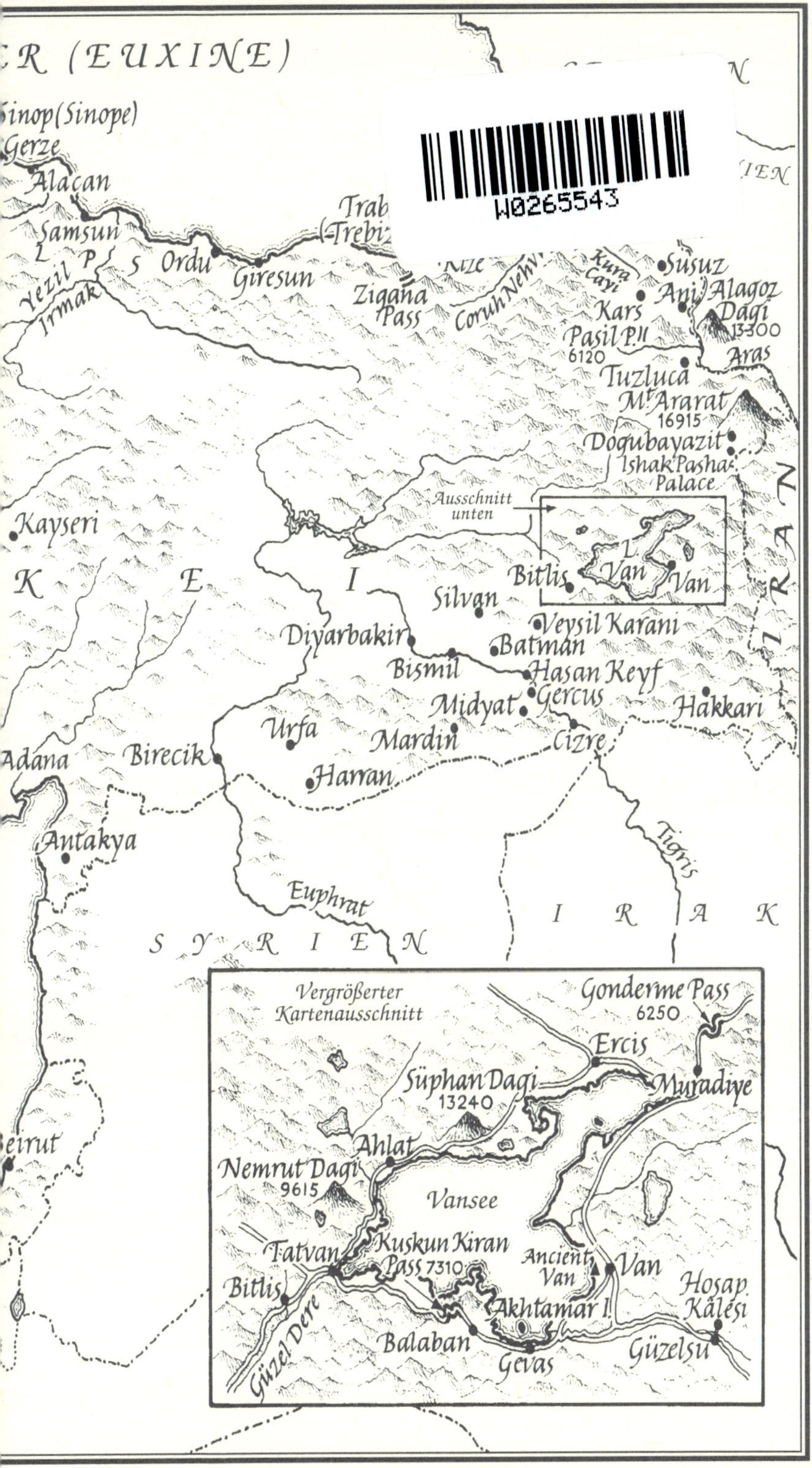

R (EUXINE)
Sinop (Sinope)
Gerze
Alaçan
Samsun
Yezil
Irmak
L P S
Ordu
Giresun
Trab
(Trebiz
Zigana Pass
Rize
Coruh Nehri
Kura Cayi
Susuz
Ani
Alagoz Dagi
13300
Kars
Pasil P.II
6120
Aras
Tuzluca
Mt Ararat
16915
Dogubayazit
Ishak Pasha Palace
Ausschnitt unten
L. Van
Bitlis
Van
Kayseri
K E I
Silvan
Veysil Karani
Batman
Diyarbakir
Bismil
Hasan Keyf
Gercus
Midyat
Hakkari
Urfa
Mardin
Cizre
Adana
Birecik
Harran
Antakya
Tigris
Euphrat
I R A K
S Y R I E N
IRAN
Beirut
Vergrößerter Kartenausschnitt
Gonderme Pass
6250
Ercis
Muradiye
Süphan Dagi
13240
Ahlat
Nemrut Dagi
9615
Vansee
Tatvan
Kuskun Kiran Pass 7310
Ancient Van
Van
Bitlis
Hosap Kalesi
Akhtamar I.
Balaban
Gevas
Güzelsu
Güzel Dere

SCHWEIZER
VERLAGSHAUS

Von Bettina Selby sind folgende Titel lieferbar:

Ah Agala!
Eine Frau erfährt Afrika
Mit dem Fahrrad
durch die Wüste

Timbuktu!
Eine Frau in Schwarzafrika
Allein mit dem Fahrrad
unterwegs

Himalaja!
Mit dem Fahrrad
durch Nepal, Kaschmir und
Sikkim

Bettina Selby

Ararat!

Eine Frau im Garten Eden
Mit dem Fahrrad durch Kurdistan

Deutsch von Jürg Wahlen

Schweizer Verlagshaus
Zürich

Die englische Originalausgabe erschien 1993 unter dem Titel
Beyond Ararat
bei John Murray (Publishers) Ltd, London

Alle Aufnahmen des Bildteils stammen von Bettina Selby

Die Deutsche Bibliothek – CIP-Einheitsaufnahme

Selby, Bettina:

Ararat! : Eine Frau im Garten Eden ; mit dem Fahrrad
durch Kurdistan / Bettina Selby.
Dt. von Jürg Wahlen. – Zürich :
Schweizer Verl.-Haus, 1994

Einheitssacht: Beyond Ararat <dt.>
ISBN 3-7263-6678-4

Schutzumschlag: Heinz von Arx, Zürich,
unter Verwendung eines Photos von Gerold Jung,
The Image Bank, Zürich
Satz: Typomedia, Ostfildern
Druck und Bindung: Franz Spiegel Buch GmbH, Ulm
Printed in Germany

ISBN 3-7263-6678-4

2 4 6 5 3 1

Inhalt

Zur leichteren Lesbarkeit sind die Akzente bei türkischen Wörtern meist weggelassen.

*Dieses Buch ist Xenophon und den Zehntausend gewidmet,
die wie ich in den Bergen der Osttürkei
in manch schwierige Situation gerieten.*

1

Eine Idee nimmt Gestalt an

»Und Gott gedachte Noahs ...« – diese Worte hatten sich in meinem Kopf festgesetzt, lange nachdem ich dem Zauber der harten kleinen Holztierpaare entwachsen war, die säuberlich zu zweien in eine dickbauchige, überfüllte Arche paßten. Jene wunderbaren, schicksalsträchtigen Worte: »Und Gott machte einen Wind, der über die Erde strich, und die Wasser setzten sich ... Und die Arche ruhte im siebenten Monat, am siebzehnten Tag des Monats, in den Bergen von Ararat.«

Der Funke, der den Gedanken zündete, eine lange Reise hin zu dem Berg zu unternehmen, wo Noahs Arche angeblich gestrandet sein soll, sprang jedoch erst über, nachdem ich zufällig auf eine bestimmte Stelle in einem Buch eines Entdeckers namens James Bryce gestoßen war, der im 19. Jahrhundert gelebt und den Ararat selber bestiegen hatte:

> In diesem einen Augenblick schien rundherum unter mir die ganze Wiege der menschlichen Rasse zu liegen, von Mesopotamien im Süden bis zur großen Wand des Kaukasus, die den nördlichen Horizont bedeckte, für so viele Zeitalter die Grenze der zivilisierten Welt. Wenn es wirklich hier war, wo der Mensch zuerst auf der unbewohnten Erde Fuß gefaßt hatte, konnte man sich leicht ausmalen, wie seine mächtige Verbreitung vonstatten ging, wie die Rassen sich entlang dem Lauf der großen Ströme zum Schwarzen und zum Kaspischen Meer hinunter ausbreiteten und über die Assyrische Ebene zu den Ufern des Südlichen Ozeans, wo sie zu den anderen Kontinenten und Inseln weggeweht wurden. Es

ließe sich kein eindrücklicherer Mittelpunkt der Welt denken.

Als ich dies las, verspürte ich einen vertrauten Schauder der Erregung in mir, während bereits die ersten Vorstellungen aufschimmerten und Wurzeln schlugen. Kaleidoskopartige Bilder blitzten vor meinem geistigen Auge auf – große, urtümliche Ströme, die sich durch Schluchten wälzten, blaue Binnenmeere, hochragende, struppige Gebirge und die übereinandergeschichteten, jahrtausendealten Lagen von Geschichten und Legende: hethitische und urartische Ruinen aus der Dämmerung der Zivilisation; der Vansee und der Garten Eden; Jason und das Goldene Vlies; Amazonen; Homers Griechen in ihren hochbugigen Booten; Moscheen und Paläste der Seldschuken; kurdische Raubburgen; Xenophons Zehntausend, die sich nach ihrem mißlungenen Angriff auf den Großkönig einen Weg durch Kurdistan zurückkämpften; Trapezunt und das letzte Flüstern des Byzantinischen Weltreichs. Mit einemmal erkannte ich, daß dies eine Reise war, die ich schon immer hatte unternehmen wollen.

Ein erster Blick auf den Atlas enthüllte eine verlockende Route. Sie ging von Istanbul aus, der sinnträchtigsten aller Städte, wo ich im Bogen der faszinierenden Küste des Schwarzen Meeres bis Trabzon folgen konnte, dem einstigen Trapezunt. Von dort – oder vielleicht sogar noch näher an der russischen Grenze – würde ich mich an den Aufstieg zur Ostanatolischen Hochebene machen und die lange Strecke zum Ararat in Angriff nehmen. Und wieso beim Ararat aufhören? Dahinter lagen der großartige, von Bergen umgebene Vansee und die Anfänge des uralten Landes zwischen Tigris und Euphrat, die Wiege der biblischen Geschichte. Durch Kurdistan mit seinen Städten von fast legendärer Altehrwürdigkeit führte der Weg südwärts zu den arabischen Grenzgebieten, nach Haran, wo Abraham verweilt hatte, nachdem er von Ur in Chaldäa aufgebrochen war, bevor er sich schließlich zum Gelobten Land aufmachte. Namen klangen mir aus der Landkarte wie Sirenenrufe entgegen.

Ein detaillierteres Studium von Karten in größerem Maßstab

brachte eine gewisse Ernüchterung, da mir die Entfernungen und die Schwierigkeiten des Geländes allmählich bewußt wurden. Mit siebenundvierzig Jahren hatte ich meine erste wirklich große Radfahrt durch Pakistan, Nordindien und Nepal unternommen und mich durch die Täler des Himalaja bis nach Katmandu geschlängelt. Die hoch aufsteigenden Pässe, mit denen ich mich auf jener Reise abplagen mußte, hatten mich an die Grenzen meiner Kräfte gebracht. Wie sollte es mir zehn Jahre später gelingen, diese endlosen türkischen Gebirgszüge zu überqueren, die vielfach nur wenig niedriger schienen als jene, an die ich mich im Himalaja gewagt hatte?

Und was war mit all den wilden Hunden, die in der Osttürkei frei herumstreifen und die großen Schafherden vor raubgierigen Wölfen und Bären schützen? Die meisten Hunde verfolgen Radfahrer bei jeder Gelegenheit mit wahrer Wonne und graben ihre Zähne in jeden Körperteil, den sie sich schnappen können. »Die Hirtenhunde von Ostanatolien«, las ich, »sind halbe Wölfe. Die Hündinnen werden zur Paarung in die Berge geschickt und erhalten so die Wildheit der Rasse.« Diesem Bericht zufolge waren sie mit Stachelhalsbändern geschützt, damit die Wölfe sie beim Kampf nicht an der Gurgel packen konnten. An diesen Halsbändern hingen Medaillen für jeden Wolf, den der Hund gerissen hatte. »Leider«, hieß es weiter, »sind sie nicht darauf abgerichtet, ihre Aufmerksamkeit auf vierbeinige räuberische Lebewesen zu beschränken, und greifen alles an, was sich bewegt« – besonders Radfahrer, daran war nicht zu zweifeln!

Meine Reiseroute würde mich zudem sehr nahe an die Grenzen zu Rußland, Iran, Irak und Syrien führen, vier Grenzregionen, wo kriegerische Auseinandersetzungen nichts Ungewöhnliches waren. Die Berge dort wimmelten gegenwärtig von bewaffneten kurdischen Guerilleros. Wie würden sie auf eine alleinreisende Frau mit einem Fahrrad reagieren?

Für den, der eine schwierige oder potentiell gefährliche Reise plant, gibt es zwei Möglichkeiten: entweder dem, was sich nicht ändern läßt, mit Zuversicht entgegenblicken oder sein Vorhaben aufgeben und zu Hause bleiben. Wie alle Reisenden bin ich von

Natur aus eine Optimistin, doch das schließt nicht aus, die sorgfältigsten Vorkehrungen zu treffen. Erst wenn ich überzeugt bin, alles für meine Sicherheit getan zu haben, was in meiner Macht steht, überlasse ich das weitere gern der Vorsehung.

Trotz der vielen Berge hatte ich mir in den Kopf gesetzt, die Reise auf dem Fahrrad zurückzulegen, denn dieses einzigartige, meiner Ansicht nach stark unterschätzte Gefährt ist für mich noch immer die ideale Lösung, um mir die Welt anzusehen und anderen Menschen zu begegnen. Ich bin nie glücklicher als auf meinen eigenen zwei Rädern. Zwingt allerdings die Notwendigkeit mich und mein Fahrrad dazu, zeitweilig mit alternativen Transportmitteln Vorlieb zu nehmen, habe ich nichts dagegen einzuwenden. Busse, Eisenbahnwagen, Flugzeuge, Gebirgsträger, Kamele, Einbäume – sie alle haben uns beiden zu verschiedenen Zeiten über schwieriges oder verbotenes Gelände hinweggeholfen, und erwartungsgemäß würde auch diese Reise keine Ausnahme bilden. Doch wenn ich überhaupt eine Chance haben wollte, die Expedition in die Türkei aus eigener Kraft zu schaffen, brauchte ich ein sehr spezielles Rad – eines, das leicht und robust zugleich war und mit dem sich vor allem mühelos Steigungen bewältigen ließen. Mein vertrauenswürdiger Evans, der mich durch die rauhen Wüsten Afrikas getragen hatte, war mir einige Monate zuvor vor dem British Museum gestohlen worden, doch er wäre für diese Reise ohnehin ungeeignet gewesen. Wer nicht selbst ein begeisterter Radfahrer ist und glaubt, Fahrräder seien alle gleich und es liege nur an der Kraft und Ausdauer des Fahrers, wenn eines schneller fährt und ihn weiter trägt, liegt zwar nicht völlig falsch, doch eine optimale Konstruktion kann viel ausmachen, besonders im Gebirge.

Ich konsultierte einen Vertreter der rasch aussterbenden Gilde britischer Zweirad-Kunsthandwerker, die in kleinen Werkgeländen in Seitenstraßen arbeiten und von Hand gefertigte Räder herstellen, welche mit gewöhnlichen Fahrrädern soviel gemeinsam haben wie ein Vollblutpferd mit einem müden Klepper. Nach einem Nachmittag mit angeregten Diskussionen, die sich um Dinge wie Gewicht-Kraft-Verhältnis, Rahmenwinkel, Anzahl der

Zähne an Tret- und Radzahnkränzen und dergleichen drehten (alles höchst aufregend für jeden, der auf zwei Rädern die Welt erkunden will), ging ich wieder und wartete erst einmal ab.

Was schließlich aus der Werkstatt von Mr. Roberts hervorging, war ein prachtvoll aussehendes hybrides Gefährt, halb Tourenrad, halb Mountainbike. Es hatte robuste Mountainbikeräder, versiegelte Lager, die schädlichen Sand und Wasser fernhalten sollten, leichte Rahmenrohre und sehr tiefe Gänge, um steile Steigungen ohne große Anstrengung überwinden zu können. Der Rahmen wies einen sehr kurzen Radstand und fast so steile Rahmenwinkel auf wie ein Rennrad. Dieses Rad ließ sich nicht völlig ruhig fahren und geriet bei schnellen Talfahrten mit vollbeladenen Satteltaschen beim Lenken leicht ins Schwanken, so daß man es sorgfältig handhaben mußte. Da ich jedoch inzwischen auf einem Sattel viel standfester bin als auf meinen eigenen zwei Beinen, machte ich mir deswegen keine Sorgen. Am wichtigsten war, daß es hervorragend klettern konnte. Dank seiner erstklassigen Fähigkeit, sich mit mir in die Höhe zu schwingen, wo ein minderwertigeres Rad längst versagt hätte, aber auch angesichts der geschichtsträchtigen Landstriche, durch die wir reisen würden, erwog ich, meinen neuen Gefährten »Pegasus« zu nennen. Der Name kam mir jedoch nicht natürlich über die Lippen – vielleicht war er selbst für ein derart ungewöhnliches Fahrrad eine Spur zu exotisch. Daher fing ich an, mein Rad wie seinen Vorgänger beim Namen seines Herstellers, der am Sitzrohr prangte zu nennen: Roberts. Ein Name mit einem feinen schottischen Anklang, ritterlich und zuverlässig.

Das Problem der anatolischen Hunde löste sich ganz zufällig während eines beiläufigen Gesprächs in der Royal Geographical Society. Ob ich denn noch nie etwas von diesem Ultraschallgerät namens »Dog Dazer« (Hundelähmer) gehört hätte? Hatte ich nicht, war aber sehr schnell im Besitz eines solchen. Es war ein unscheinbares, kleines graues rechteckiges Plastikding, das etwa hundert Gramm wog. Ein winziger roter Punkt, der aufleuchtete, wenn ich einen Knopf drückte, war das einzige Anzeichen, daß es funktionierte, denn der Ton, den es aussenden sollte, lag jenseits der Obergrenze des menschlichen Hörvermögens und war nur für Hunde, Katzen, Pferde und alle anderen Geschöpfe wahrnehmbar, die auf den Ultraschallbereich empfindlich sind. Der Beweis für die Effizienz dieser Erfindung ließ nicht lange auf sich warten. Ohne mein Wissen war Bootle, unser bejahrter, träger Kater, ins Zimmer geschlichen, als ich den Dazer meinem Mann vorführte. Als ich auf den Knopf drückte, war das Tier gut dreieinhalb Meter hinter mir, und die Mündung des Geräts wies in die entgegengesetzte Richtung. Möglicherweise wurde der Ton von einem Heizkörper zurückgeworfen, doch wie auch immer er den Kater auch erreichte – der Effekt war spektakulär. Ich drehte mich beim Ruf meines Mannes ruckartig um, gerade noch rechtzeitig, um mitzubekommen, wie der arme Bootle mehrere Fuß hoch in die Luft sprang, mit einem Gesichtsausdruck, als sähe er ein scheußliches Gespenst. Sobald er wieder gelandet war, machte er sich schleunigst auf den Rückzug und bewegte sich dabei beträchtlich flinker als seit Monaten. Obwohl es mir leid tat, daß ich unwissentlich der Grund für seine Panik gewesen war, verhieß Bootles Reaktion auf den Dazer nur Gutes für allfällige Begegnungen mit scharfen Hunden. Die Behauptung des Herstellers, daß die Tiere keine bleibenden Schäden davontrügen, bestätigte sich, denn Bootle erholte sich rasch wieder.

Ich hätte mir gewünscht, etwas ebenso Wirkungsvolles gegen übelgesinnte Menschen finden zu können, doch abgesehen von einer Pistole (mit der ich nicht viel anfangen könnte und die zudem illegal wäre) gab es hier leider kein Patentrezept. Meine persönliche Sicherheit mußte ich also wie üblich der Vorsehung überlassen, unter gütiger Mithilfe vernünftiger Vorsichtsmaßnahmen.

Die Zeit, die mir vor der Abreise noch blieb, wurde von der Zusammenstellung meiner Ausrüstung und ihrer Aufteilung in vier Satteltaschen und eine Lenkertasche in Anspruch genommen, so daß alles perfekt auf dem Fahrrad verteilt und augenblicklich zur Hand sein würde. (Wer sich für Einzelheiten dieser Ausrüstung interessiert, findet sie am Ende des Buches aufgelistet.) Es ist immer sehr wichtig zu wissen, wo jeder einzelne Gegenstand verstaut ist, um einerseits in der Dunkelheit das Lager aufschlagen oder bei Bedarf rasch den Verbandskasten oder den Dog Dazer herausfischen zu können und andererseits nicht jedesmal lange herumsuchen zu müssen, wenn man irgend etwas benötigt. Etwas vom Schönsten bei dieser Art zu reisen ist die damit verbundene Freiheit. Daß sich alle materiellen Besitztümer auf das reduzieren lassen, was sich auf einem Fahrrad mitführen läßt, ist an sich schon eine Freude, und danach geht es nur noch darum, sich ihrer so wenig bewußt zu sein wie eine Schnecke ihres Hauses.

Selbst nach jahrelanger Erfahrung beim Packen für solche Expeditionen quäle ich mich jedesmal wieder mit Dingen ab, die ich unbedingt dabeihaben möchte (meist Bücher), obwohl ich weiß, daß ich im eigenen Interesse darauf verzichten muß, um das Gewicht auf einem vernünftigen Niveau zu halten. Zusammen mit den Impfungen, den Flugkarten und den kleinen Notwendigkeiten, die ich mir in letzter Minute beschaffen muß, nimmt dies meine Aufmerksamkeit während der letzten zehn Tage vor der Abreise so sehr in Anspruch, daß dadurch die bevorstehende Reise eher in den Hintergrund trat.

Ich war deshalb beinahe etwas überrascht, als ich dann an einem heißen Julimorgen um drei Uhr früh tatsächlich im leeren Flughafen von Istanbul saß und eine günstigere Zeit abwartete, um die Leute anzurufen, bei denen ich die nächsten paar Tage wohnen würde. Ich hätte meine sich selbst mit Luft füllende Luftmatratze und meinen Schlafsack hervorziehen und mich in einer Ecke zusammenrollen können, doch jetzt, wo das Abenteuer endlich begonnen hatte, war ich zu nervös, um zu schlafen. Ganz in der Nähe, eingesponnen in eine der weltweit größten städtischen Wucherungen, war noch immer der faszinierende Geist einer byzantinischen Stadt zu spüren, einer Stadt, in die ich mich augenblicklich verliebt hatte, als ich sie vor sieben Jahren zum ersten Mal zu Gesicht bekommen hatte. Hätte Roberts nicht in Teile zerlegt in einer großen Tasche neben mir gestanden, hätte ich in einer Stunde dort sein und ein weiteres Mal vor der Hagia Sophia stehen oder von den Gärten der Süleymaniye-Moschee über das Goldene Horn blicken können.

2

Die Fahrt nach Byzanz

Schluß mit der Bücherweisheit! Besser ist's,
In eigener Erhabenheit die Monumente zu studieren;
Deshalb habe ich die Meere befahren
Und bin zu der heiligen Stadt Byzanz gekommen.
W.B. Yeats, »Die Fahrt nach Byzanz«

Keine andere Stadt besitzt diesen betörenden Zauber von Istanbul, und nirgendwo auf der Welt könnte man sich eine prächtigere Lage für die Hauptstadt eines großen Imperiums denken. Das erste Mal war ich mit dem Schiff angekommen, quer über das Marmarameer. Wir waren am späten Nachmittag eingelaufen, als die Kuppeln und Minarette von hundert Moscheen sanft von der untergehenden Sonne vergoldet und die Ruinen der großen byzantinischen Stadtmauern des Theodosius in ein rosenrotes Licht getaucht wurden. Trotz der immer schneller fortschreitenden Verwüstungen der letzten sieben Jahre vermittelt mir dieser Anblick noch heute etwas von jenem Staunen und jener Erregung, die ich damals verspürte.

Doch selbst in der ersten Aufregung, endlich wieder in dieser wunderbaren Stadt zu sein, kam mir unwillkürlich ein Ausspruch von Tante Dot aus Rose Macaulays *The Towers of Trebizond,* Die Türme von Trapezunt, in den Sinn: »Das Ausland ist auch nicht mehr das, was es einmal war.« Istanbul weist zur Zeit weltweit das schnellste Wachstum auf und hat seine Bevölkerung in den letzten sieben Jahren mehr als verdoppelt. Schon auf der Herfahrt vom Flughafen hatte ich bemerkt, daß die Peripherie der Stadt eine einzige riesige planierte Baustelle geworden war und häßliche uniforme Wohnblöcke das Land verschluckten, als wäre eine raubgierige Armee auf dem Vormarsch. Der Rückstau der Fahrzeuge, die von diesen wuchernden Vorstädten am Morgen und am Abend den Bosporus überqueren, dauert viele Stunden an.

Die Einwohnerschaft Istanbuls mochte sich verdoppelt haben, doch der Tourismus schien auf das Vierzig- oder Fünfzigfache angewachsen zu sein. Die mittelalterlichen Straßen waren verstopft vom motorisierten Verkehr und von den Fußgängern, die sich auf den überfüllten Gehsteigen drängten, und es hatte ganz den Anschein, als versänke die Innenstadt unter einer doppelten Flutwelle aus Menschengewimmel und Fahrzeugen. Wo die Fahrer ihre Vehikel einst mit einer anarchistisch-leidenschaftlichen Hingabe gelenkt hatten, standen sie nun dichtgedrängt und schlichen im Schneckentempo dahin, wobei sie fürchterliche Abgaswolken ausstießen. Die Substanz der Innenstadt war zwar noch intakt, lag aber wie unter einem Schleier. Sie überwältigte einen nicht mehr auf den ersten Blick, vor allem nicht in der brütenden Hitze Anfang Juli.

Ich hatte Glück, bei einer türkischen Familie am asiatischen Ufer des Marmarameers zu Gast zu sein. Meine Gastgeber wohnten in einem überaus zauberhaften Haus, das von einem hübschen, von einer Familie erlesener grauer Katzen bewohnten Garten umgeben war und direkt am Meer lag. Es bot einen romantischen Ausblick auf die Prinzeninseln, wo einst allzu ehrgeizige oder aufsässige Familienmitglieder byzantinischer Dynastien in Gewahrsam gehalten worden waren.

Doch selbst hier draußen war der Friede brüchig geworden. Etwa fünfzig Meter vom Ufer entfernt wurde parallel zur Küstenlinie ein Damm errichtet, der für eine achtspurige Autobahn bestimmt war. Aus Gründen der Umweltschädlichkeit mußte dieses Vorhaben nicht nur auf jegliche internationale Unterstützung verzichten, die türkischen Gerichtshöfe hatten es auch für illegal erklärt. Trotzdem arbeiteten die Bauunternehmer rund um die Uhr, um das Projekt zu einer vollendeten Tatsache zu machen. Welche abstrusen Verästelungen von Bestechung und Korruption dazu beigetragen haben mochten, daß sich ein Privatunternehmen über eine gerichtliche Verfügung hinwegsetzen konnte, ging über meinen Verstand. Vielleicht rechnete man mit einer politischen Veränderung, denn die Wahlen standen vor der Tür, und ein Regierungswechsel lag durchaus im Bereich des Möglichen. War der Damm einmal fertiggestellt und das Land zum Ufer hin trokkengelegt, wäre das bereits unter einer extremen Verschmutzung leidende Marmarameer massiv zusammengeschrumpft. Die Verszeile von Yeats – »Dies Meer, von Delphinen zerschnitten und von Gongs gequält« – erhielte dadurch eine neue, makabre Wendung.

Am asiatischen Ufer zu wohnen hatte für mich den großen Vorteil, daß ich per Schiff nach Istanbul übersetzen konnte, die schrecklichen Verkehrsstaus vermied und so wieder etwas vom Zauber jener ersten Begegnung einfing. Bei der Ankunft mit der Fähre, dort, wo die weiten Wasser des Marmarameers auf den engen Bosporus treffen und das Goldene Horn unter der Galata-Brücke nach links wegfließt, war alles noch weitgehend so, wie ich es in Erinnerung hatte. Ein lauter Tumult erhob sich von den geschäftigen Schleppdampfern, Barken, Schleppnetzfischern, Fähren und Linienschiffen, die alle gebieterisch ihre Hörner erschallen ließen, während sie in wenigen Metern Abstand aneinander vorbeifuhren. Kleine Dingis schlängelten sich mit Todesverachtung zwischen ihnen durch. Möwen stießen herab, schrien und zankten um Abfälle über den Köpfen der Fischer, die am Kai ihren assortierten Fang ausriefen. Auch die schwingende, wippende Galata-Brücke hatte sich nicht verändert, obwohl sie bald abgerissen und durch eine weit reizlosere Konstruktion ersetzt werden sollte, die nur wenig stromaufwärts kurz vor der Vollendung stand. Momentan zeigte die alte Galata jedoch noch das gewohnte Bild: eine Reihe von Fischern mit Angelruten und -schnüren auf der oberen Ebene, Fischrestaurants auf dem Unterdeck und überall Verkäufer, wo immer sie einen Fleck finden konnten, um irgend etwas feilzubieten, von gebratenem Fisch bis zu abgepackten Zigaretten.

Sobald das Goldene Horn überquert war, stürzte ich mich ins Gewühl von Fahrzeugen und Menschenleibern, das sich den Hügel hochkämpfte, bis ich endlich atemlos auf dem großen, offenen Platz im Herzen von Konstantins Stadt Zuflucht fand, wo die Blaue Moschee von Sultan Ahmet über das alte Hippodrom auf die Hagia Sophia blickt.

Die ganze Gegend wirkte viel ordentlicher, als ich sie vom letzten Mal in Erinnerung hatte. Dank der grellen, vollklimatisierten Touristenbusse im Umkreis hatte sie jedoch viel von ihrem romantischen, leicht heruntergekommenen Charme eingebüßt. Die altehrwürdigen Marmorkapitelle, die einst als willkommene Ablageflächen für Tee- und Kaffeegläser gedient hatten, waren durch Reihen von Plastikstühlen und -tischen ersetzt worden. Das Hotel, auf dessen Dach ich geschlafen hatte und von wo ich glaubte, beinahe das Dach der Hagia Sophia berühren zu können, war abgerissen worden, um einem weit weniger individuellen, dafür um so kostspieligeren Bau Platz zu machen. Die zudringlichen Teppichverkäufer, die jedem vielversprechenden Kunden ihre hübschen Glasaugen gegen den »bösen Blick« aufgenötigt hatten, waren von Straßenhändlern abgelöst worden, welche die Touristenbusse umzingelten und den herausströmenden Menschen illustrierte Reiseführer in allen Sprachen unter die Nase hielten. Sogar das herrlich unhygienische und heißgeliebte Puddinggeschäft war zu verschämter Ehrwürdigkeit aufpoliert worden. Doch es war die Hagia Sophia selbst, die sich als der größte Schock herausstellte.

Seit 548 v. Chr. steht die Hagia Sophia, die Kirche der heiligen Weisheit, auf ihrem Hügel und blickt über die schimmernde Weite des Meeres. Mehr als vierzehn Jahrhunderte lang überstand sie Erdbeben und Feuersbrünste, Eroberungen und Plünderungen. Immer und immer wieder wurde sie ausgebessert, abgestützt und aufgefrischt. Der osmanische Eroberer Mehmet ließ es sich nicht nehmen, nach der Einnahme von Konstantinopel im Jahr 1453 als erstes barhäuptig zur Hagia Sophia zu gehen, um diesem großartigen Bauwerk seine Reverenz zu erweisen. Nachdem sie ein paar weitere Jahrhunderte als Moschee gedient hatte – mit einem unpassend außermittig in die Apsis versetzten Mihrab, um den Weg nach Mekka zu weisen, und mit arabischer Kalligraphie auf großen, schwarzen Scheiben behängt, welche die sich emporschwingende Linienflucht der großen Stützpfeiler völlig ruinierten –, wurde ihre ausgehöhlte Schale zu einem Museum degradiert. Doch nichts von alldem hatte ihren eigentlichen Genius antasten können, und sie ist eines der prächtigsten christlichen Bauwerke der Welt geblieben.

Als ich zum erstenmal unter der großen Mittelkuppel herumspaziert war, schien sie unsichtbar gestützt dort zu schweben, aufgehängt zwischen Himmel und Erde. Die wirbelnden, befiederten Massen riesiger, furchteinflößender Seraphim, welche die vier Strebebogen ausfüllten, trugen zusätzlich zu der Wirkung ätherischer Leichtigkeit bei. In großartigem Kontrast betonten darunter massive Porphyrsäulen mit Kapitellen wie aus durchbrochenen Marmorspitzen das ungeheure Gewicht und Ausmaß dieser ehrwürdigen, mißhandelten Struktur. Aus Apsis und Emporen schimmerten restaurierte Fragmente von Goldmosaiken von den verwitterten Mauern, wie Yeats' »Weise, die in Gottes heiligem Feuer stehen«.

Jetzt aber fand ich das Innere der Hagia Sophia zur Hälfte von Baugerüsten gefüllt, die bis unter die Decke der Kuppel reichten, so daß sie nicht länger zu schweben schien. Größere Gruppen verschiedenster Nationalitäten, die den Reisebussen entquollen, wimmelten oben und unten wie Ameisen an allen freigebliebenen Stellen. Der große Bau dröhnte wie der Turm zu Babel, Touristenführer bombardierten ihre Schützlinge mit einem Gewirr rivalisierender Sprachen, und aus jeder düsteren Nische zuckten Blitzlichter auf. Falls der unbußfertige Geist von Henricus Dandalo noch irgendwo in der Nähe war, muß er sich wohl schadenfroh die Hände gerieben haben. Dandalo, der böse Doge von Venedig, ein blinder, gehässiger achtzigjähriger Greis, war weitgehend dafür verantwortlich, daß Konstantinopel zweieinhalb Jahrhunderte bevor die osmanischen Türken das Byzantinische Reich überrollten, viele seiner unbezahlbaren alten Schätze verlor und seine großartige Kirche von einer christlichen Armee geplündert und entweiht wurde. Der vierte Kreuzzug war im Jahr 1204 aufgebrochen, um Jerusalem aus den Händen der Ungläubigen zu befreien, als Dandalo das Kunststück fertigbrachte, den Zug von seinem ursprünglichen Ziel wegzulotsen und statt dessen gegen Konstantinopel zu lenken. Durch ein Zusammenwirken verheerender Umstände, die hauptsächlich den hier offenbar endemischen politischen Fehden zuzuschreiben sind, gelang es den Kreuzrittern, die als uneinnehmbar geltenden Verteidigungsanlagen zu durchbrechen, die Stadt einzunehmen und in einer dreitägigen Orgie der Verwüstung zu plündern. Christen dezimierten Christen, während die Türken den Druck auf die christliche Welt immer mehr verstärkten. Dandalo wurde in der Hagia Sophia begraben, doch achtzig Jahre später, nachdem die Latiner vertrieben worden waren, verlegte man seinen Grabstein in den Fußboden, damit die Byzantiner ihren Gefühlen Luft machen und auf ihm herumtrampeln konnten. Wenigstens dies hatte sich nicht verändert, nur war das Treten jetzt rein zufällig, denn es war fast unmöglich, in dem Gewühl die eigenen Füße zu sehen. Nur wenn ich mich auf die letzten verbliebenen herrlichen Mosaike konzentrierte, auf die Deesis oder die Gottesmutter im Kuppeldach der Apsis, konnte ich jenes Gefühl der Ehrfurcht und des Staunens nachempfinden, das ich das letzte Mal verspürt hatte, und ich verließ die Kirche der heiligen Weisheit schnell wieder, bevor mir auch dies noch abhanden kam.

Ich entfloh über die Straße in die kühlen, schummrigen Tiefen der Basilikazisterne, eines weiteren großen unter Justinian errichteten Bauwerks, das bis vor kurzem ein wichtiger Teil des ausgeklügelten städtischen Wasserversorgungsnetzes war. Obwohl diese kühlen Gewölbe in der drückenden Julihitze einen idealen Aufenthaltsort bildeten, waren sie praktisch leer und widerhallten wunderbar. Seit ich das letztemal hiergewesen war, hatte sich jemand den Scherz erlaubt, eine grüne Beleuchtung zu installieren, was dem Ort etwas vom Erscheinungsbild einer Feengrotte verlieh. Außerdem waren die Laufstege repariert und erweitert worden, so daß man den Raum endlich vollständig erforschen konnte. Ein Wald aus insgesamt etwa dreihundertfünfzig Säulen, durchweg wiederverwertbares Material aus heidnischen Tempeln, stützt die darüberliegende Straße auf einer Länge von rund hundertfünfzig Metern ab. Für ein rein praktischen Zwecken dienendes unterirdisches Wasserreservoir wirkt diese Zisterne erstaunlich elegant. Die schönen klassischen Säulen, an deren Basis der weite Wasserspiegel leckt, sind sorgfältig ihren unterschiedlichen Kapitellen entsprechend gepaart. Für mich ist dies eines der sinnträchtigsten Monumente der Stadt, denn seit seiner Entstehung um das Jahr 525 hat es sich wohl kaum verändert. Es überraschte mich keineswegs, als ich erfuhr, daß man es gemeinhin den »Versunkenen Palast« nannte. Ich hätte gern gewußt, ob wohl einst abenteuerlustige Byzantiner nach einem Fest hier heruntergekommen waren, um zwischen den Säulen herumzuschwimmen, wie ich es selbst gern getan hätte, wenn das Wasser etwas tiefer gewesen wäre. Am hinteren Ende stieß ich auf zwei kolossale Plinthen, die eine unsichtbare Last über mir abstützten. In beide war ein riesenhafter Apollokopf gemeißelt. Wie alles übrige hier entstammten auch sie einem klassischen Tempel. Die Blöcke waren so verlegt worden, daß der eine auf der Seite lag und der andere auf dem Kopf stand. Da jedes Detail mit so viel Sorgfalt ausgeführt worden war, daß ich mir keine Zufälligkeiten vorstellen konnte, hatten die Erbauer sie womöglich auf diese Weise eingefügt, weil Apollo als heidnische Gottheit für eine christliche Stadt unziemlich war und seine verdrehte Lage anzeigen sollte, daß er hier nicht angebetet wurde.

Ich blieb lange in den kühlen, feuchten Gewölben und grübelte über die Veränderungen nach, die meine Lieblingsstadt heimgesucht hatten. Mir schien, Istanbul sei viel zu heiß und viel zu übervölkert und es sei wohl das beste, so schnell wie möglich zur Schwarzmeerküste aufzubrechen. Ein paar erinnernswerte Orte mußte ich jedoch unbedingt noch wiedersehen, bevor ich Abschied nahm: die kleine Moschee zum Beispiel, die ehemalige exquisite Kirche der Heiligen Sergius und Bacchus, dazu die prachtvollen Fresken und Mosaike in der Erlöserkirche in Chora, die schrecklichen Haremsquartiere im Topkapi-Palast und die erhabene Süleymaniye-Moschee. Der Rest von Istanbul mußte warten, bis ich auf der Rückreise wieder hier durchkam. Dann würde es hoffentlich nicht nur kühler sein, sondern auch wieder ein Vergnügen, planlos durch die engen Straßen in der Nähe des

Goldenen Horns zu schweifen und Überreste uralter byzantinischer Paläste und Zisternen sowie alte türkische Fachwerkhäuser zu entdecken.

Feride, meine Gastgeberin, und ihr Mann Irfan unterrichteten beide an der Universität und sprachen so gut Englisch, daß ich bald vergaß, daß sie keine Engländer waren. Nur hin und wieder traten ausgeprägte Unterschiede zutage, so etwa, als ich Roberts zusammensetzte. Es ging Irfan derart gegen den Strich, eine Frau mit Werkzeug hantieren zu sehen, daß er mir, nachdem er eine Weile herumgestrichen war und unnötige Ratschläge erteilt hatte, tatsächlich den Schraubenschlüssel aus der Hand nahm, um die Arbeit selbst auszuführen. In diesem Augenblick verstand ich, weshalb Feride ihn den »Stammeshäuptling« nannte. Ich dachte daran, wieviel ausgeprägter diese Haltung weiter im Osten sein mußte, wenn schon der sanfte, weltmännische Irfan so entschiedene Auffassungen davon hatte, welche Rolle der Frau in seinen Augen zukam.

In der Türkei sind Fahrräder selten, was angesichts der überwiegend gebirgigen Natur dieses Landes nicht weiter verwundert. Zudem halten die Türken, vor allem die Männer, unnötige Strapazen mit ihrer Religion für unvereinbar. Die Vorstellung, daß jemand aus freien Stücken per Fahrrad reiste (und erst noch rund um den Osten des Landes, wohin sich nur sehr wenige Türken, die nicht dort wohnen, je vorgewagt haben), faszinierte Irfans und Ferides Freunde so sehr, daß viele von ihnen kurz hereinschauten, um sich dieses Phänomen anzusehen. Eine Bekannte der beiden, die für eine nationale Zeitung arbeitete, hielt mein Unterfangen für so ungewöhnlich, daß sie mich interviewte, um einen Artikel für den *Çumhuriet* zu schreiben, das einzige »seriöse« Blatt in der Türkei. Alle übrigen enthalten mindestens zwei volle Farbseiten mit Aufnahmen von türkischen Fußballhelden und zwei oder drei weitere Seiten mit farbigen Schnappschüssen von europäisch aussehenden Mädchen, die sich an sonnigen Stränden nackt oder halbnackt zur Schau stellen. Wie ich hörte, wird diese enorme Tagesration an aufreizendem weiblichem Fleisch von einer Heerschar mit Teleobjektiven bewaffneter türkischer Fotografen beschafft, welche die zahlreichen Nudistencamps und -strände an der türkischen Mittelmeerküste unsicher machen und wie die Kaninchen jedesmal plötzlich aus ihren Löchern auftauchen, wenn ein vielversprechend aussehendes Sujet in Reichweite kommt. All diese reich kolorierten Opfergaben ließen natürlich nur wenig Platz für Nachrichten übrig – außer im *Çumhuriet.* Die vorwiegend männliche, auf Vergnügen ausgerichtete türkische Leserschaft scheint jedoch Soft-Porno und Fußball eindeutig vorzuziehen, denn die renommierte Istanbuler Zeitung, deren Rückseite Roberts und ich auf einem großen, aber ziemlich bescheidenen Schwarzweißfoto zieren sollten, hat eine vergleichsweise kleine Auflage.

Der Fotograf wünschte sich Roberts vollständig ausgerüstet mit Satteltaschen und Wasserflaschen. Ich mußte ihn einen Hügel hinauf- und hinunterfahren, um zu demonstrieren, wie kinderleicht das war, doch als ich dies zwanzigmal unter der sengenden Mittagssonne getan hatte, fühlte es sich eher wie Zwangsarbeit an.

Was mich diesmal bei meiner Ankunft in Istanbul höchst überrascht hatte, waren die türkischen Frauen und Mädchen in Shorts. Sieben Jahre früher hätte niemand, die Männer eingeschlossen, auch nur davon geträumt, seine Beine höher als bis zur Mitte der Unterschenkel zu entblößen. Türkische Männer pflegten eigens an Touristenorten wie Ephesus herumzuhängen, um all die nackten Westleroberschenkel anzustarren, die den Bussen entstiegen. Ich hatte extra lange, voluminöse Hosen angezogen, um nicht zuviel Aufmerksamkeit auf mich zu ziehen oder Anstoß zu erregen, doch zumindest in Istanbul hat die weibliche türkische Bevölkerung endlich mit der westlichen Mode gleichgezogen. Jetzt waren es eher die Frauen, die einer frommen Muslimsekte angehörten und in bodenlangen grauen Mänteln herumgingen, den Kopf und den größten Teil ihres Gesichts verhüllt, die von der Menge abstachen.

Ich akzeptierte daher dankbar ein Paar von Ferides sittsamen knielangen Shorts als Leihgabe, denn aufgrund meiner früheren Erfahrungen in der Türkei hatte ich keine mitgenommen. Der

Unterschied im Komfort, den sie in diesem Klima ausmachten, war beträchtlich. Feride sah nicht ein, weshalb ich sie nicht auch auf dem Fahrrad tragen sollte. Ich gedachte ihrem Rat nachzukommen, solange ich dies als vertretbar empfand. Je weiter ostwärts ich fuhr, desto konservativer würden die Leute wohl sein und vermutlich nicht gerade positiv auf jemanden reagieren, den sie für unziemlich bekleidet hielten. Ich muß das Thema Shorts der Journalistin gegenüber erwähnt haben, denn sie stellte es in ihrem Artikel groß heraus, was sich später als hilfreicher Anknüpfungspunkt erweisen sollte.

Während ich Vorbereitungen traf, Leute kennenlernte und Interviews gab, flocht ich Besuche in Istanbul ein und machte dabei regen Gebrauch von Justinians Zisterne, um mich zwischen den Sehenswürdigkeiten abzukühlen. An meinem letzten Tag begleitete mich Feride zur Süleymaniye-Moschee. Die Menschenmassen und der Verkehr waren selbst für jemanden, der seit Jahren in Istanbul gelebt hat, derart verwirrlich, daß wir im Gedränge der engen Straßen und Basare mehrmals nach dem Weg fragen mußten, bis wir unvermutet aus einer schäbigen kleinen Gasse direkt in eine der Oasen der Innenstadt heraustraten. Die meisten großen Moscheen wurden als Miniaturstädte erbaut, mit Krankenzimmern, Schulen, Bibliotheken, Eßsälen, Küchen, Gärten und kühlen Marmorhöfen. Von außen sagen sie mir besonders zu, vor allem die schattigen, reich ausgeschmückten Innenhöfe. Das Innere hingegen wirkt auf jemanden wie mich, der im reichhaltigen dramatischen Kontext der christlichen Liturgie mit ihren Farben, ihrer Musik und ihren Ritualen aufgewachsen ist, selbst bei den größten Moscheen recht karg, da nichts das Herz vom Gebet ablenken soll. Die Geschicklichkeit und Kunstfertigkeit der muslimischen Kunsthandwerker wurde hauptsächlich auf die von außen sichtbare Steinmetzarbeit verschwendet – auf die schönen gestuften Kuppeln über den Dächern, die hochstrebenden Minarette, die Bögen, auf die Brunnen und rituellen Waschplätze und auf die Gräber. Die Muslims scheinen diese Höfe als Salons im Freien zu benutzen, um zu lesen, zu unterrichten, Freunde zu treffen, Sachen zu verkaufen oder sich zu entspannen.

Feride und ich wären bei der Süleymaniye beinahe in ernstliche Schwierigkeiten geraten. Müde von der Hitze und dem langen Gehen, hatten wir uns in den Gärten in den Schatten eines Baumes gelegt und wären fast eingeschlafen, als ein wutentbrannter Gärtner herbeistürzte, uns aufscheuchte und uns auf türkisch anschrie (was Feride natürlich verstand), daß er uns mit Fußtritten auf die Beine befördert hätte, wenn wir Männer gewesen wären. Anscheinend geht es vollkommen in Ordnung, auf dem Boden zu sitzen – sich hinzulegen scheint jedoch ein Zeichen von Respektlosigkeit oder noch Schlimmerem zu sein. Ich war ziemlich beunruhigt. Wenn sogar eine guterzogene türkische Frau bei solch feinen Unterschieden im Benehmen ertappt werden konnte, welche Hoffnung blieb da einer Fremden?

3

Am Schwarzen Meer

Feride wollte nichts davon hören, daß ich mich am Tag meiner Abreise aus Istanbul auf Roberts ins Getümmel des Stadtverkehrs stürzte. Sie lieh sich Irfans Wagen aus, in den sich das Rad leicht verladen ließ, und opferte mehr als eine Stunde, um mit mir die schlimmsten Verkehrsstaus zur Stoßzeit am frühen Morgen zu umfahren. Doch selbst nach diesem hilfreichen Start war es nicht leicht, das Freie zu erreichen, und ich verbrachte ein, zwei aufreibende Stunden damit, mir einen Weg durch die Außenquartiere zu suchen.

Nachdem ich die schrecklichen städtischen Wucherungen im Norden von Istanbul endlich hinter mir hatte, war mir, als müßte ich singen. Die Natur hatte sich also doch nicht völlig austilgen lassen. Die gräßlich uniformen Wohnblockbaracken und der überall von Abfall übersäte planierte Erdboden, die sich, wie ich mit der Zeit glaubte, endlos weiterziehen würden, machten schließlich steilen, struppigen, von Kiefern bewachsenen Hügeln Platz, zu deren Füßen hellgrüne Felder lagen. Der Straßenbelag war zwar aufgerissen und voller Schlaglöcher, so daß ich den Lauf meines Vorderrads mehr im Auge behalten mußte, als mir lieb war, doch ansonsten war das Leben wieder einmal ein Hochgenuß.

Ich hielt öfter bei kleinen Holzschuppen an, neben denen unter schattigen Bäumen rustikale Tische und Stühle aufgestellt waren und wo ich ein Glas *Ayran* kaufen konnte, ein gesalzenes Joghurtgetränk, das in dieser Hitze köstlich erfrischt. Weil sonst nichts erhältlich war, radelte ich mit nichts anderem im Magen weiter und weiter, in Richtung Schwarzes Meer.

Am späten Nachmittag war ich dort. Hingerissen stand ich da und starrte auf eine wilde, trügerisch wirkende Küstenlinie, an der sich die Wellen weiß über den zahlreichen Riffen unter dem Wasser brachen und grüne Brecher gegen die weißlichgrauen Klippen donnerten. Die Sonne war heiß und hell, obwohl mich erst vor einer Stunde ein fürchterlicher Platzregen bis auf die Haut durchnäßt hatte, bevor ich Zeit fand, meine wasserdichte Jacke anzuziehen. Die hohe Luftfeuchtigkeit ließ die Entfernungen verschwimmen, vor allem auf das Wasser hinaus. Am Rand dieses Meeres zu stehen, das fast ringsum von Land eingeschlossen wurde, hatte etwas Unwirkliches. Legende und Geographie schienen sich zu vermischen. Ich mußte an die ersten griechischen Forscher denken – Seefahrer, die sich vorsichtig durch die enge Passage des Bosporus vorwagten und unvermutet auf diese große, wilde Weite stießen.

Es fiel mir nicht schwer, mir dort draußen in mittlerer Entfernung verschwommen ein schwarzes Schiff mit hochgezogenem Bug vorzustellen, Jason am Steuer, seine Gefährten, die Argonauten, über die langen Ruder gebeugt, die sie kräftig durchzogen, um ihr Gefährt von dieser gefahrvollen Küste fernzuhalten. Sie hätten jedoch ziemlich unbesorgt sein können, denn der Sage nach war unter den Helden, die Jason begleiteten, auch Orpheus, der König von Thrakien. Die Musik seiner Laute hatte angeblich die Macht, Felsen aus der Fahrtlinie der Argo zu räumen und die für die unheilverheißende Euxine (wie das Schwarze Meer zur Zeit der Griechen genannt wurde) so typischen plötzlichen Sturmböen zu besänftigen. Kolchis, wohin Jason und die Argonauten auf der Suche nach dem Goldenen Vlies strebten, lag weit im Osten, in derselben Richtung, auf die auch ich zuhielt, und der Gedanke an die Argo auf ihrem geisterhaften Parallelkurs ließ mir meine Reise um so reicher erscheinen.

Etwas weiter vorn, gegen das kleine Küstenstädtchen Sile hin, machten die niedrigen Klippen braunen Sandstränden Platz, wo sich Männer und Jungen mit viel Geschick und Ausdauer in die Brandung warfen. Die wenigen Frauen, die Badeanzüge trugen, blieben furchtsam im Seichten. Andere vergnügten sich in voller

Kleidung – sogar die Kopftücher blieben um den Kopf geknüpft und weit vorgezogen, um das Gesicht zu verdecken. Wo sich ein paar wenige dieser vermummten Gestalten hinauswagten oder von ihren männlichen Begleitern ausgelassen ins tiefere Wasser gezerrt wurden, bauschten sich die vielen Lagen ihrer Röcke rund um sie herum und drohten sie umzukippen oder unter die Wellen zu ziehen.

Diese Strände wurden von einer fast ununterbrochenen Reihe von Zeltplätzen gesäumt. Obwohl ich die Nacht in meinem Zelt zu verbringen gedachte, war dies nicht gerade das, was mir vorschwebte. Es hatte den Anschein, als sei das Campieren für die Türken so etwas wie eine Rückkehr zu ihren angestammten Wurzeln. Ihre Zelte und primitiven selbstgebastelten Unterstände standen dicht an dicht nebeneinander, so daß kaum Platz blieb, um zwischen ihnen hindurchzugehen, und rundherum lag ein Wirrwarr von Abfällen nebst Überresten von Kochstellen. Trotz der schimmernden See dahinter bot das Ganze einen verwahrlosten Anblick. Abgesehen von den Myriaden Kindern und den Klängen, die aus unzähligen Lautsprechern plärrten, wirkte es wie der Rastplatz einer nomadischen Invasionsarmee auf dem letzten Teilstück ihres Marsches gegen die Stadt, die ich soeben verlassen hatte.

Etwas näher bei Sile fand ich einen viel hübscheren Platz, der ein wenig vom Sand zurückversetzt unter Bäumen lag und zu dem auch ein kleines, aus Holz gebautes Restaurant mit Pension gehörte, wo ich etwas essen konnte. Der rundliche Besitzer, ein warmherziger, enthusiastischer, in vielen Sprachen zungenfertiger Mann mit Schnurrbart, stürzte heraus, um mich als Kundin zu gewinnen: »Hier gute Camping. Kommen viele Deutsche. Sie lieben. Toilette sauber, Dusche sauber. Immer viel Wasser.« Er wußte offensichtlich um europäische Prioritäten, und seine Behauptungen waren zumindest halbwegs wahr. Ich war ganz hingerissen. Verglichen mit den Strandkolonien fürs Volk war dies ein ausgezeichneter Platz, sauber und frei von Abfällen. Überall sprossen Blumen, teils aus der Erde, meistenteils jedoch üppig aus alten, säuberlich auf dem ganzen Gelände verteilten Ölfässern und Benzinkanistern. Die mindestens vier Generationen umfassenden muslimischen Großfamilien, deren Frauen alle in mehrere Lagen von Kleidern und Kopfbedeckungen gehüllt waren und sich damit noch zusätzlich abhoben, obwohl sie sich bereits in ihre Zelte zurückgezogen hatten, entschädigten mich bei weitem für die nicht vorhandenen Deutschen. Was das Fehlen des versprochenen Wassers in den Duschen betraf, hatten die knospenden Blumen vermutlich den Vorrang gehabt, denn bei dieser Hitze benötigten sie ebenso wie die vielen Bäume ständig Nachschub. Weil das Meer nur einen kurzen Spaziergang entfernt lag, wirkte sich der Wassermangel diesmal nicht so katastrophal aus.

Bevor mir jedoch gestattet wurde, mein Zelt aufzustellen und baden zu gehen, mußte ich erst die Neugier des Besitzers befriedigen und ihm erklären, was eine alleinreisende Frau mit einem schwerbeladenen Fahrrad hier unten am Schwarzen Meer zu suchen hatte. Im Wissen, daß die Türken über eine sehr lebhafte Phantasie verfügen und nie müde werden, Fragen zu stellen, hatte ich mich mit einem Brief in Türkisch gewappnet, der meine geplante Reise skizzierte. Nachdem dieser den rund zwanzig Männern, die sich um uns geschart hatten, laut vorgelesen worden war, gab man mir zu verstehen, daß ich voll akzeptiert war. Alle Anwesenden schüttelten mir die Hand, darauf wurde ich eingeladen, in das kleine Café mitzukommen und Tee zu trinken.

Ich dankte meinerseits jedem einzeln und beteuerte, wie sehr ich ihr Land liebte. Eine der nützlichsten türkischen Redewendungen, die ich bereits auswendig gelernt hatte, war »*Çok gezel*« (was »Tschock gesel« ausgesprochen wird und »herrlich«, »sehr schön« oder »sehr gut« bedeutet). »*Türkei çok gezel*« war die perfekte, ja einzig statthafte Antwort auf die Besuchern am häufigsten gestellte Frage: »Wie finden Sie die Türkei?« Es war nie ratsam, sich über diese drei Worte hinaus auszulassen, schon gar nicht mit einem »Aber«, wie beispielsweise: »Die Türkei ist reizend, aber es liegt schrecklich viel Abfall herum« oder: »Die Türkei ist sehr schön, aber ich wünschte, es gäbe weniger Lärm/weniger Umweltverschmutzung« oder: »Wenn die Autofahrer nur nicht so nachdrücklich hupen würden!« Eine solche Gesinnung weckt in den Türken eine echt empfundene Traurigkeit, und ich bereute es jedesmal, wenn ich etwas in dem Stil gesagt hatte. Tief im Herzen wußten sie, daß sie im besten Land der Welt lebten, und wollten nur eine Bestätigung für ihre Überzeugung hören. In Wirklichkeit fühlen ja die meisten Menschen so für ihr eigenes Land, und während es für uns völlig in Ordnung geht, unsere eigene Regierung, unsere Wirtschaft oder was auch immer herunterzumachen, ärgert es uns ebensosehr, wenn Fremde sich dies anmaßen.

Als das Empfangszeremoniell zu Ende war, stand mein kleines, blaues Zelt im Nu da, und meine wenigen Habseligkeiten waren flugs verstaut. Ich kettete Roberts an einen Baum, überließ mit Hilfe von ein paar Zeichen meine übrigen weltlichen Besitztümer der Obhut der benachbarten Großfamilie und machte mich zum Meer auf. Hinter dem Zeltplatz kam ich zu einem breiten Streifen mit sehr weichem Sand. Ich mußte umdrehen, um meine Plastiksandalen zu holen, denn er war zu heiß für nackte Füße. Inmitten dieser Ödnis waren zwei ältere türkische Damen bis zum Kinn in den brennend heißen Sand eingegraben, soweit ich sehen konnte, in ihre ganzen Gewänder eingewickelt. Ein zerfetzter schwarzer Schirm steckte hoch über ihnen in einer Stange, so daß er etwas Schatten auf ihre Köpfe warf. Vermutlich sollte der heiße Sand rheumatische oder arthritische Gelenkschmerzen lindern, doch da Hände und Unterarme nicht mit eingegraben waren und sich die Damen mit Stricken beschäftigten, wobei sie ihre Strickarbeit nahe an die scheinbar abgetrennten Köpfe hielten, war die Wirkung äußerst bizarr.

Am langen, geraden Uferstreifen war der Sand hart. Verkäufer schoben Handkarren mit allerlei Eßwaren wie Kebab, gebratenem Fisch, Eiskrem und kalten Getränken herum. Familien saßen gruppenweise auf Tüchern, die Kinder, jungen Mädchen und Männer in Badeanzügen, die Mütter mit Kopftüchern und hoch geschlossenen Kleidern vermummt – eine sehr merkwürdige Zusammenstellung. Auch hier lagen wiederum Unmengen von Müll herum. Doch was in meinen Augen alles so trist und schmutzig aussehen ließ, war die Farbe des Sandes, ein dunkles, nicht sehr anregendes Braun. Ich hätte mir beim besten Willen kein Picknick am Strand vorstellen können. Das grünweiße Meer war jedoch geradezu phantastisch. Ich mußte hart kämpfen, bis ich die tosenden Wellen hinter mir hatte, die mich mehrmals umwarfen und über mir zusammenschlugen, bevor ich mich aus ihnen befreien konnte. Hinter diesen Brechern konnte ich mich nach Lust und Laune im Wasser treiben und auf der herrlich grünen Weite heben und senken lassen, bauschige kleine Wolken beobachten, die sich rosa und rot verfärbten, während die Sonne in den dunstigen Westen sank, und darüber sinnieren, was für eine seltsame Mixtur aus Schmutz und Schönheit die Türkei bisher für mich bereitgehalten hatte.

Ich nahm das Abendessen auf der Veranda des kleinen Restaurants ein und spülte den ziemlich faden, aber gesunden Gemüseeintopf mit Reis und Salat mit ausgezeichnetem türkischem Bier hinunter. Kaum hatte ich den Apfel aufgegessen, der die Mahlzeit beschloß, wurde ein Jugendlicher, der etwas Englisch sprach, von seiner Familie zu mir geschickt, um mir Gesellschaft zu leisten und mir in einem der herkömmlichen kleinen, tulpenförmigen Gläser einen Tee zu überbringen. Er ging sein englisches Repertoire durch und erzählte mir in einer Folge von Feststellungen, die kaum Antworten erforderten, von seiner Schule in Istanbul und von seinen Hoffnungen und Zielen. Wie nett und höflich die Türken doch waren! Sie hatten den Jungen nicht bloß hergeschickt, um ihn sein Englisch üben zu lassen, sondern weil sie dachten, ich müsse mich so ganz allein sicher einsam fühlen.

Die ganze Nacht spielte Musik aus dem Café, aber mein Zelt stand genügend weit weg, so daß sie bloß ein Gemurmel im Hintergrund blieb. Ich wachte oft auf, weil alles noch so neu für mich war, aber sicher auch wegen der Aufregung, endlich wieder in einem mir fremden Land unter den Sternen zu schlafen.

Um halb sechs war ich auf und nahm in dem menschenleeren rustikalen Toilettentrakt, wo das verheißene Wasser endlich kalt, klar und fast zu erfrischend floß, eine Dusche. Mein Frühstück bestand aus dem zähen Brot von gestern, Käse, Mandeln, Weintrauben und einer Tasse Pulverkaffee. Ich war noch immer in jenem Stadium meiner Reise, wo die Zubereitung einer Mahlzeit im Freien mindestens ebenso vergnüglich ist wie das Essen selbst. Die Einfachheit eines Lebens, das mir nicht mehr abforderte, als eine einzige Tasse und einen Teller zu spülen, verstärkte mein Gefühl von Ungebundenheit. Ich brauchte nur noch das Zelt abzubrechen und die Satteltaschen zu packen, was insgesamt nicht länger als zehn Minuten dauerte, und der Tag gehörte mir. Ich hätte vor sechs Uhr weg sein können, wenn ich nicht beschlossen hätte, zuerst den Tau vom Zelt trocknen zu lassen, was mir Zeit gab, ein Kapitel Xenophon zu lesen.

Einer der gravierendsten Mängel des Reiselebens liegt für mich darin, daß ich wegen der Gewichtsbeschränkung nur so wenig Lesestoff mitnehmen kann. Ich darf nicht damit rechnen, unterwegs Bücher austauschen oder ersetzen zu können, deshalb wähle ich die wenigen dünnen Bändchen, die ich mir erlaube, sehr sorgfältig aus. In der Regel halte ich mich an Gedichte, weil sie gewissermaßen kondensierte Literatur sind. Diesmal hatte ich etwas von T. S. Eliot dabei, in erster Linie *»The Wasteland«* und *»Ash Wednesday«*, denn diese Gedichte fehlen mir immer am meisten, außerdem eine Auswahl von W. B. Yeats, weil ich den Reichtum seiner Metaphorik über alles liebe und mir sein Byzanz-Gedichtzyklus für diese Reise besonders passend schien. Dazu kam Xenophons *Persienfeldzug*, ein zeitgenössischer Bericht über den Rückzug eines griechischen Heers durch zweitausend Meilen feindliches Territorium, der mehr oder weniger der Route folgte, die ich bereisen würde, nur in umgekehrter Richtung. Obwohl die bei Xenophon beschriebenen Ereignisse im frühen vierten vorchristlichen Jahrhundert stattfanden, sind viele der darin beschriebenen Städte noch heute identifizierbar, da sich ihre griechischen Namen nur leicht verändert haben. Ich hatte mir vorgenommen, seine wunderbar lebendige Prosa jeweils genußvoll an den betreffenden Orten zu lesen, über die er schrieb, um zu sehen, ob etwas davon auf die heutige Türkei zutraf.

Als ich mit dem Bericht, wie Xenophons Griechen versuchten, in dieser Gegend einem widerborstigen Kleinbauernstand Vorräte abzupressen, zu Ende war, stand die Sonne schon hoch, und das Zelt war trocken. Ich verstaute es und machte mich auf den Weg,

Jasons smaragdgrüne Euxine zur Linken. Schon bald wandte sich die enge Straße landeinwärts nach Norden und kletterte und schlängelte sich über zerfurchte Beläge und Steigungen, die nur in den kleinsten Gängen zu bewältigen waren, stetig in die Höhe. Nach sehr anstrengenden fünfundzwanzig Kilometern fuhr ich schwitzend und dringend einer Erfrischung bedürftig ins erste Dorf hinein, einen unverdorbenen kleinen Weiler mit vielen altmodischen Holzhäuschen. Wie es der türkischen Gepflogenheit entspricht, machten es sich die Männer unter der Pergola des Dorfcafés bequem. Sie riefen mir zu, mit ihnen *Çay* zu trinken. Es gab keinen *Ayran* in diesem Café, doch einer der Männer schickte ein junges Mädchen in sein Haus, um welchen zu holen. Unterdessen fanden er und die anderen Männer einen Platz zum Sitzen für mich und stillten mit Hilfe meines Briefes ihre Neugier.

Als ich für den kühlen, braunen Krug voll *Ayran* bezahlen wollte, beging ich damit vermutlich einen peinlichen Fauxpas. Mit jener herrlich minimalen türkischen Gebärde, die Augen beinahe geschlossen und die Brauen langsam und absichtlich hochgezogen, wurde fast tonlos, nur mit einem leichten Klicken der Zunge gegen den Gaumen, das unmißverständliche »*Yok*« ausgesprochen, was nicht bloß ein simples »Nein«, sondern eine absolute Verneinung ausdrückt und wörtlich ungefähr »Das gibt es nicht« bedeutet. Die Männer winkten mir jedoch auf der Weiterfahrt mit freundlichem Lächeln zu, waren mir also offenbar nicht böse.

Nachdem die kleine Straße so mühsam Höhe gewonnen hatte, stürzte sie sich wieder in die Tiefe und machte all meinen Schweiß wertlos und meine Anstrengung in einer einzigen langen, kühlenden Sausefahrt zunichte, die sich Kilometer um Kilometer dahinzog, bis ich wieder unten am Meer war, welches diesmal von einem leuchtenden Kobaltblau war. Neben einer hübschen Sandbucht mit strahlend weißen Klippen im Rücken stand ein neugebautes kleines, weißes Hotel. Alles wirkte noch unverdorben. Ich war der einzige Gast. Der Koch kam, um mich in seine Küche zu begleiten und mir zu zeigen, was er anzubieten hatte. Wie sich erwies, war es nicht gerade viel, doch noch nie hatten mir ein Omelett, Salat und Joghurt so gut geschmeckt, obwohl ich mir nicht im klaren war, ob dies in erster Linie meinem von der morgendlichen Mühsal verstärkten Appetit oder der unübertrefflich schönen Umgebung zuzuschreiben war. Ich fühlte mich so glücklich, daß ich gern länger geblieben wäre, doch dann kam mir in den Sinn, daß der Tag ja eben erst begonnen hatte und noch viele hundert Meilen vor mir lagen.

Ohne Sicht aufs Meer radelte ich in der brennenden Nachmittagshitze durch eine Landschaft, wo die Ernte schon eingebracht und die Felder kahl und trocken waren. Auch ich fühlte mich ausgebrannt und ausgedörrt. Als die Sonne den Tag aus ihrem heißen Griff zu entlassen begann, führte mich die Straße erneut hinunter ans Meer zu einem kleinen Fischerhafen, der sich nur zögernd zu einem türkischen Badeort mauserte. Trotz einiger neuer Hotels und Restaurants im Rohbau, halbfertiger Straßen und all des üblichen Durcheinanders, das so eine Erweiterung mit sich bringt, war Yesilçay ein hübscher Ort. Junge Ferienhungrige aus den Städten fuhren auf der neuen Strandpromenade mit ihren Mountainbikes hin und her – vielleicht veränderte sich die Türkei noch weit grundlegender, als ich in Istanbul gedacht hatte. Der Zeltplatz war voll und sah nicht sehr einladend aus, daher stieg ich in einer nagelneuen einfachen kleinen *Pansyon* ab, die auf den Strand blickte. Auf der anderen Straßenseite lag ein Hain mit schönen Kiefern, dahinter das Meer und rundherum haufenweise Bauschutt und überall verstreute Abfälle.

In dieser *Pansyon* erwarb ich eine nützliche Ergänzung zu meinen Reisedokumenten. Stafl, die freundliche junge Frau, die das Haus führte, hatte den Bericht mit dem Interview, das ich dem *Çumhuriet* gegeben hatte, in der heutigen Ausgabe entdeckt. Das Foto war nicht gerade schmeichelhaft, auch für den strahlenden Roberts nicht, und als mir der Artikel übersetzt wurde, klang er ziemlich merkwürdig und war voller Ungenauigkeiten, wie es Zeitungsberichte ja des öfteren sind. Stafl fand das alles jedoch sehr werbewirksam und aufregend. Besonders der Teil zum Thema »Shorts« gefiel ihr. Sie bat mich um ein Autogramm mit einem Vermerk, daß ich in ihrer *Pansyon* gewohnt hätte. Für mich wurde ein weiteres Exemplar beschafft und in ein Klarsichtmäppchen gesteckt. Ich verwendete es später oft, um mich Türken, die mehr über mich wissen wollten, verständlich zu machen. Es schien die Leute weit mehr zu beeindrucken als ein bloßer Brief, vermutlich weil es gedruckt war.

Am nächsten Morgen schickte mich Stafl mit einem großartigen Frühstück auf den Weg. Weiche Eier, Hart- und Weichkäse, Melone, Oliven, Tomaten, Gurken und Honig, serviert mit frischem, knusprigem Brot und Kaffee sind genau die richtige Grundlage, um einer Radfahrerin genügend Kraft für das extreme türkische Gelände zu geben.

Der Tag verlor sich bald in einer Serie von fruchtlosen Kämpfen, möglichst nahe am Meer zu bleiben. Die Türkei ist weltweit gewiß das am schlechtesten kartographierte Land, und selbst die teure deutsche Landkarte, die ich benutzte, bot oft nicht mehr als einen Annäherungswert. Da waren zwar Nebensträßchen eingezeichnet, die sich nahe an der Küste hielten, doch wenn ich versuchte, sie zu finden, hieß es stets »*Yok*«. Sie existierten nicht, waren verschluckt oder weggewaschen worden, oder es hatte sie gar nie gegeben. Es war höchst frustrierend für mich, weil ich endlose Umwege machen mußte und kostbare Energie verbrauchte, ohne sehr viel weiter ostwärts zu gelangen. Xenophons Truppen hatten vor vielen hundert Jahren mit ähnlichen Schwierigkeiten gekämpft. Zu einem gewissen Zeitpunkt hielten sie sogar an, um sich zu beraten, und beschlossen, die »Eingeborenen« die Straßen reparieren zu lassen, bevor sie einen Schritt weiter gingen!

Die Textur des Landes in Kleinasien verläuft hauptsächlich in westöstlicher Richtung entlang den großen Flußtälern. Nur an wenigen Stellen öffnen sich die hochaufragenden Bergketten, um einen natürlichen Durchgang hinunter zum Schwarzen Meer zu gewähren. Weite Strecken mit überhängenden Felswänden und sumpfigen Flußmündungen gestalteten den Bau einer durchgehenden Küstenstraße äußerst schwierig, und bis die sich um Felsnasen und durch Morast schlängelnden Ziegenpfade einmal ausgebaut sind, bedeutet in dieser Gegend ein gewonnener Kilometer nicht selten, daß man vorher mindestens ein halbes Dutzend in irgendeine andere Richtung gehen muß. In einem Auto mag das zwar keine Rolle spielen, aber mit von einem menschlichen Motor erzeugter Antriebskraft fiel es zuweilen schwer, nicht das Gefühl zu kriegen, das Schicksal meine es schlecht mit mir.

An einer Stelle, wo meine geplante Route erneut »*Yok*« war, hieß dies, einen riesigen, hundertsechzig Kilometer langen Umweg rund um eine weite Flußmündung zu machen und durch gebirgiges Gelände zu einer Stadt hochzuklettern, die ich gar nicht aufsuchen wollte. Die Männer, die mir diese unwillkommene Information eröffneten, hatten mich in einem Straßencafé zum Tee eingeladen. Sie lachten schallend los, als ich auf meiner Karte auf die Küstenstraße wies, die ich einschlagen wollte. »Nicht einmal ein Traktor würde das schaffen«, meinten sie auf deutsch und schüttelten sich auf meine Kosten vor Lachen.

Ich hatte zuerst eine kurze Strecke auf diesem jüngsten Umweg zurückgelegt. Nachdem ich mich ins Unvermeidliche geschickt hatte, fühlte ich mich vollkommen glücklich, denn abgesehen von den Schildkröten, die gelegentlich über die Straße torkelten, sah die hübsche Landschaft ähnlich aus wie auf einem Gemälde von Constable. Plötzlich scherte ein Lastwagen aus, hielt vor mir an und warf mich beinahe vom Sattel. Meine ehemaligen Gastgeber vom Teehaus sprangen heraus und hievten Roberts an Bord. Jeder Einwand wäre vergebens gewesen – genau wie damals, als Irfan meinen Schraubenschlüssel gepackt hatte. Sie hatten beschlossen, daß ich eine Mitfahrgelegenheit benötigte, und mitfahren würde ich, basta! Ich wurde resolut zwischen drei der Männer in die Führerkabine gesteckt, während die anderen hinten saßen und Roberts stützten, und wir brausten mit einer Geschwindigkeit weiter, die mir nach meiner sanften Spazierfahrt schrecklich vorkam.

Die Straße, an der sie mich absetzten, war sehr belebt. Sie kam von Adapazari her, einer größeren Stadt im Innern, führte durch eine reichlich bewässerte Ebene zum Meer und verlief von dort rund um die Küste zur Kohlenbergbaustadt Zonguldak. Die herrischen Fahrzeuglenker, die keinerlei Vorstellungen von den Rechten eines Radfahrers zu haben schienen, schüchterten mich ein und ließen mich umsichtig sein. Ich konnte nirgends einen passenden Platz zum Übernachten sehen. Die Dörfer standen dicht an dicht, doch in keinem gab es eine Pension oder ein Hotel. So fuhr ich weiter, während sich die Hitze des Tages langsam legte. Es wurde immer später. In einem der Dörfer radelte ein untersetzter Junge auf einem kleinrädrigen Fahrrad auf dem Gehsteig neben mir her und machte mir wiederholt Zeichen, ihm eine Zigarette zu geben. Die Tatsache, daß er so mühelos mithalten konnte, ließ mich erkennen, wie hundemüde ich war. Es hatte ganz den Anschein, als würde ich auf den verbleibenden sechzig Kilometern bis zur Küste nirgendwo übernachten können. Die Dämmerung brach herein, und ich hatte kein Licht. Ich mußte unbedingt einen Fleck finden, wo ich das Zelt aufstellen konnte.

Die meisten Dörfer setzten sich aus Reihen kleiner Grundstücke mit einfachen, freistehenden Häusern zusammen, die zur Straße hin schauten und hinter denen langgestreckte Gärten zu den Feldern hinunterliefen. Bei einem unterhielt sich eine junge Frau mit ihrer Nachbarin, und ich hielt an. Als ich einschwenkte, schenkte sie mir ein strahlendes Lächeln, doch sobald ich mein Türkisch ausprobierte, wurde sie schüchtern und rief einen jungen Mann heraus, der mit mir reden sollte. Bald hatten sich mehrere Dorfbewohner um uns versammelt und bedachten meine Bitte um eine Ecke in einem ihrer Gärten. In mehreren Häusern wurde mir Gastfreundschaft angeboten, doch ich ließ mich nicht beirren und blieb dabei, daß ich nur ein kleines Stück Erde wünschte, um mein Zelt aufzustellen. Schließlich fand man einen Platz für mich, hinter dem Haus der Mutter der jungen Frau, die gleich nebenan wohnte.

Die ganze Familie kam herbei, um zuzuschauen, wie ich mein Lager errichtete. Etwa dreißig oder vierzig Erwachsene und Kinder, die in mehreren Haushalten im Dorf verstreut lebten, standen alle im Halbkreis herum und machten ein großes Tamtam. Der älteste unter den Männern, dem alle Ehrerbietung bezeugten, war der Meinung, daß es mir auf so einer dünnen, halblangen Luftmatratze nicht bequem genug sein würde, und schickte ein paar Mädchen weg, um Matten und Kissen zu holen. Kichernd vor Aufregung brachten sie sie her und stopften sie in mein kleines

Zelt, bis ich zu zweifeln begann, ob auch ich noch hineinpassen würde. Jetzt war das Eis gebrochen. Alle wollten etwas beisteuern, und bald sah mein Lager wahrhaft fürstlich aus. Längsseits standen ein Stuhl und ein Tisch, auf den ein Glas, ein Krug *Aryan* und eine Schale mit Früchten gestellt wurden.

Der Garten, eigentlich eher ein Obstgarten, bot viel Interessantes. Es gab einen Ententeich, ein Paar Zugpferde, eine angebundene Kuh, Hühner, einen Ziehbrunnen, einige Schafe und allerlei landwirtschaftliches Gerät, das ich mir gerne näher besehen hätte. Aber ich fand wenig Gelegenheit dazu, denn meine junge Wohltäterin lud mich mit Handzeichen ein, in ihr Haus zu kommen und mich zu duschen, wonach ich ins reiche gesellschaftliche Leben der Dorffrauen mit einbezogen werden sollte und blieb, bis ich die Augen nicht mehr offenhalten konnte und mit einer Taschenlampe zu meinem Zelt geführt wurde.

Das Haus, zu dem man mich geleitete, war weit moderner, als sein ziemlich ramponiertes Äußeres erwarten ließ, und mit Elektrizität wie auch mit Fernsehen ausgestattet. Es war traditionell möbliert, mit erhöhten Sitzgelegenheiten rundum in den Zimmern und mit türkischen Teppichen auf den Fußböden und Sitzen. Vitrinenschränke enthielten moderne Gläser und Porzellan. Alle ließen die Schuhe vor der Tür und machten es sich mit untergeschlagenen Beinen auf den Bänken bequem. Das Wasser für die Dusche wurde erhitzt, indem man ein kleines Holzfeuer unter einem großen, dünnen Metallzylinder entfachte. Diese Methode war so effizient, daß es nur rund zehn Minuten dauerte, bis das Wasser die gewünschte Temperatur erreicht hatte. Danach saß ich inmitten einer Gruppe von Frauen, Mädchen und Kleinkindern, und wir tauschten ein erstaunliches Maß an Informationen aus, wenn man in Betracht zieht, daß sie kein Englisch verstanden und mein Türkisch noch immer bloß ein paar wenige Grundwörter umfaßte. Ich hatte jedoch zwei kleine türkisch-englische Wörterbücher dabei, die wir abwechselnd durchblätterten, um für die gesuchten Begriffe Annäherungen zu finden und diese mit Gesten aufzubessern. Das alles unterschied sich nicht sehr von einer ausgedehnten Scharade.

Die Kinder waren in europäischem Stil gekleidet, die jungen Mädchen in kunstvoll gearbeiteten Rüschenkleidern, während die Frauen, junge wie alte, große Kopftücher und traditionelle, formlose, alles verhüllende Kleider trugen, die bis zu den Knöcheln hinunter reichten. Die einzige Ausnahme war meine junge Gastgeberin, die verheiratet war und einen kleinen Sohn hatte. Es waren ihre freie, aufrechte Haltung und ihr entblößter Kopf gewesen, die anfänglich meine Aufmerksamkeit erregt hatten. Da ihr Mann nichts dagegen einzuwenden habe, ziehe sie es vor, modern zu sein und ihr Gesicht unverhüllt zu lassen. Sie hätte auch gern Hosen getragen wie ich, doch damit müsse sie noch eine Weile warten. Alle ihre Schwestern lachten und meinten, sie würden ihrem Beispiel selbst dann nicht folgen wollen, wenn es ihnen erlaubt wäre, doch sie seien sicher, daß ihre Töchter genauso wie ich sein würden, denn die Zeiten änderten sich sehr schnell in der Türkei.

Während sich die Unterhaltung hinzog, waren andere Frauen in der Küche mit Kochen beschäftigt. Wir aßen sehr ungezwungen. Wer Lust hatte, setzte sich zu Tisch und bediente sich von den vielfältigen Gerichten mit Spaghetti, Schmorfleisch, Oliven, Käse und Melonen. Sobald jemand satt war, nahm eine andere ihren Platz ein und aß weiter, was immer auf dem Teller lag. Nur mir wurde nicht erlaubt, mich vom Tisch zu entfernen. Ein Gang nach dem anderen wurde mir aufgenötigt, bis mein Flehen, nicht einmal eine einzige Olive mehr schaffen zu können, Gehör fand. Schließlich gestattete man mir, mich mit meiner Taschenlampeneskorte zu meinem mit Kissen vollgestopften Zelt aufzumachen, wo ich fast sofort in einen tiefen, ungestörten Schlaf fiel.

4

Auf und ab in den Pontischen Alpen

Je weiter ostwärts ich reiste, desto höher ragten die Berge und desto enger legte sich die Feuchtigkeit wie ein warmer, alles umhüllender Mantel um mich. Die Türkei weist mehrere unterschiedliche Klimazonen auf, jene der Schwarzmeerküste gleicht einem tropischen Regenwald. Meine Kleider waren nach der ersten Stunde Fahrt regelmäßig schweißdurchtränkt und blieben den ganzen Tag naß. Die Luft enthielt entweder nicht die von einem Radfahrer benötigte Menge an Sauerstoff oder dann zuviel davon, jedenfalls japste und keuchte ich an Steigungen, die ich normalerweise spielend hochgeradelt wäre. Doch trotz der Anstrengung hatte das Land etwas wundervoll Sorgenfreies und Anspruchsloses, war wie geschaffen für das Leben eines unternehmungslustigen Vagabunden – hatte etwas leicht Bizarres und zugleich Inkonsequentes an sich, wie Edward Lears »Küste von Coromandel, wo die frühen Kürbisse hervorplatzen«. Genau wie an jenem imaginären Ufer war auch hier das Essen »reichlich und billig«; und wenn auch in den Städtchen und Dörfern, wo ich mich verpflegte, stets dasselbe auf den Teller kam, nämlich gedünstete Eierfrüchte oder Kebab und Salat, so war dies bei Bedarf fast immer erhältlich, und Früchte gab es in solcher Hülle und Fülle, daß man mir in der Regel verwehrte, dafür zu bezahlen, und sie mir als Geschenk aufdrängte.

Ich verspürte keine Eile. Ich genoß das Land, das ich durchquerte, und die häufigen Pausen, die ich zum Atemschöpfen benötigte, gaben mir zusätzlich Gelegenheit, mich an der Aussicht zu laben. Die höheren Teile der Bergketten waren in dem darüber hängenden Dunst selten sichtbar, doch zuweilen erhaschte ich kurze, aufregende Einblicke auf sich türmende dunkle, struppige Massen, wo ich nur Himmel erwartet hatte. Das Zottige dieser mächtigen Gebirge mit ihrem dichten Bewuchs von borstigen Kiefern, die weit höher reichten als bis zur für sie sonst üblichen Baumgrenze und selbst an den steilsten Hängen klebten, erhöhte den bizarren Charakter dieses Küstenstrichs um so mehr. Meine Route schlängelte sich ins Vorgebirge hinein und hinaus, und zu meiner Linken tauchte blitzend und leuchtend in einem funkelnden Saphirblau die See auf und verschwand wieder. Im Verlaufe des Tages verdunkelte sich das Meer allmählich, bis es am Abend so düster und geheimnisvoll werden konnte, als hätte jemand ein dichtes, purpurfarbenes Bahrtuch darübergelegt.

Wenn ich spätnachmittags vor meinem Zelt oder auf irgendeiner wackeligen Terrasse saß und ein Bier trank, beobachtete ich täglich das dramatische Schauspiel des Sonnenuntergangs. Vor mir breitete sich meist ein verschmutzter, von Müll übersäter Strand aus. Diese Küste wies kaum noch etwas Unverdorbenes auf, und es gab nur wenige Stellen, wo der Mensch keine Wunden geschlagen hatte. Selbst die Anlegestellen und Häfen der Fischer waren nichts weiter als rohe, unansehnliche Streifen losen Schotters. Doch wenn die untergehende Sonne die Schwimmer, die Wellenkämme, die Viehschuppen, das den Strand entlang trottende Vieh und das verunstaltete Ufer in ein goldenes Licht tauchte, verwandelte sich die Szenerie in etwas Zeitloses und Heroisches. Es war wie ein kurzer Blick in ein anderes Land, oder vielleicht besser in dasselbe Land, wie es einst gewesen war, als würden andere Zeitalter, andere Welten in die Gegenwart übergreifen. Als ich später im Zelt lag und beim Klang der immerwährend ans Ufer donnernden Brandung einschlief, fragte ich mich, ob ich wohl zu viele von Yeats' Gedichten gelesen hatte und mich von ihm beeinflussen ließ. Er empfand die Geschichte ja nicht als etwas Lineares, sondern als etwas, was unaufhörlich in die Gegenwart eindrang. Auch T. S. Eliots Poesie ist stark von dem Glauben geprägt, daß Vergangenheit und Zukunft im Jetzt anwesend sind. Ich weiß nicht, ob es nun Eliot und Yeats – »Jene Bilder, die immer wieder neue Bilder erzeugen« – oder dem von dieser legendenschwangeren Küste gewobenen Zauber zuzuschreiben war, doch wenn ich schlief, drehten sich meine Träume um Jason, Xenophon und die Byzantiner, und es kam immer wieder etwas überraschend, aufzuwachen und mich in der Türkei des späten zwanzigsten Jahrhunderts wiederzufinden.

Der Kontrast hätte nicht größer sein können. Wie ich sah, stürzte sich die Türkei Hals über Kopf ins Ende unseres Jahrtausends. In Hast und Eile wurden Stadtzentren wiederaufgebaut und Straßen verbreitert. Nichts schien je vollendet zu sein. Das Mauerwerk wurde unverputzt oder ohne Fugen belassen, und überall lagen trostlose Schutthaufen herum, vermischt mit Abfällen aller Art. Gewaltige Elektrifizierungspläne und die Installation eines modernisierten Telefonsystems hatten zu einem Gewirr von Drähten geführt, die über alles und jedes geschlungen worden waren, was sie irgendwie tragen konnte. Alles sah wacklig und provisorisch aus. Selbst die rudimentärste Stadtplanung schien völlig zu fehlen, so daß überall dort, wo eine größere oder kleinere menschliche Siedlung an der Küste lag, deren wunderbare natürliche Schönheit dem Schmutz weichen mußte, Seite an Seite mit einem einfachen, anspruchslosen Komfort. Die Marmorherrlichkeiten, von denen ich geträumt hatte, waren unwiederbringlich verschwunden, doch an Cafés, Restaurants und Übernachtungsmöglichkeiten herrschte kein Mangel.

Wo noch attraktive türkische Häuser aus dem neunzehnten Jahrhundert standen, hatte man sie gewöhnlich verfallen lassen, als warteten sie nur darauf, bis auch sie an der Reihe wären, von irgend etwas Stereotypem in Schlackenstein und Beton verdrängt zu werden. Dieselbe unterschiedslose Zerstörung im Namen des Fortschritts hat in den letzten paar Jahrzehnten auch in vielen Städten und Dörfern in Großbritannien und im restlichen Europa um sich gegriffen, stets gefolgt von Bedauern, denn der Wohnkomfort der neuen Bauten kann den Charme und die Harmonie dessen, was niedergerissen wurde, nie ganz kompensieren. Es schien mir jammerschade, daß die Türkei nicht von den Fehlern anderer profitieren konnte.

Ein versöhnender und individueller Zug an diesen sonst so

anonymen Häuserblöcken lag darin, daß auf ihren Flachdächern häufig ein kleiner, aus Pappe und Plastiksäcken zusammengestoppelter Schuppen thronte. Ob sie als zeitweilige Schlupfwinkel von Nomaden oder als Unterkünfte für die Nachtwächter dienten, konnte ich nicht herausfinden.

Die einzigen neuen Gebäude, die einen sehr gepflegten Eindruck machten, waren Moscheen, von denen es ebenfalls eine ganze Menge gab. Selbst in den kleinsten, armseligsten Dörfern, die alle bereits über eine Moschee, aber über keinerlei Schule verfügten, stand oft eine große, kunstvolle Moschee kurz vor der Vollendung und prangte mit Marmorverkleidung, goldenem Halbmond und vergoldeten Kreuzblumen. Manche Leute erzählten mir, daß das Geld dafür aus dem Iran komme, andere nannten Saudi-Arabien. Doch wer auch immer die Rechnung begleichen mochte – in einem Land, das von Atatürk, dem Vater der modernen Türkei, als eine säkulare Republik etabliert worden war und in dem so viele feine historische Moscheen auf Ausbesserung und Restaurierung warteten, nahm sich dieses Übermaß an neuen Andachtsstätten als eine merkwürdige Anomalie aus. Offenbar ließ sich mit der Baugenehmigung für die neuen Moscheen eine Menge Profit mit Schmiergeldern herausschlagen, was beim Ausbessern der alten nicht der Fall gewesen wäre.

Sieht man von dieser Fülle neuer Moscheen einmal ab, hätte ein gelegentlicher Besucher der Türkei leicht auf den Gedanken kommen können, die Nationalreligion des Landes bestehe in der Verehrung Atatürks. Sein Bild ist allgegenwärtig und prangt sogar als Leuchtportrait von den Höhen unzähliger Zitadellen. Sein Konterfei hängt in jedem Büro. Jede Stadt und jedes Dorf besitzt mindestens eine Statue von Atatürk auf dem Hauptplatz und häufig mehrere weitere, die in Gärten und vor öffentlichen Gebäuden verstreut sind. Wie bei religiösen Abbildungen folgt auch die Darstellung Atatürks gewissen strengen Konventionen und zeigt ihn in festgelegten Rollen: als Soldat in der Uniform der zwanziger Jahre, zu Pferd oder zu Fuß; als der ältere Staatsmann in nüchternem westlichem Anzug; als gewandter Partylöwe und Liebling der Damen in weißer Krawatte und Frack. Später stieß ich im Umkreis von Istanbul auf ein Areal, wo diese Statuen hergestellt wurden. Es gab Tausende davon – eine ganze Armee kleiner, mittlerer und großer Atatürks.

Bevor ich London verließ, hatte mir das türkische Touristenbüro eine Broschüre mitgegeben, die einen Abschnitt enthielt, was Besuchern der Türkei bei Androhung schrecklicher Folgen verboten war. Noch schlimmer als Drogenhandel war das Verbrechen, Atatürk zu beleidigen. Es schien mir höchst unwahrscheinlich, daß jemand so etwas im Schild führen könnte, um so mehr, als der Mann seit mehr als fünfzig Jahren tot ist, so daß ich mich fragte, wie man dies anstellen müßte. Je länger ich darüber nachdachte, desto unbehaglicher wurde mir zumute. Was, wenn es mir unbedacht oder im Schlaf passierte, ohne die geringste Absicht dahinter? Angesichts der Abertausenden von Statuen, an denen ich vorbeifuhr, blieb dies eine heimliche Besorgnis, die nie ganz verschwand. Ich ertappte mich dabei, wie ich mein spontanes Lachen beim Anblick all dieser geklonten Atatürks rasch erstickte, denn die Vorstellung, in einem türkischen Gefängnis zu schmachten, war nicht eben erbaulich.

Xenophons Ratgeber hatten ihm gesagt, daß dieser Teil der Küste aus »schönen Ebenen und ganz schrecklichen Bergen« bestehe. »Alle Landrouten«, meinten sie, seien »sehr schwierig, einige ganz unmöglich zu begehen«. Auf ihren Rat entschied sich Xenophon für den Seeweg und akzeptierte für die Zehntausend eine Mitfahrgelegenheit auf einer Flotte griechischer Schiffe. Doch als auch ich kapitulierte und für mich und Roberts ein alternatives Transportmittel suchte, war kein Boot da, um uns mitzunehmen. Zu Xenophons Zeiten waren die griechischen Städte in der ägäischen Türkei genauso wie jene auf dem griechischen Festland damit beschäftigt, überall entlang der Küstenregion der Euxine Kolonien zu gründen. Bald folgte der Handel, doch wegen der Schwierigkeiten, die das widerborstige Land den Reisenden bot, wurden Menschen und Waren durchweg auf dem Seeweg befördert. Boote bildeten lange Zeit weiterhin die einzig vernünftige Lösung, um an der Schwarzmeerküste vorwärtszukommen, bis die Autorevolution vor ungefähr einem Jahrzehnt auch die Türkei erreichte. Wäre ich zehn Jahre früher hier gewesen, hätte ich noch Dampfer vorgefunden, die regelmäßig alle historischen kleinen Häfen anliefen. Doch heute existiert mit Ausnahme einer einmal wöchentlich stattfindenden Kreuzfahrt von Istanbul nach Trabzon überhaupt kein Passagierschiffstransport mehr, und diese Autofähre ist derart groß, daß sie unterwegs nur noch an drei Tiefwasserhäfen anlegen kann. Der Handel pflügt sich zwar noch immer seinen Weg durch das Schwarze Meer, aber die maritimen Katastrophen bewirken mittlerweile nicht mehr verlorengegangene Ladungen Weinkrüge, Tonwaren, Statuen, Gold und dergleichen, sondern Ölteppiche, die das Leben im Meer vernichten und die Fischpreise so weit in die Höhe treiben, bis es sich gewöhnliche Türkeireisende und auch die Türken selbst nicht länger leisten können, Fisch zu essen.

Ich verspürte zu diesem Zeitpunkt den starken Drang, eine Weile ein anderes Beförderungsmittel zu benutzen – nicht wegen des extremen Auf und Ab meiner Reiseroute, sondern weil die Industrialisierung inzwischen etwas gar aufdringlich geworden war. Ich hatte die Außenquartiere von Zonguldak erreicht, einer Stadt, die sich in ihrer Rolle als Lieferant leicht schwefelhaltiger Kohle für die Hauptstadt über all die umliegenden sanften Hügel ausgebreitet hatte und einen dunklen Fleck weit ins blaue Meer hinaus ergoß. Ein einziger Blick reichte, um mich davon zu überzeugen, daß ich diese Gegend so schleunigst wie möglich hinter mir lassen wollte, und da es kein Boot gab, um mich schnell wegzubringen, wollte ich versuchen, einen Bus zu finden.

Dabei erhielt ich die Hilfe mehrerer Männer, die sich augenblicklich auf mich stürzten, als ich in den Busbahnhof einfuhr. Busse gibt es reichlich in der Türkei. Allerorts wetteifern mehrere Unternehmen um Kundschaft. In Sekundenschnelle hatten die »Agenten« der Gesellschaften herausgekriegt, wohin ich wollte, abgemacht, wem ich zugeteilt werden sollte, und Roberts ins geräumige seitliche Gepäckfach unter einem der Busse gleiten lassen. Als dies erledigt war, half man mir meine Fahrkarte lösen, danach wurde ich zu einem Glas Tee eingeladen und schließlich zu meinem Sitzplatz begleitet.

Die Sauberkeit in dem Bus war bemerkenswert – er war das Makelloseste, was ich bisher in der Türkei erblickt hatte. Polsterung und Teppiche waren neu und luxuriös und wiesen kein Stäubchen auf, jede Kopfstütze war schneeweiß überzogen, blitzsaubere Vorhänge schützten einen vor der Sonne. Dieser Bus war gewissermaßen ein Schrein, denn eine Fülle von »heiligen Gegenständen« baumelte vor dem Fahrer an der Windschutzscheibe: blaue Glasaugen zur Abwendung allen Übels, verschiedene Puppen, Perlschnüre und künstliche Blumen. Die eindrückliche Instrumentenkonsole war auch mit einem Kassettengerät bestückt, das ständig in Betrieb war, obwohl für mein westliches Ohr jede neue Kassette genau gleich tönte wie der sirupsüße Eintopf, der ihr vorangegangen war.

Der Akoluth, der an diesem Altar der Bequemlichkeit und des Fortschritts diente, war dauernd auf Trab und wurde mittels einer Telefonverbindung vom Führersitz aus immer wieder von seinem Platz hinten im Wagen nach vorn zitiert. Er nahm die häufigen kleinen Regulierungen an den Sichtblenden und der Ventilation vor, die der Busfahrer für notwendig hielt, brachte ihm verschiedentlich ein Glas Tee oder Wasser, lieferte Feuer für seine endlosen Zigaretten oder setzte sich zuweilen einfach neben ihn hin, um den Zuhörer für den Redefluß zu spielen, an dem die meisten männlichen Türken soviel Gefallen zu finden scheinen.

Wenn er nicht gerade den Fahrer bediente, kümmerte sich der Schaffner auch um die Nöte der Passagiere, lud ihr Gepäck ein und aus, brachte ihnen Pappbecher mit eiskaltem Wasser und träufelte ihnen Kölnischwasser mit Zitronenduft auf die Hände, welches sie auf Gesicht und Nacken tupften. Wenn wir bei einer Tankstelle anhielten, um Benzin nachzufüllen, und sich die Fahrgäste Erfrischungen holen gingen, kehrte der Schaffner das Innere des Busses aus, während zwei andere Männer, bewaffnet mit raffiniert ans Bürstenende befestigten Wasserschläuchen, die Außenseite abwuschen, um den alles durchdringenden Staub der türkischen Straßen zu entfernen. Der Kontrast zwischen dieser beinahe klinischen Sauberkeit des Busses (und auch der Autos, wie ich entdecken sollte) und dem Zustand der im allgemeinen verschmutzten und von Abfall übersäten Straßen, Strände und anderen öffentlichen Plätzen war bemerkenswert. Selbst an den armseligsten und abgelegensten Orten, wo Rohrleitungen noch unbekannt waren, sah man im seichten Wasser von Flüssen und Seen stets Pkws und Lastwagen stehen, die gewaschen wurden.

Die übrigen Passagiere waren sehr nett und freundlich. Die in meiner Nähe Sitzenden boten mir Zigaretten, Äpfel, Süßigkeiten, Kaugummi, Kekse, Nüsse und andere Süßwaren an, mit denen sie sich zwischen den Erfrischungshalten stärkten. Am liebsten wurden Sonnenblumenkerne geknabbert. Die Türken verschlingen sie mit großer Geschwindigkeit, wobei sie die kleinen, schwarzweißen Samen zwischen den Vorderzähnen spalten und in einer einzigen raschen Bewegung den winzigen Kern herausholen. Trotz angestrengter Versuche lernte ich diese Kunstfertigkeit nie und konnte nur bewundernd zusehen, wie sie sich in der Zeit, die ich brauchte, um vier oder fünf Kerne zu knacken, einen richtigen kleinen Imbiß verschafften.

Was mich bei der Fahrt als einziges störte, war der Zigarettenqualm. Da in der Türkei viel Tabak von sehr guter Qualität angebaut wird, besteht unweigerlich ein Interessenkonflikt, was das Eindämmen des Rauchens angeht. Das Abwägen von Profit kontra eskalierende Heilungskosten für mit dem Rauchen in Zusammenhang stehende Krankheiten hat bislang noch nicht zu einer nennenswerten Antiraucherkampagne geführt, und ich glaube auch nicht, daß der durchschnittliche Türke der Überzeugung ist, Rauchen schade der Gesundheit. Zigaretten, vor allem die aus gröberen Tabaksorten gefertigten, sind hier so billig, daß sie sich jeder leisten kann. Alle männlichen Wesen ab etwa zwölf Jahren rauchten in diesem Bus, ebenso eine oder zwei der jüngeren Frauen. Die Klimaanlage half zwar, den Rauch zu verteilen, doch wenn wir von Straßenarbeiten aufgehalten wurden, erhöhte sich die Konzentration derart, daß ich von einem unkontrollierbaren Husten geschüttelt wurde und meine Augen tränten. Die Frau neben mir ergriff sofort meine Kartentasche und fächelte mir damit heftig zu. Besorgte Männer brachten ihre Glimmstengel noch mehr in die Nähe, während sie sich herüberlehnten, um zu sehen, was los sei. Sobald die Ursache jedoch diagnostiziert war, wurden sämtliche Zigaretten unverzüglich ausgemacht. Der Fahrer öffnete die automatischen Türen, und einmal mehr war ich überwältigt von der türkischen Höflichkeit und Freundlichkeit.

Der Bus hatte zuerst eine große Schleife in die Berge gezogen und hielt jetzt in der Stadt Bartin. Ich stieg mit einem gewissen »Jet-lag«-Gefühl aus, denn in ein paar wenigen Stunden hatte ich rund hundert Kilometer zurückgelegt, was mich auf dem Rad bei dieser Hitze und einem solchen Terrain zwei Tage gekostet hätte. Bartin war ein Musterbeispiel dafür, wie reizend eine türkische Stadt sein kann. Die dunklen, unbemalten Holzhäuser mit ihren Balkonen und Fenstersimsen voller leuchtender Blumen bildeten den perfekten Hintergrund für die weißen Minarette und Kuppeln der Moscheen und die marmornen Straßenbrunnen. Die Straßen wurden jedoch von dem zunehmenden Verkehr arg verstopft, und man war gerade dabei, die gewundenen Gassen mit Kopfsteinpflaster aufzureißen und zu verbreitern. Mir blieb nur die Hoffnung, daß jemand ein Einsehen hatte und merkte, wie attraktiv dies doch alles war, bevor man es völlig ausradiert und durch gesichtslose Beton- und Bruchsteinhalden ersetzt hatte.

Der Schaffner lud Roberts sorgfältig aus und hielt ihn aufrecht, während ich die Satteltaschen anbrachte. Obwohl er nur halb so alt war wie ich, zeigte er ein väterliches Interesse an meinem Wohlergehen und wollte wissen, wo ich die Nacht verbringen würde. Als ich ihm sagte, daß ich zu dem kleinen Küstenstädtchen Amasra weiterradeln würde, verzog er das Gesicht und meinte, ich solle lieber ein Taxi nehmen. Ich nahm an, er sei einfach wieder einer dieser typischen Türken, die nicht verstehen können, daß ich das Radfahren genoß und mir fünfzehn Kilometer Fahrt nichts ausmachten. In Wirklichkeit freute ich mich schon darauf, meine von der Busreise verkrampften Muskeln zu betätigen und den Qualm aus meinen Lungen herauszuarbeiten. Er schien anzudeuten, daß es zwischen Bartin und Amasra steil hinaufging, aber ich deutete seine Besorgnis erneut falsch. Der Bus hatte seit Zonguldak ständig an Höhe gewonnen und noch nichts davon eingebüßt, also durfte ich gewiß eine Talfahrt hinunter ans Meer erwarten.

Das traf auch wirklich zu, doch erst nach einer gut sechs Kilometer langen Kletterei, die eine Alp hochführte und so erbarmungslos steil war, daß ich, hätte ich gewußt, wie weit sie sich erstreckte, mit Sicherheit ein Taxi oder sonst etwas gemietet hätte, um mich und Roberts zum Gipfel hinaufbringen zu lassen.

Selbst die steilsten Schweizer Pässe, ja nicht einmal der Himalaja hatten soviel Schweiß und Mühsal erfordert wie diese Pontischen Alpen. Die ersten Straßenbauer hier hatten offensichtlich noch nie etwas von Neigungswinkeln gehört. Selbst die Römer, die stets die direkteste Route bevorzugten, hätten nicht im Traum daran gedacht, einen derart senkrechten Kurs einzuschlagen. Zu ihrer Zeit erfolgte der Zugang zu dem wichtigen Hafen von Amasra jedoch natürlich vom Meer her. Daß die Griechen ihre Kolonien an der Küstenlinie der Euxine überhaupt gründen und sie danach so lange halten konnten, war hauptsächlich deshalb möglich, weil es so schwierig war, sie auf dem Landweg zu erreichen. Während das restliche Anatolien längst unter persischer Herrschaft stand, blieb die Schwarzmeerküste sozusagen unabhängig.

Es stand außer Frage, hier hochzufahren. Tief gebückt und keuchend vor Anstrengung, so daß ich beinahe zu bersten glaubte, gelang es mir nur mit Mühe, den vollbeladenen Roberts die Straße hochzuschieben. Etwa hundert Meter am Stück war das längste, was ich schaffte. Dazwischen brauchte ich lange Ruhepausen, um einen halben Liter Wasser nach dem andern hinunterzustürzen. Glücklicherweise fand sich in echt türkischer Freigebigkeit an jeder Ecke Trinkwasser, das verschwenderisch aus Brunnen, Tanks, Wasserhahnen oder auch nur aus rostigen Röhren floß und deswegen nicht weniger willkommen war. Ich vertraute darauf, daß es in dieser Höhe vermutlich sauberer war. Vielleicht hätte es auch gar keine Rolle gespielt, wenn dem nicht so gewesen wäre, denn ich verlor alles unverzüglich wieder mit Schwitzen. Als ich endlich den Gipfel erreichte, an dessen Existenz ich längst nicht mehr geglaubt hatte, konnte ich mich wegen der Schmerzen in meinem Kreuz kaum noch aufrichten.

In dem Augenblick, als ich auf der anderen Seite die großen, schwungvollen Haarnadelkurven entlang der Küste hinunterzusausen begann, verwandelte sich dieser Zustand tiefsten Elends in ein Gefühl reinster Freude. Es gibt nur wenige körperliche Vergnügen, die einer langen Abfahrt auf dem Fahrrad das Wasser reichen können, vor allem an einem heißen Tag nach einem besonders zähen Anstieg. Die plötzliche Erinnerung, daß das Leben aus mehr besteht als nur aus Schinderei, verändert die Qualität des Empfindens schlagartig. Mir war, als sei ich bis zu diesem Zeitpunkt blind, taub und abgestumpft für jeden Gefühlseindruck gewesen. Vögel, die gewiß schon vorher herumgetrillert hatten, ohne daß ich etwas davon gehört hatte, brachen plötzlich in ein Lied aus, und der beschränkte Sichtwinkel auf einen grauen Flekken Straße unter meinen Rädern machte einem Kaleidoskop Platz, in welchem aus einem rasend vorbeiziehenden nebelhaften Schleier kurze Bilder herausstachen. Das breite, funkelnde Meer weit unten, das sich mir abrupt offenbarte, raubte mir vor Entzükken fast den Atem. Am liebsten hätte ich laut »Thalassa« gerufen, wie Xenophons Griechen, als sie erstmals einen Blick auf die Euxine erhaschten, nachdem sie so lange den Unbilden von Kurdistan getrotzt hatten.

Es ist jedoch der Körper, der bei solchen Abfahrten die größte Freude empfindet. Die rasche Abkühlung, wenn das schweißdurchtränkte Haar sich hebt und aus der Stirn zurückgeweht wird und ein herrlich entspannender Strom weicher, warmer Luft über die heiße, gerötete Haut und die ermatteten Glieder streicht, vermittelt ein Gefühl von reinstem Hedonismus. Und kurz nach dem harten, schleppenden Anstieg stellt sich meist jenes schöne Gefühl müheloser körperlicher Überlegenheit ein – Fahrer und Fahrrad fliegen als vollkommen ausgewogene Einheit die steilen Kurven hinunter, ohne mehr Kraftaufwand, als ein sanfter Druck auf die Bremsen und eine leichte Neigung des Körpers nach links oder rechts erforderlich macht.

Die einzige Schattenseite all dieser Vollkommenheit war die Frage, ob ich mich ungebremst der fröhlichen Sausefahrt überlassen oder lieber häufig anhalten sollte, um die herrlichen Ausblicke auf mich einwirken zu lassen, bevor sie unwiederbringlich vorbei waren. Der gräßliche Straßenbelag verbreitete ebenfalls gelinden Schrecken, ebenso der Umstand, daß ich ihn mit einer türkischen Hochzeitsgesellschaft teilen mußte. Letzteres ist eine unglückselige moderne Version des altehrwürdigen türkischen Brauchs, Trauungen mit einer Prozession zu Fuß oder hoch zu Roß rund um die Dörfer von Braut und Bräutigam zu begehen. Dieser Sitte wird heutzutage auf der Hauptverkehrsstraße mit einer riesigen Kavalkade reich geschmückter, dicht an dicht fahrender Autos gefrönt, deren Fahrer ihre Hupen mit einer Ausdauer und Lautstärke betätigen, als wären unzählige Josuas am Werk, die Mauern von Jericho zu Fall zu bringen. Angesichts der Tatsache, daß diese Prozessionen in häufigen Abständen haltmachen, damit sich die männlichen Teilnehmer mit Raki erfrischen können, läßt sich mit einer solchen Streitmacht nicht spaßen. Jener spezielle Familienverein war in vierundzwanzig Vehikel gequetscht. Ich fand mehrmals Gelegenheit, ihre genaue Anzahl zu verifizieren, da sie ein ums andere Mal anhielten und mich dann wieder überholten, und zwar mit Vorliebe in unübersichtlichen Kurven, begleitet von frenetischem Hupen und fröhlichem Händewinken. Sie drückten mich jedesmal beinahe von der Straße, obwohl ich sicher bin, daß keine böse Absicht im Spiel war – sie waren eben nur nett zu mir!

Im verblassenden Tageslicht sauste ich um die letzte steile Kurve und mußte abrupt abbremsen, weil große Risse und Krater im Asphalt die Zufahrt zur Stadt ankündigten und mich wie jedesmal merken ließen, wie gut die Straße bis zu dieser Stelle gewesen war. Die Sonne war beinahe untergegangen und hatte einen roten Pfad über das stille Wasser des inneren Hafens von Amasra gelegt. Ich spürte sofort, daß dieser Ort weit altertümlicher und aufregender war als alles, was ich bisher an dieser Küste kennengelernt hatte, doch meine Begeisterung mußte bis morgen früh im Zaum gehalten werden. Ich hatte keine Zeit, mir etwas im Detail anzusehen, denn die Nacht brach schnell herein, und als erstes galt es, ein Obdach zu finden.

Gleich dort, wo die Straße ihren letzten rechtwinkligen Bogen macht, um sich der Hafenfront entlangzuziehen, lag ein winziger Campingplatz, der nicht mehr als drei oder vier Zelten Raum bot und eine wunderschöne Aussicht aufs Wasser hinaus gewährte. Er war jedoch dem Blick der Öffentlichkeit sehr stark ausgesetzt, und außerdem stieg mir ein ziemlich deftiger, abstoßender Geruch in die Nase, was durchaus sein Gutes hatte, denn wie sich herausstellte, hatte beim Versuch, Roberts über die Pontischen Alpen zu befördern, mein Rücken Schaden genommen, und das Kampieren in meinem kleinen, niedrigen Zelt wäre mir wohl schlecht bekommen. Dies ließ nur die beiden Hotels der Stadt übrig, und da nichts darauf hinzudeuten schien, welches das bessere war, warf ich eine Münze hoch. Die Wahl fiel auf das »Kapitan Pascha Oteli«, wo man für mich ein winziges Zimmerchen und für Roberts eine Stelle fand, wo ich ihn an die Balustrade schließen konnte.

Eine liebenswürdige, mollige griechische Dame, die ausgezeichnet Englisch und Türkisch sprach, übersetzte beim unvermeidlichen Feilschen um den Zimmerpreis. Später war ich ihr zu noch mehr Dank verpflichtet, denn sie weihte mich in die Feinheiten der hoteleigenen Duschvorrichtungen ein, worüber sie bestens im Bilde war, da sie die vergangenen zwanzig Jahre jeden August im »Kapitan Pascha Oteli« Urlaub gemacht hatte. Wenn ich, wie es in meiner Absicht lag, mit dem Duschen bis nach dem Abendessen wartete und nach den Mühen des Tages zuerst meinen Wolfshunger stillte, würde nach dem abendlichen Großandrang jeder Tropfen warmes Wasser aufgebraucht sein. Daran seien die Engländer schuld, meinte sie. »Die Engländer?« fragte ich ungläubig. Tatsächlich! Wie sie selbst hatten auch die Engländer Amasra ins Herz geschlossen. Sie kamen jedes Jahr auf Urlaub hierher, und zwar so zahlreich, daß sie die beiden Duschen des Hotels in Betrieb hielten, bis das Warmwasser ausging.

Ausreichend heißes Wasser ist für eine herumreisende Radfahrerin ein lebenspendender Luxus. In vielen Ländern muß ich mich, meine Haare und meine Kleider häufig mit einem halbvollen Eimer kalten Wassers waschen. Die Methode, die ich für dieses Kübelbad samt Wäsche entwickelt habe, geht folgendermaßen: Zuerst ziehe ich alle meine verschwitzten Kleider aus und lege sie unter meinen Füßen auf dem Fußboden aus. Darauf gieße ich mir das kostbare Naß Tasse um Tasse sorgfältig und langsam über den Kopf und halte mich so aufrecht, wie es geht, so daß es über die größtmögliche Hautoberfläche rinnt, bevor es in den Kleidern versickert – ein wundervolles Gefühl bei heißem Wasser und eine wahre Pein, wenn es kalt ist. Sobald ich überall benetzt bin, trage ich Shampoo und Seife auf, und das schaumige Wasser tröpfelt ebenfalls auf die Kleider hinunter. Danach stampfe und tanze ich auf der Wäsche herum und gieße dabei weiterhin tassenweise Wasser über mich aus, um Körper und Kleider gleichzeitig sauber zu kriegen. Die letzten Tropfen im Eimer sind für die Schlußspülung der Kleidungsstücke reserviert. Schließlich ziehe ich meine saubere Garnitur Kleider an und hänge die nassen auf eine Leine, die ich an geeigneten Vorsprüngen im Zimmer aufspanne oder beim Kampieren vom Fahrrad zum Zelt ziehe. Wenn sie am Morgen noch feucht sind, pinne ich sie mit Sicherheitsnadeln an die hinteren Satteltaschen, wo die Sonne sie bald bäckt oder der Wind sie trockenbläst.

Bis anhin hatte ich die sporadischen Duschen in der Türkei als keine wirklich nennenswerte Verbesserung meines Halbeimer-Vielzweckbades empfunden. Ich war noch keiner türkischen Duschanlage begegnet, die nicht an irgendeinem schweren Defekt gelitten hätte – die Brausenköpfe fielen immer wieder ab und verabreichten mir schmerzhafte Hiebe, das Wasser hörte plötzlich mittendrin zu fließen auf, wenn ich über und über mit Seife bedeckt war, oder es tröpfelte als ein so dünnes, erbärmliches Rinnsal heraus, daß es nicht lohnte, darauf zu warten. Was das warme Wasser betraf, war die Liebesmüh selbst in wirklich guten Hotels vergeblich. Obwohl ich also selten ungewaschen herumlaufen mußte, war das Erlebnis nicht immer so vergnüglich wie ein afrikanisches oder indisches Eimerbad mit bestenfalls röhrenwarmem Wasser, und meine erste nächtliche Waschung unter einer reichlich strömenden, warmen und störungsfreien Wasserflut in Amasra bildete deshalb einen seltenen Hochgenuß.

Als ich das »Kapitan Pascha« blitzsauber verließ und mich auf die Suche nach einem Abendessen machte, drängelte sich eine Anzahl Kinder und Erwachsene (augenscheinlich »die Engländer«) durch die winzige Hotelhalle. Einige von ihnen hatten einen Engpaß verursacht, weil sie anhielten, um Roberts zu bewundern. Ich machte ebenfalls halt und erklärte ihnen den Höhenmesser, der junge Leute höchst fasziniert. Fast sogleich fragte das älteste der Mädchen, ob ich nicht Bettina Selby sei. Sie habe einige meiner Bücher gelesen und mich von den Fotos auf den Umschlägen wiedererkannt.

Da sich somit eine weitere Vorstellung erübrigte, tauschten wir bald aus, was wir im türkischen Badeort Amasra verloren hatten. Wie ich herausfand, war ich auf ein Archäologenteam der Warwick University unter der Leitung von Dr. Stephen Hill und Dr. Jim Crow gestoßen. Sie kamen jedes Jahr nach Amasra, um die weitläufigen byzantinischen Gemäuer zu kartographieren, und da sie beide an ihren Familien hingen und gerade Sommerferienzeit war, hatten sie ihre Ehefrauen und Kinder mitgenommen. Zusammen mit den acht Kindern und verschiedenen Kollegen – Experten für Münzen, Aufschriften und ähnliches – zählte die Gruppe insgesamt sechzehn Leute und vereinnahmte mehr als die Hälfte des »Kapitan Pascha Oteli« – kein Wunder, daß so ein Ansturm auf das Warmwasser herrschte!

Wie die meisten Archäologen waren sie voller Enthusiasmus für ihr Projekt und ließen es derart faszinierend klingen, daß ich gern mehr darüber gehört hätte. Ich war auch sehr froh, als ich erfuhr, daß mein erster Eindruck von Amasra keineswegs falsch gewesen war, denn die Stadt hatte einst eine wichtige Rolle an dieser Küste gespielt. Sie erwärmten sich ihrerseits für meine Begeisterung, versprachen, mich morgen auf eine Besichtigungstour mitzunehmen, und stellten mir inzwischen eine Eskorte Jungvolk zur Verfügung, um mir den Weg zu Amasras bestem Restaurant zu weisen. Als wir losmarschierten und mich Tom, Emma und Theo mit mehr Informationen überhäuften, als mein armer, müder Kopf aufnehmen konnte, wurde ich gewahr, wie hinter den unbedeutenden kleinen Gebäuden, welche die düster beleuchteten Straßen säumten, hohe, uralte Mauern Flecken aus dem samtenen Himmel voller Sterne ausschnitten, und wieder überfiel mich jener Schauder des Entzückens, den ich bei meiner Ankunft unten am Hafen verspürt hatte. Es war kein eigentliches Wiedererkennen, sondern eher ein Gefühl der Verwandtschaft mit diesem Ort – jene Art von Gefühl, die mir wieder in Erinnerung ruft, weshalb ich eigentlich herumreise.

5

Ein byzantinischer Flottenstützpunkt

Das »Kapitan Pascha Oteli« war kaum der geeignete Ort, um einen überbeanspruchten Rücken zu pflegen, und schon gar nicht, um Ruhe zu finden. Obwohl seine großartige Lage am Rand des alten Hafens einen weiten, klaren Blick hinüber zum Gemäuer der Altstadt bot, grenzte es an den modernen Teil von Amasra, und wie überall in der Türkei bedeutete dies Lärm. Die ganze Nacht brauste der Verkehr die Straße hinauf und hinunter, hielt an und startete mit lautem Türenschlagen und einer wilden Kakophonie von Gehupe. Türkische Musik wetteiferte mit westlichem Pop und heulte und hämmerte aus allen Gebäuden. Jede Lärmquelle versuchte die andere zu übertönen, bis sich die Klänge zu verwischen und zu zerhacken begannen. Bei hermetisch geschlossenen Fenstern als Schutz vor dem Lärm war das kleine Zimmer heiß wie ein Backofen, doch der Krach blieb fast ebenso laut, und an Schlaf war nicht zu denken. Ich dachte sehnsüchtig an mein kühles, luftiges Zelt und das besänftigende Donnern der Brandung am Strand. Schließlich sammelte ich all meine Kräfte und raffte mich unter Schmerzen auf, um die gewachsten Wattepfropfen hervorzuholen, die ich für solche Notfälle mitführe. Diese verstärkten jedoch das Pochen meines Herzschlags so sehr, daß ich das Dröhnen in meinem Kopf nicht lange aushielt und sie wieder entfernen mußte. Etwa um vier Uhr früh, unter den ersten blassen Streifen des vermeintlichen Morgengrauens, stellte sich endlich ein leichter Schlummer ein. Ausgelaugt und an Schlaflosigkeit leidend, versank ich in eine erschöpfte, traumlose Empfindungsstarre, bevor die Stadt gegen sechs Uhr früh erwachte und ein neuer, pulsierender Tag begann. Es sagt einiges über die Anziehungskraft von Amasra aus, daß ich es zwei weitere Nächte dort aushielt.

Es mußte ebensosehr für die Widerstandskraft der Türken sprechen, daß sie mit so wenig Schlaf auskamen. Später hingegen modifizierte ich diese Ansicht, denn wie ich merkte, benötigten sie nicht eigentlich weniger Schlaf, sondern fanden vielmehr Mittel und Wege, ihn zu verschiedenen Zeiten nachzuholen, etwa indem sie lange ausschliefen, eine Siesta hielten oder sich irgendwann ein Nickerchen gönnten. Für die meisten waren die zikadenlauten Sternennächte nach den heißen, feuchten Tagen so vergnüglich, daß sie sich lange nicht losreißen und ins Haus gehen konnten. Sogar in den Dörfern blieben die alten Männer in den Gärten mit all den Stechmücken sitzen, spielten Karten oder Tricktrack und tranken bis in die frühen Morgenstunden Tee. Dazu kam, daß sich die Türken kaum je vom Lärm behelligen ließen. Wer zu einer vernünftigen Zeit zu Bett ging, weil er früh aufstehen mußte, schlief unter all dem Getöse, das einen Westler unweigerlich wach hielt, problemlos durch. Ich selbst fand keine befriedigende Lösung für dieses Problem, außer ein Hotel in der vermeintlich ruhigsten Straße zu suchen, wenn ich in einer Stadt übernachten mußte, und auf einem Zimmer im obersten Geschoß zu bestehen, wo die Geräusche wie auch die Luft gewöhnlich dünner waren.

Da das »Kapitan Pascha« keine Mahlzeiten anbot, wurde ich eingeladen, mit den Archäologen ein Frühstück im Freien zu teilen. Es war die zehnjährige Lucy, die mich zu einer Zusage drängte, was übrigens ihr gutes Recht war, denn schließlich war sie es, die als erste aufstand und wegging, um frischgebackenes Brot zu kaufen. Die meisten anderen schliefen lange, weil sie wie ich bis spät in die Nacht wach gelegen hatten. Den Archäologen stand die ganze oberste Etage mit einem sehr großen Balkon zur Verfügung, der auf den westlichen Hafen schaute. Es war ein idealer Platz, um zu essen, Wäsche zu trocknen und alle die verschiedenen Ausrüstungsgegenstände bereitzustellen, welche die Expedition benötigte, und ebenso ideal für die Kinder, die dort ihre Spiele spielen und ihre Schätze ausbreiten konnten. All dies hatte die Archäologen bewogen, trotz der schäbigen Zimmer und des gräßlichen Lärms jedes Jahr ins »Kapitan Pascha« zurückzukehren. Doch wie sie sagten, blieb ihnen gar keine andere Wahl, denn das zweite Hotel mit seiner Disco war noch lärmiger und dazu um einiges teurer.

Was die Eltern betraf, hatte Amasra überdies einen weiteren Vorteil. Alle Kinder bis auf die jüngsten konnten hier mit der Gewißheit, daß ihnen nichts zustoßen würde, allein gelassen werden und durften nach Herzenslust durch die Stadt streifen. Die Türken scheinen Kinder ganz generell zu lieben, nicht bloß die eigenen, und so hatte der Nachwuchs der Hills und Crows weit eher das Gefühl, überbehütet zu sein, denn jedermann in Amasra wußte stets, wo irgendeines von ihnen zur Zeit gerade steckte, und die Erwachsenen griffen regelmäßig ein, wenn sie glaubten, daß die Kinder Hilfe benötigten oder irgend etwas Gefährliches unternahmen. Die jüngeren beklagten sich zwar, daß ihre Wangen von dem vielen liebevollen Kneifen der Türken ständig wund seien, aber davon abgesehen schätzten sie die Freiheit sehr.

Die älteren Kinder verbrachten viel Zeit damit, vom meerwärts gelegenen Ende des Hafens hinauszuschwimmen. Als sich mein Rücken ein wenig erholt hatte, nahmen sie mich mit. Ich fand die Stelle ideal zum Baden. Ein versunkener römischer Pier unter dem türkisblauen Wasser, den der zwölfjährige Tom, der älteste der Crow-Jungen, entdeckt zu haben behauptete, ließ unsere Herzen höher schlagen. Tom war ein ausgezeichneter Führer. Er hatte eine Menge Informationen über das alte Amasra von seinem Vater aufgeschnappt und sah es bereits mit den Augen eines Archäologen. Abgesehen von dem versunkenen Pier hatte er mehrere antike Artefakte und einen Teil eines steinernen Ankers entdeckt, die jetzt in Amasras winzigem Museum ausgestellt waren. »Unter dem Namen meines Vaters«, meinte Tom. »Nicht gerade fair!«

Die erwachsenen Archäologen erlebten gegenwärtig eine höchst frustrierende Phase. Trotz ihrer begrenzten Zeit und eines knappen Budgets waren sie gezwungen, untätig Däumchen zu drehen, denn hierzulande ist es Archäologen nicht gestattet, ihrer Arbeit nachzugehen, ohne daß ein türkischer Aufseher ihre Aktivitäten überwacht, und ihr eigener war kürzlich zum Wehrdienst einberufen worden. Täglich wurde ein Ersatzmann erwartet, aber niemand wußte, wann er eintreffen würde. Ich war gerade im richtigen Moment angekommen, um von dieser erzwungenen Inaktivität zu profitieren. Zwei Tage später, bei meiner Abreise, traf der neue Aufseher ein, und danach hätte die Zeit für Führungen gefehlt. Mein Reiseglück hatte mir einmal mehr gute Dienste geleistet.

Ohne ihre Hilfe hätte ich wohl nur wenig verstanden, denn in meinem Reiseführer war Amasra nicht einmal erwähnt, da es abseits der üblichen Touristenrouten lag. Wie ich erfuhr, reichten die Anfänge dieser mauerbewehrten Stadt bis in die Bronzezeit zurück, und sie war im Verlauf ihrer ganzen weiteren Geschichte eine befestigte Anlage geblieben. Während der verschiedentlichen friedlichen Perioden, die der Kolonialisierung durch die Griechen folgten, hatte sie sich über die Mauern ausgedehnt und die schmale Ebene zwischen dem Meer und dem steilen Berghang besiedelt. Ihre größte Ausdehnung scheint sie ums Jahr 83 nach Christus erreicht zu haben, als Plinius dort eine Dienstperiode mit Verwaltungsaufgaben verbrachte. Der Fluß, der für den deftigen Geruch im Hafen verantwortlich war, muß damals besonders unangenehm gestunken haben, denn Plinius berichtete darüber nach Rom. Er beschrieb ihn als eine »faulige Kloake, dem Namen nach ein Fluß, der die mit Kolonnaden besetzte Hauptstraße zum Meer hinunterfließt«, und empfahl dringend, ihn auf Kosten Roms überdecken zu lassen. Heute ist die weitläufige griechisch-römische Stadt mitsamt der Kolonnadenstraße fast völlig verschwunden, und der Zustand der »fauligen Kloake« hat sich etwas gebessert. Sie wird gegenwärtig von Betonmauern eingefaßt, denn der Fluß entspringt aus solchen Höhen, daß er wohl häufig verheerende Überschwemmungen anrichtet. Bei meinem Besuch war er ziemlich zusammengeschrumpft. Wir folgten ihm ein ganzes Stück hoch und fanden Unmengen fetter Frösche, die in den von Binsen besetzten seichten Tümpeln hausten, über denen riesige Libellen auf marineblauen Spitzenflügeln schwebten.

Nach etwa einem knappen Kilometer kamen wir zu einer riesigen Ruine, deren Dach fehlte. Man vermutet darin eine römische Einkaufsarkade – das »Harrods« seiner Zeit. Isoliert inmitten grüner Felder gelegen, sah sie sehr weitläufig und eindrücklich, gleichzeitig aber auch höchst unwirklich aus, ganz wie eine Filmkulisse. Daß sie noch immer dastand, während alles rundherum längst verschwunden war, verdankte sie ihren enorm dicken, aus Backstein gebauten Mauern, denn Ziegel können nicht geplündert und wiederverwertet werden wie Steine. Nur ein einziges weiteres antikes Fragment war erhalten geblieben, und zwar oben an der steilen Bergflanke, wo ein einzelner Stützbogen eines griechischen Theaters hinter einem romantisch überwachsenen Muslimfriedhof versteckt lag. Auf dem flachen Podium, wo einst die Bühne und die Orchester gestanden hatten, ruhten turbantragende Grabsteine unter Baldachinen von Brombeersträuchern und Bäumen.

Ein Rundgang um die ummauerte Stadt mit zwei so enthusiastischen Archäologen wie Jim und Stephen erweckte Amasra auf eine Weise zum Leben, wie es mir allein wohl kaum möglich gewesen wäre. Die weitläufigen Mauern umgaben die erhöhte Landenge lückenlos. Sie waren bis vor kurzem als Verteidigungsbollwerk erhalten worden, denn Rußland, der alte, unversöhnliche Feind der Türkei, lag weniger als eine Tagesreise entfernt auf der anderen Seite des Schwarzen Meers und war seit Menschengedenken mehrmals an dieser Küste eingefallen. Ein Teil der Festung war noch immer von der modernen türkischen Armee bemannt, wie das bei vielen historischen Schlössern und befestigten Städten in der Türkei der Fall ist, die in amtlichem Auftrag weiterhin als Verteidigungsanlagen dienen, um der allgegenwärtigen Invasionsdrohung Rußlands zu begegnen. Ich fragte mich, was wohl nach der unerwarteten Demontage der Sowjetunion mit diesen altehrwürdigen Monumenten geschehen oder ob und wo die Türkei nach einem Feind Ausschau halten würde.

Ein recht ungewöhnliches Merkmal der Mauern von Amasra bestand darin, daß man sie erweitert hatte, um die küstennahe, mit der Stadt durch eine schwer befestigte Brücke verbundene Insel Boz Tepe einzugliedern. Es hätte sich allein schon wegen des

Anblicks dieser in ihrer Vollständigkeit so eindrücklichen und in der unterschiedlichen Handarbeit verschiedener Zeitalter so interessanten Mauern gelohnt, hierherzukommen. Einige Abschnitte waren ohne Zweifel in Krisenzeiten errichtet oder ausgebessert worden, als man alles zur Verfügung stehende Material benutzt hatte. An einer Stelle waren die Sitzplätze aus dem griechischen Theater eingebaut worden, und ringsherum war das Mauerwerk mit wiederverwertetem Gestein aus der verschwundenen antiken Stadt durchsetzt, unter anderem mit vielen kunstvoll bearbeiteten Marmorstücken – Säulen, Grabstelen und irgendwo sogar mit einem Medusenhaupt. Unter den hastig aufgeschichteten Pflastersteinen ließen sich die fein geschnittenen, regelmäßigen Steinblöcke aus früheren, friedlicheren Zeiten erkennen.

Die Mauern trugen eine Anzahl genuesischer Inschriften, woraus man geschlossen hatte, die späteren kunstvollen Befestigungsanlagen seien in der turbulenten Periode konstruiert worden, die auf den Untergang des Byzantinischen Reiches im fünfzehnten Jahrhundert gefolgt war. Die Bemühungen von Jim Crow und Stephen Hill zielten darauf, diese Theorie zu widerlegen. Sie waren erstmals auf einer Ferienreise durch die Türkei nach Amasra gekommen und schon damals fast sofort davon überzeugt gewesen, daß die Genuesertheorie falsch sein müsse und die Inschriften den bereits vorhandenen spätbyzantinischen Mauern hinzugefügt worden waren. Die Archäologie neigt bekanntlich von Natur aus zu einer Fülle von romantischen Vorstellungen und Zufallsbegegnungen, doch aufsehenerregende Entdeckungen wie etwa die Ausgrabungen von Homers Troja oder der Schatzfund von Tut-ench-Amuns Grab, welche die Phantasie der Öffentlichkeit beflügeln, sind ziemlich selten. Die meiste Zeit des Archäologen wird von langsamer, gewissenhafter Detektivarbeit ausgefüllt, wie es auch hier der Fall war, doch trotzdem geht der Zauber nicht verloren, weil der Wandteppich der Geschichte Stückchen um Stückchen weiterwächst. Jetzt, da ihre Arbeit kurz vor dem Abschluß stand, vertraten Stephen und Jim die Ansicht, daß das, worauf sie hier gestoßen waren, einst ein ausgedehnter byzantinischer Flottenstützpunkt gewesen sein mußte und vom Hafen von

Amasra reguläre Patrouillen ausgelaufen waren, um die Wasser der Euxine zu durchstreifen und die Angriffe von Wikingern und Russen abzuwehren – zu einer Zeit, als die Küsten Europas und Britanniens ebenfalls von ähnlichen Überfällen heimgesucht wurden. In ihren Augen war dies die einzig mögliche Erklärung für den enormen Arbeitsaufwand und die Kosten der Befestigungserweiterung rund um die Insel Boz Tepe, denn die Stadt selbst wäre zu klein gewesen, um all die entsprechenden Aktivitäten und das nötige Personal aufzunehmen. Bei den Überresten umfangreicher Steinkonstruktionen, die sie auf der Insel entdeckt hatten, handelte es sich ihrer Meinung nach um Flottenkasernen, doch bis das Geld für eine größere Ausgrabung aufgetrieben werden konnte, blieb dies eine Mutmaßung.

Der größte Teil der modernen türkischen Stadt breitete sich behaglich außerhalb der Mauern aus, doch in ihrer Mitte war eine völlig andersartige und friedlichere Welt zu finden, die noch zerzauste Spuren ihrer einstigen Pracht zeigte. Die Hauptstraße folgte wohl seit langem dem Hügelgrat bis nahe zur jäh aufsteigenden westlichen Mauer. Enge Gäßchen und Steige führten steil zu den Mauern am Meer hinunter. Mehrere schöne alte türkische Häuser und eine Moschee, einst eine byzantinische Kirche, säumten die schläfrige, schattige Straße, doch im übrigen schien die türkische Stadt einfach auf den Fundamenten der byzantinischen zu thronen und wirkte nicht dauerhafter als ein Zeltlager. An ihrem höchsten Punkt standen Mauern aus quadratischen Steinblöcken ohne Dach von der etwa sechs Meter hohen Zwischenmauer ab. Wo sich einst byzantinische Wachen von ihrem Ausguck über die unruhige See ausgeruht hatten, waren jetzt Hohlräume zu finden, wo angebaute Schuppen mit Bergen von Nippsachen, Hühnern, die im Dreck scharrten, und ein paar räudigen Hunden einen seltsamen Kontrast zu der massiven, soliden Steinmetzarbeit bildeten, als wäre eine Nomadenhorde im Kielwasser einer siegreichen Armee hier eingezogen und morgen vielleicht schon wieder spurlos verschwunden.

Weiter unten am Hügel lag mein liebstes Bauwerk von Amasra, das zerfallene Juwel einer kleinen byzantinischen Kirche. Sie war höchst unüblich aus abwechselnden Lagen von Backstein und Stein konstruiert, die wechselnde Zickzack- und Rautenmuster bildeten, und stach von den Schuppen in ihrer Umgebung auf eine Weise ab, die mir jedesmal, wenn ich sie erblickte, den Atem raubte. Ich hatte Glück, daß ich sie überhaupt noch zu Gesicht bekam, denn in ein, zwei Jahren wird sie wohl völlig verschwunden sein. Schon jetzt war sie nur noch eine zerstörte Hülle, und es wurde nichts unternommen, um sie zu erhalten. In den abbröckelnden Ziegeln in der Kuppel der Apsis nisteten Tauben, das halbe Dach war weg, und ominöse Risse im Baugefüge kündigten den endgültigen Einsturz an. Im Inneren gab es noch sporadische Flecken von Verputz auf den Mauern, auf denen schwach, so daß ich sie nur bei einem gewissen Licht ausmachen konnte, die gespenstischen Freskenreste von Heiligen und einer das Jesuskind haltenden Gottesmutter hervortraten.

Am Ende des zweiten Tages in Amasra konnte ich mich endlich wieder aufrichten, ohne daß es mir im Kreuz einen Stich versetzte, und glaubte, einigermaßen sicher weiterfahren zu können, solange ich Roberts nicht zurück über die Pontischen Alpen schieben mußte. Es tat etwas weh, so viele neue Freunde mit einem Schlag zu verlassen, und ich wußte, daß ich die Abendmahlzeiten, die ich mit ihnen geteilt hatte, besonders vermissen würde. Abends allein in einem Restaurant beim Essen ist die einzige Gelegenheit, bei der mich auf einer langen Reise zuweilen die Einsamkeit einholen kann.

Ich hatte in Amasra weit abenteuerlicher gegessen als irgendwo seit Istanbul, denn bei so vielen Leuten am Tisch ließ sich die *Metze*, mit der ein Mahl in der Türkei in der Regel beginnt, enorm variieren. Wir teilten uns Püree aus Eierfrüchten, mit Fleisch und Reis gefüllte Weinblätter, Markkürbisse mit Reis und Pinienkernen, weiße Bohnen an einer Vinaigrette, zigarrenförmiges, mit Käse gefülltes Blätterteiggebäck und braune Bohnen mit Zwiebeln, Tomaten und Knoblauch. Darauf folgte ein vor Amasra gefangener Fisch, der nicht unerschwinglich teuer war, weil es an diesem Küstenstrich keine Öllecks gab und noch reichlich Fische vorhanden waren. Wir aßen sie mit frisch in Olivenöl gebackenen

Pommes frites, und obgleich »fish and chips« für ein englisches Ohr vermutlich kaum je nach einem nennenswerten gastronomischen Erlebnis klingen wird, übertrafen sie alles, was ich diesbezüglich bisher gegessen hatte. Wenn jemand danach noch eine Nachspeise hinunterbrachte, standen Yoghurt, Semolinakuchen in Sirup, Weizenflocken mit Pistazien und Honig, Safranreis und eine Vielfalt an Früchten zur Auswahl. Dazu tranken wir lokale Weine, auch sie köstlich und billig und ein Hochgenuß für mich, denn ohne Gesellschaft mußte ich mich immer mit Bier begnügen, weil eine ganze Flasche Wein (halbe gibt es nur selten) zuviel für mich war.

Die Kinder bestellten viel konservativere Kost: weiche Eier, Hamburger mit Pommes frites und Cola. Sie behaupteten, der Grund, weshalb ihre Eltern öfters Darmbazillen auflasen, während sie davon verschont blieben, sei der, daß die Erwachsenen bei der Auswahl von Gerichten viel wagemutiger seien.

Eine stattliche Anzahl der sechzehn Expeditionsteilnehmer kam, um mich zu verabschieden und dafür zu sorgen, daß Roberts ohne Schwierigkeiten in einen Bus geladen wurde. Auf Jims Rat wählte ich eine Inlandroute nach Sinope, meiner nächsten bedeutenden Zwischenstation. Die Küstenstraße war stellenweise so abschüssig, daß sie praktisch unpassierbar war. Busse fuhren auf dieser Route natürlich keine. Xenophons Heer hatte diese Strecke per Schiff zurückgelegt, und ich hätte mir dasselbe gewünscht, um das Ufer zu sehen, wo Jason angeblich gelandet war. Es war eigenartig, bei Xenophon die Worte »angeblich gelandet war« nachzulesen und sich in Erinnerung zu rufen, daß Jason bereits damals, vor mehr als zweitausend Jahren, eine ferne Legende war. Der Umweg übers Inland klang jedoch ebenso vielversprechend. Gleich hinter den Pontischen Alpen folgte ein alter Handelsweg einem reichen Flußtal, von einer Stadt namens Kastromonu bewacht, die Jim zufolge dank ihrer prächtigen byzantinischen Zitadelle und der schönen Seldschukenbauten sehr sehenswert sei. Doch als erstes galt es, die schwindlige Route über die Pontischen Alpen zurückzuverfolgen.

6

Durchs Gebirge nach Sinope

Ich schien einen ausgezeichneten Kompromiß in bezug auf die Pontischen Alpen gefunden zu haben und konnte den etappenweisen Aufstieg jetzt völlig genießen. Den ganzen Morgen saß ich bequem und wurde jäh aufragende Pässe hinauftransportiert – der höchste von ihnen weit höher als alles, was in Britannien zu finden war. Wie froh war ich, sie nicht auf Roberts hochkraxeln zu müssen! Diese Routen wurden nur von kleinen Bussen befahren, die kein Gepäckfach hatten, das groß genug für ein Fahrrad gewesen wäre. Die Busbesatzungen waren jedoch stets sehr entgegenkommend, verfrachteten Roberts ins Innere und stellten ihn am Rücksitz auf. Man berechnete mir, völlig zu Recht, wie mir schien, jeweils vier Plätze, einen für mich und drei für Roberts. Sobald sich der Bus aber gefüllt hatte, wurde Roberts in den Mittelgang versetzt, wo er ein echtes Ärgernis war, den Weg nach vorn und hinten blockierte und mit dem Lenker und den Pedalen auf die unglückseligen Passagiere einstach, die zufällig den falschen Platz gewählt hatten. Sie alle nahmen diese lästigen Unannehmlichkeiten erstaunlich gutmütig in Kauf und fanden sich mit der Situation ab, indem sie Arme oder Füße auf den Teilen des Fahrrads ruhen ließen, die in ihren Bereich eindrangen. Selbst der Schaffner, der sich auf seinen Runden mit dem nach Zitrone duftenden Kölnischwasser noch und noch an Roberts vorbeiquetschen mußte, lächelte jedesmal beschwichtigend – vielleicht lächelte er auch nur beim Gedanken an den Preis für die doppelt bezahlten Sitzplätze.

Die Salbung der Hände mit Zitronenkölnischwasser wurde ausnahmslos in allen Bussen vorgenommen, in denen ich reiste, selbst in den kleinen Lokalbussen und ebenso in Privathäusern bei der Ankunft eines Gastes, und ich vermutete dahinter ein Zeichen des Willkommens. Der übersüße Geruch sagte mir zwar nicht sehr zu, doch ich liebte die damit verbundene Zeremonie. Das Ausstrecken der gewölbten Hände, das sorgfältige Beträufeln, mit einem Tuch in Bereitschaft, um Verschüttetes aufzutupfen, und die leichte Verbeugung, welche beide Seiten austauschten, erfüllten das Ritual mit feierlichem Ernst und Bedeutsamkeit, ganz ähnlich wie die Waschung nach der Hohen Messe. Sie erzeugte zudem eine Atmosphäre vereinigter Harmonie im Bus, so daß die Vorstellung undenkbar war, es könnte hier so etwas wie eine Schlägerei losbrechen.

Die letzten fünfzig Kilometer bis Kastromonu legte ich mit dem Rad zurück. Ich genoß die von keinem Tabakrauch verfälschte Bergluft und das Vorwärtskommen aus eigener Kraft. Die dunklen, zottigen Berge beim ersten steilen Anstieg vom Meer waren einer trockenen, gewellten Ebene gewichen, auf welcher kleine Pferdeherden grasten und von der ein breites, beidseits von Bergwänden eingeschlossenes Flußtal nach Osten wegführte. Die vielfältig gebrochene Landschaft, in der schlanke Pappeln die Zypressen ablösten, erinnerte an die Provence. Die Gegend sah sehr fruchtbar und grün aus, obwohl die Ernte bereits eingebracht war und die Felder brachlagen. Eine durch dieses Tal ziehende Armee hätte sich ohne Schwierigkeiten vom Land ernähren können, und ich hätte gern gewußt, ob die Kolonisten in Sinope (dem heutigen türkischen Sinop) wohl mitgeholfen hatten, Schiffe für die Seeroute von Xenophons Zehntausend zu organisieren, um genau dies zu vermeiden. Zum Glück hatte ich mich überzeugen lassen, den Landweg einzuschlagen, denn hier oben zwischen den Bergen war die Welt völlig anders. Dank der Höhenlage war es auch kühler und weniger feucht, was das Radfahren sehr viel leichter machte.

Gerade als mir durch den Kopf ging, wie entzückend diese Fahrt doch sei, verdunkelte sich der Himmel plötzlich und schüttete eine enorme Wasserflut aus. Ich erreichte Kastromonu bis auf die Haut durchnäßt und dachte nur noch an ein heißes Bad und trockene

Kleider. Durch einen grauen Regenschleier, mit Schlamm bedeckt, der unter den Füßen aufspritzt, und mit Menschen, die alle hastig in Deckung gehen, sieht keine Stadt attraktiv aus, und wenn sich die Wolken nicht vor Sonnenuntergang wieder verzogen hätten, wäre mir womöglich ein völlig falsches Bild von dieser reizenden, kaum bekannten Ortschaft geblieben.

Wie alle Städte in diesem Teil der Welt geht Kastromonu auf die früheste Zeit zurück, als eine kleine Menschenschar oben auf einem freistehenden Hügel eine Siedlung errichtete, eine Akropolis, die leicht gegen Plünderer verteidigt werden konnte, weil jeder Angreifer gezwungen war, bergan zu kämpfen. Anatolien ist freigebig mit passenden Hügeln versehen, die sehr steil abfallen, oben zum Bauen flach genug sind und eine gute, unversiegbare Wasserquelle besitzen. Später umringten fortgeschrittenere Zivilisationen diese einfachen Hügelforts mit soliden Befestigungen, die einer ganzen Armee Trotz bieten konnten. Mit zunehmender Bevölkerung sah man sich jedoch gezwungen, außerhalb der Mauern zu bauen, und die Städte breiteten sich bis in die Ebene am Fuß der Akropolis aus. Im Falle eines Angriffs konnten sich die Bewohner mit ihrem Vieh auf den Hügel hinter den Schutz ihrer Mauern zurückziehen.

Kastromonu besaß eine herrlich große Akropolis, welche die moderne Stadt völlig dominierte. Sie war von uralten, viele Male neu aufgebauten Mauern umgeben. Die Überreste der byzantinischen Zitadelle wurden wie immer mit der roten türkischen Fahne und einem riesigen Kopfumriß von Atatürk aus Neonröhren gekrönt, was mir meine Fotos ziemlich vermieste. Enge Gäßchen mit Kopfsteinpflaster wanden sich fast lotrecht zum Fuß der Mauern hoch. Jedes war von kleinen türkischen Häusern mit Verputz auf Lattenwerk gesäumt, die sich mit schönen Türstürzen und Schwellen aus antiken, von alten Ruinen geplünderten Steinen brüsteten. In mehrere Lagen Röcke und Kopftücher gewickelte Frauen und Mädchen saßen in Gruppen plaudernd und strickend an den geschnitzten Eingängen und genossen die letzten Sonnenstrahlen, während kleine Jungen auf den wenigen flachen Plätzen Fußball spielten. Ich wurde ausgiebig angestarrt, was mir wiederum deutlich ins Bewußtsein rief, wie sehr ich auf dem steilen Anstieg ins Prusten und Keuchen kam. Niemand von den Einheimischen schien solche Schwierigkeiten zu haben. Selbst die beleibtesten Frauen und die alten Männer, denen eine Zigarette von der Unterlippe hing, marschierten fast mühelos bergauf, während ich es schon schwierig fand, genug Luft zu holen, um all die freundlichen Grüße zu erwidern.

Die Kletterei zahlte sich jedoch aus. Auf den Mauern zu stehen und auf eine Landschaft hinunterzublicken, auf die so viele und so verschiedene Kulturen ebenfalls hinuntergeschaut hatten, vermittelte ein viel greifbareres Gefühl für Geschichte, als sich einem Buch entnehmen ließ. Nicht zum ersten Mal dachte ich über die Menschen dieses Landes nach, von Xenophon und Plinius als »die Eingeborenen« bezeichnet – Menschen, die stets dagewesen waren, welche neuen Eroberer auch immer die Macht übernommen hatten, und die weiterhin das Land kultiviert hatten und ihren anderen dringenden Alltagsgeschäften nachgekommen waren. Hethiter, Phryger, Griechen, Perser, Römer, Byzantiner, Seldschuken, Mongolen und Ottomanen hatten alle abwechselnd hier geherrscht, doch jede neue Welle von Eroberern war zahlenmäßig relativ klein gewesen. Die ansässige Bevölkerung konnte über Nacht weder assimiliert noch vernichtet werden, und wahrscheinlich machte jeder neue Machtwechsel für die Mehrheit im Alltag keinen großen Unterschied aus.

Abgesehen von der einigenden Ausbreitung des Christentums und der darauffolgenden gleichermaßen einigenden Verbreitung des Islams, erfolgten die größten Veränderungen in der ländlichen Türkei in den letzten paar Jahrzehnten, und zwar durch das Aufkommen der Massenmedien und der Autos sowie durch die landesweiten Elektrifizierungsprogramme. Ein verstärktes Bewußtsein für die westliche Welt ging Hand in Hand mit einer mächtigen, immer stärker zunehmenden Landflucht und einem ungestümen Wettlauf, um die Industrialisierung so rasch wie möglich voranzutreiben und in ein, zwei Jahrzehnten das zu erreichen, was den Westen mehrere Jahrhunderte gekostet hatte. Je weiter ostwärts ich fuhr, desto weniger offensichtlich waren diese

Veränderungen, vor allem was die Bekleidung anging. Im kleinen Provinznest Kastromonu war die Frauentracht so konservativ wie eh und je, und ich war froh, daß ich nicht in Shorts angekommen war.

Es wurde schon dunkel, als ich an den Schichten der im römischen Stil mit roten Ziegeln bedeckten Dächer vorbei die steilen Hänge hinunter zurückwanderte. Zerstörte und wiederverwendete byzantinische Gebäude standen einträchtig neben osmanischen und seldschukischen Moscheen. In der Nähe meines Hotels lag eine einst griechische und dann römische Agora in der Talsenke, vom heutigen Verkehr abgeschnitten und im Stich gelassen. Inmitten dieser Insel stand ein besonders schöner, verfallener seldschukischer Hammam mit einem Dach aus sanft geschwungenen Kuppeln. Bei Einbruch der Dunkelheit war dies außer mir das einzige in Kastromonu, was man als weiblich hätte bezeichnen können, denn alle Frauen waren verschwunden. In den Restaurants gab es nur Männer; im Hotelfoyer war jeder Stuhl von einem Mann besetzt, der sich das Fernsehprogramm ansah, und die Luft war blau von Zigarettenrauch; und als ich in mein Zimmer ging, konnte ich durch offene Türen weitere Männer in Hose und ärmellosem Unterhemd sehen, die auf ihren Betten saßen, aus fettigem Papier Kebab aßen und mit Raki hinunterspülten. Als einzig sichtbares Mitglied meines Geschlechts mußte ich mir überall, wo ich hinging, reihenweise starrende Blicke gefallen lassen. Ich war froh, früh zu Bett zu gehen und etwas Schlaf nachzuholen.

Als ich am nächsten Tag in Richtung Sinop weiterpedalte und mich freute, daß das Terrain wieder abfiel, kam mir plötzlich in den Sinn, daß ich meinen Bargeldvorrat ergänzen mußte, und ich bog von der Fernstraße in die nächste Kleinstadt ab. Die Inflation betrug gegenwärtig schwindelerregende siebzig Prozent, daher lohnte es sich nicht, viel auf einmal zu wechseln. Trotzdem lebte ich hier so billig, daß ich seit Istanbul das erste Mal Geld umtauschen mußte. In Teskoptu gab es mehrere Banken, die alle kein Interesse an meinen Reiseschecks zeigten. Erst in der Is Bank wurde mein Ersuchen nicht von vornherein abgewiesen. Statt dessen versammelten sich alle vier Angestellten, um die American-Express-Reiseschecks, die ich vorlegte, zu begutachten. Sie reichten sie von Hand zu Hand und beteuerten alle, nie zuvor so etwas gesehen zu haben. Also wurden große Nachschlagwerke mit Faksimiles von Banknoten hervorgezogen, doch ohne Resultat. Mit Hilfe meiner zwei kleinen Wörterbücher gelang es mir schließlich, sie auf die Idee zu bringen, daß Reiseschecks gar keine Banknoten sind, worauf weitere dicke Wälzer konsultiert wurden, die diesmal Muster von Bankschecks aus so entfernten Orten wie Bilbao und Costa Rica zeigten – exotisch, aber für meine Zwecke leider ungeeignet. Die Zeit verstrich. Man schickte mehrmals nach Tee und bot mir ein Glas an. Alle waren erstaunlich nett und hilfsbereit, aber außer im Zusammenstellen von Sätzen machten wir keine Fortschritte. Zusätzliche Hauptbücher wurden beigezogen, doch nicht ein einziger Reisescheck war darin abgebildet. Die Angestellten blieben weiterhin freundlich, doch ganz offensichtlich war ihr Glaube an meinen Besitz handelbarer Währung am Schwinden. »Na gut«, sagte ich schließlich, »so werde ich eben in meinem Buch schreiben, daß die Is Bank noch nie etwas von American-Express-Reiseschecks gehört hat.« Dies rief eine ungeheure Reaktion hervor. Die Ehre der Bank stand auf dem Spiel! »Nein, nein«-Rufe wurden laut, gefolgt vom Beschluß, den Hauptsitz in Ankara anzurufen.

Dem Gesichtsausdruck der Angestellten, die den Hörer hielt, konnte ich entnehmen, daß die ersten Fragen ihre sinkenden Hoffnungen beflügelt hatten. Mein Scheck wurde gepackt und jede Einzelheit übers Telefon weitergegeben. Dann verlangte man meine Unterschrift auf einem Fetzen Papier. Sie paßte! Erleichterung, ja Freude zeichnete sich auf allen Gesichtern ab. Stolz wurde verkündet, man sei bereit, ein Risiko einzugehen: Sie würden einen Scheck über fünfzig Pfund wechseln. Doch in dem Augenblick erschien der Filialleiter, und alles begann wieder von vorn – Erklärungen, Mißtrauen, das Konsultieren von Handbüchern, noch mehr Mißtrauen. Ich wollte gerade aufgeben und meine Geheimreserve an Dollarnoten anzapfen, als der Manager sich an einen weiteren Schrank erinnerte, wo weitere Nachschlagwerke verstaut waren, und hier kam nach mehreren Fehlstarts das dünne Bändchen zum Vorschein, das die Faksimiles von American Express enthielt. Ein letztes kleineres Problem boten einzig noch die Worte »Nur zur Verrechnung« anstelle von »Fünfzig Pfund«, die auf meinem Scheck standen, doch über dieses Detail wurde großmütig hingweggegangen. Eine der Angestellten überreichte mir ein Lineal und einen Kugelschreiber, um damit »Is Bank weiß nicht durchstreichen«, wie sie mühsam mit Hilfe meines Wörterbuchs übersetzte, worauf sie das obligate *»Is Bank çok gezel«* hinzufügte. Und um mir zu beweisen, wie gut Is Bank wirklich war, geleitete man mich ins Büro des Chefs, wo man uns an einem niedrigen Kaffeetisch mit einem Mittagessen bewirtete. Es war ein königliches Festmahl mit großen Stücken frisch gegrilltem Schaffleisch, die zusammen mit rohen Zwiebeln und Fladenbrot verspeist wurden. Alles lag auf dem Papier ausgebreitet, in das es eingewickelt gewesen war, und wurde mit Pepsi hinuntergespült. Danach folgte eine köstliche Nachspeise aus in Milch eingeweichtem Weizenschrot mit getrockneten Früchten und Nüssen – »Noahs Pudding« genannt. Später fand ich heraus, daß dieses Gericht seinen Namen einer alten Legende über den Zustand der Speisekammer auf der Arche gegen Ende der Sintflut verdankte. Danach sollte Frau Noah, als sie sah, daß die Vorräte zur Neige gingen, alles, was noch übriggelassen war, in eine große Schüssel geschüttet und ihrem Mannsvolk vorgesetzt haben. Während wir aßen, traten die triumphierend lächelnden Bankangestellten ein, um meine Unterschrift einzuholen, mir mein Geld zu überreichen und mir die Hand zu schütteln. Als auch sie essen gingen, rief mir jede der Frauen ein schüchternes »Goodbye« zu, das sie soeben aus meinem Wörterbuch gelernt hatten. Ich wünschte, ich hätte einen Vorrat an Wörterbüchern dabeigehabt, die ich als Geschenk hätte zurücklassen können – ich kann mir nichts vorstellen, was willkommener gewesen wäre.

Infolge dieser langwierigen Finanztransaktion war ich gezwungen, mich in die Pedale zu legen, um die Abzweigung nach Sinop zu erreichen, bevor der letzte der spärlichen Busse aus der anderen Richtung dort ankam. Mir war wichtig, ihn nicht zu verfehlen, da eine riesige Kette der Pontischen Alpen zwischen mir und dem Meer lag und ich kein Bedürfnis verspürte, meinen genesenen Rücken erneut auf die Probe zu stellen. Die fleischreiche Kost war für diese Anstrengung nicht allzugut geeignet, doch das Glück war mir hold, denn der Bus und ich erreichten die Stelle im selben Augenblick. Die lange Kriecherei zum Damaz-Paß hoch führte über die schlimmste Straße, der ich bisher begegnet war. Irgendwo flickten Arbeiter eine Strecke, wo es einen Erdrutsch gegeben hatte, und es sah kaum so aus, als ob wir durchkommen würden. Ein Lastwagen hatte es bereits versucht und war über den Rand gekippt. Der Bus fuhr jedoch weiter, obwohl nur noch die Hälfte seiner talseits gelegenen Reifen auf dem weichen, ungesicherten Randstreifen auflag. Wir schafften es schließlich, aber mir war ganz mulmig, und ich wünschte mir sehnlichst, wieder auf meinen eigenen zwei Rädern zu sein.

Die Landschaft war wild und sehr schön. Je höher wir kletterten, desto alpiner wurde ihr Charakter. Primitive Holzhäuser standen verstreut auf struppigen Wiesen zwischen Buchen- und Tannenwäldern. Wir überquerten den Damaz-Paß, als das Licht von Mauve ins Purpurne verblaßte. Die ungeheuer lange Halbinsel, auf welcher die nördlichste Stadt der Türkei liegt, war ein dunkler ausgestreckter Finger auf einem Meer von Zinn. Es würde ein Wettrennen geben, ob die Dunkelheit oder der Bus Sinop zuerst erreichten. Die Nacht gewann mit mehr als einer Stunde Vorsprung.

Sinop, das antike Sinope, war einst die wichtigste Stadt am Schwarzen Meer gewesen, denn sie lag sogar noch günstiger als Amasra. Unter den Griechen war sie der bedeutendste Flottenstützpunkt und beherrschte die gesamte Euxine. Den nachfolgenden Mächten, einschließlich der seldschukischen Türken, diente Sinope weiterhin als wichtiger Handelshafen, doch die ottomanischen Türken, die ihren Namen auf Sinop verkürzten, wandten ihr den Rücken zu, weil sie es vorzogen, das unweit gelegene Samsun zu fördern, und so überließ man die großen Mauern größtenteils dem Zerfall. Sie waren jedoch noch mächtig genug, um eine müde Reisende zu beeindrucken, selbst bei Nacht und von der trüben Straßenbeleuchtung nur halb erleuchtet. Zu meiner Linken ragte eine große Zitadelle auf, rechts eine altehrwürdige Moschee, kaum mehr als Impressionen in der heißen, reglosen Luft, die nach würzigem Staub und Meer roch. Sinop wirkte seltsam exotisch und weit weltstädtischer als Amasra. Das Hafenbecken war von Cafés, Bars und Restaurants gesäumt. Man hatte Stühle und Tische unter Markisen an den Rand des Wassers gestellt. Reihen kleiner, hölzerner Fischerboote waren an den Molen vertäut, dahinter lagen große, zu Exkursionsschiffen umgewandelte Schleppnetzschiffe. Ich kreuzte auf der Suche nach einem Hotel durch die engen Straßen im Hafenviertel und mußte feststellen, daß ich zu spät gekommen war. Sinop war ein beliebtes Ferienziel, und alles war voll. Das letzte Hotel, bei dem ich nachfragte, lag direkt am Meer und war ebenfalls belegt, doch der Besitzer bot mir mit typisch türkischer Gastfreundschaft ein Kajütenbett in einem der Exkursionsboote an, die an der äußeren Hafenmole vertäut waren. Zwei uniformierte, etwa vierzehnjährige Kellner halfen mir, Roberts über mehrere andere Boote zur »Omar Baba« zu hieven. Die beiden netten, sachkundigen Jungen machten mir im Ruderhaus ein Bett zurecht und vergewisserten sich, daß ich Trinkwasser und eine Kerze hatte, um den Weg zu den Bootstoiletten zu finden – den makellosesten, die mir bis dahin in der Türkei begegnet waren.

Es war kein ruhiger Schlafplatz. Die ganze Nacht wehten Musik und Fröhlichkeit übers Wasser herüber, und kleine Fischerboote tuckerten mit gedrosselten Motoren an mir vorbei hinein und hinaus. Doch in meiner engen Schlafkoje an der unbeleuchteten, seewärts gelegenen Hafenseite thronte ich hoch über allem, mit Blick auf das vom Mond beschienene Meer und hinüber zu den Cafés mit Neonbeleuchtung. Ich verspürte wieder dasselbe tröstliche Gefühl von Losgelöstheit und Sicherheit, wie ich es in meinem Zelt erlebe, und so lag ich überglücklich da und fiel bis zum Morgen immer wieder sanft in Schlaf.

Sinop gefiel mir so sehr, daß ich mit der unbestimmten Vorstellung, die verlorene Zeit später wieder aufzuholen, zwei weitere Tage blieb. Ich wollte danach die Autofähre nach Giresun nehmen und so einen scheinbar langweiligen, modern erschlossenen Landstrich vermeiden, der vor mir lag. Wie sich erweisen sollte, gab es jedoch gar keine Fähre, aber ich bereute es nicht, länger geblieben zu sein. Das Hotel nahm sein Ruderhaus wieder in Besitz und fand ein Zimmer mit Balkon für mich, das auf den Hafen blickte. Von hier konnte ich zusehen, wie die leuchtend bemalten hölzernen Fischerkähne Tag und Nacht ein- und ausliefen, und die alten Männer beobachten, die dasaßen und sie rund um die Uhr bewachten, aus winzigen, tulpenförmigen Gläsern zierlich Tee tranken und nachdenklich ins Wasser spuckten. Der Zauber von Sinop lag darin, daß es in erster Linie ein aktiver Fischerhafen und nur nebenbei auch ein Seebad war. Die ausländischen Besucher wohnten meist etwas außerhalb in modernen Fünfsternhotels. Innerhalb der Ringmauern, rund um den inneren Hafen, sorgte die Stadt vor allem für das Wohlergehen der Türken, mit Schwergewicht auf einem anspruchslosen, leicht verwahrlosten Komfort. Moscheen, Häuser, Geschäfte und Hotels lagen auf Tuchfühlung nebeneinander. Mit Früchten und Gemüsen beladene Schubkarren wurden über die Kopfsteine gerollt, wobei kaum Platz blieb, um aneinander vorbeizukommen. Herrenlose Hunde gingen unbekümmert ihren Geschäften nach. Alte Männer wuschen sich an einem Brunnen auf einem kleinen, staubigen Platz im Schatten von Platanen die Füße, bevor sie zum Mittagsgebet ins Haus gingen. Dieser Brunnen trug eine Gedenktafel in Türkisch mit einer englischen Übersetzung darunter:

Brunnen der Märtyrer

Vor dem Ottomanisch-Russischen Krieg
am 30. Nevember 1852 Mittwoch
Russische Flotte hatte plötzlich Angriff
Auf Sinop Dieser Brunnen wurde gebaut vom
Geld genommen von Taschen
Märtyrer Türkische Soldaten

Es schien mir eine Spur anmaßend, daß eine Nation ihre »Märtyrer«-Gedenkstätte damit finanzierte, besagten »Märtyrern« die Taschen zu leeren, statt das Kleingeld den Hinterbliebenen nach Hause zu schicken.

Die Mauern des alten Sinope sind bei weitem nicht so vollständig wie jene von Amasra, obwohl sie ihnen zeitlich vorangehen und ehedem noch viel imposanter gewesen sein müssen. Wie der Geograph Strabo erwähnt, hatten sie einst eine wichtigere und eindrücklichere Stadt umschlossen. Strabo beschreibt ihren Zustand während der Herrschaft des pontischen Königs Mithradates Eupator, als die Stadt in höchster Blüte stand, folgendermaßen:

> Mithradates wurde in Sinope geboren und erzogen, und er erwies der Stadt besondere Ehre und behandelte sie als die Metropolis seines Königreichs. Sinope ist sowohl von der Natur wie von menschlichem Weitblick her bevorzugt ausgestattet, denn es liegt an der Enge einer Halbinsel, und es gibt auf beiden Seiten des Isthmus Häfen und Reeden und wundervolle Fischgründe . . . Die Stadt selbst ist wunderschön ummauert und auch prächtig mit Gymnasien, Marktplätzen und Kolonnaden geschmückt.

Im Jahr 73 v. Chr. übernahm sich Mithradates und lief mit einer großen Flotte von seinem prächtigen Hafen aus, um Bithynien anzugreifen. Es war ein schlecht geplantes Vorhaben, das ihm nichts einbrachte als den Zorn des allmächtigen Römischen Reiches. Innerhalb weniger Jahre hatte Rom Pontus annektiert und den Großteil von Anatolien dem Reich einverleibt.

Der am vollständigsten erhaltene Teil der Mauern war jener im Süden der Stadt, wo sie noch in ihrer ursprünglichen Höhe aufragten, voll von vielfältigem wiederverwertetem klassischem Baumaterial – ein Geschichtsbuch in Stein. Sie standen noch in Gebrauch und beschirmten ein Kontingent der modernen türkischen Armee. Eine Schildwache beäugte mich argwöhnisch von oben, als ich das Gemäuer untersuchte und die interessantesten Teile abzulichten begann. Das Fotografieren militärischer Einrichtungen rangierte in meiner Broschüre unter »Verboten«, und meine Angst, unabsichtlich das türkische Gesetz zu übertreten, war daher gar nicht so abwegig. Ich hatte mir jedoch nicht träumen lassen, etwas falsch zu machen, bis plötzlich ein Kopf, auf dem ein Helm saß und neben dem ein Gewehr aufragte, über der Brustwehr auftauchte.

Auch von den quer über die Enge der Halbinsel gebauten Verteidigungsmauern und -türmen waren einige eindrucksvolle Abschnitte erhalten geblieben und konnten bestiegen werden. Ich schlenderte ihnen entlang, genoß die phantastischen Ausblicke nach Osten und Norden über den Hafen und die gekrümmte Bucht hinaus und stellte mir vor, in der Ferne schwach die russische Küste ausmachen zu können. Am sinnträchtigsten fand ich jedoch die nördlichen Mauern zum Meer hin. Sie waren direkt am Meeressaum errichtet worden. Große, gezackte Segmente lagen umgekippt auf den schwarzen Felsen – die Verkörperung eines kolossalen Zerfalls.

Nebst den Mauern und dem endlosen bürgerlichen Drama im Hafenviertel war das Museum von Sinop mein Lieblingsort, und zwar weniger wegen der Ausstellungsstücke (ich erinnere mich nicht, dort etwas von Bedeutung gesehen zu haben) als wegen seiner Ambiance. Einst war dies die Stätte eines heidnischen Tempels gewesen. Dessen Fundamente sowie das kleine Museumsgebäude waren von einem eingezäunten Garten umgeben, in welchem die zahlreichen Marmorstücke standen, für die drinnen kein Platz war. Dank seiner langen Geschichte mit so vielen sich ablösenden Kulturen, jede entschlossen, ein bleibendes Zeugnis in Stein zu hinterlassen, leidet Kleinasien an einer Überfülle von Marmor. Archäologen graben ständig weitere Stücke aus, so daß es kaum verwundert, wenn türkische Museumsdirektoren eine etwas weitere Wertskala haben als ihre britischen Kollegen. Die bei uns übliche gestrenge und sterile Zurschaustellung sucht man hier vergebens. Innen wie außen hatten die Pflanzen den Vorrang. Farne, Oleander in Töpfen und weiteres knospendes Grün lieferten den Statuen im Gebäude eine dekorative Privatsphäre und brachten etwas Farbe und Leben in die Inschriften und Grabsteine. Weinrebenranken benutzten die größeren Schaustücke als Verbindung zum oberen Balkon, von wo sie in einem großen, verdunkelnden Schleier herabhingen. Im Garten überwucherten Rosen klassische Säulen und eine Fülle osmanischer Grabsteine; stämmige Jungbäume befreiten weitere Denkmale und klassische Säulen sanft aus langweiligen symmetrischen Anordnungen. Kein einziges Stück Marmor blieb ungeschmückt. Es kam mir vor wie die türkische Version einer englischen Revue aus dem siebzehnten Jahrhundert und gab einen ausgezeichneten Ort ab, wo der Museumsleiter und seine Freunde zusammensitzen, Karten spielen und Tee trinken konnten.

In Sinop fand ich auch ein Paar Shorts als Ersatz für jene, die mir meine Freundin Feride in Istanbul mitgegeben hatte und die unterdessen ziemlich fadenscheinig geworden waren. Es überraschte mich, daß ich so weit im Osten weiterhin meine Knie zeigen konnte, ohne das Gefühl zu haben, die Einheimischen damit zu beleidigen. Vielleicht lag es daran, daß in diesem Landesteil das Radfahren völlig unüblich war und man deshalb leichter akzeptieren konnte, wenn eine Radfahrerin seltsam gekleidet daherkam. So oder so zog ich jedesmal gleich nach der Ankunft lange Hosen an. Ich war entschlossen, so lange in Shorts zu fahren, bis ich mich gezwungen sah, damit aufzuhören, denn in puncto Fahrkomfort war der Unterschied gewaltig, besonders im Gebirge. Ein Seebad wie Sinop war an bizarr gekleidete Ausländer gewöhnt, daher hatte ich hier wohl auch dieses spezielle Paar dunkelbraune, diskret lange und hoffentlich widerstandsfähige Shorts erstehen können. Sie stammten aus einem Geschäft mit einer internationalen Vertretung, die, fernab von Istanbul, ihrer Zeit eindeutig ein wenig voraus war, denn alle Preise waren bereits auf die Hälfte reduziert, und die Besitzer ließen noch immer mit sich feilschen.

7

Amazonen und Haselnüsse

Die Straße nach Samsun verläuft hoch über dem Meer und windet sich durch die niedrigeren Hänge der großen Bergketten. Sie durchquert dichte Waldungen und führt an bescheidenen, zwischen Bäumen versteckten Bauernhöfen vorbei, deren kleine Hütten unter dem üppigen Grün ihrer Gärten beinahe verschwinden. Jeder Haushalt schien eine hübsche, winzige schwarze Kuh zu halten. Ich traf viele solche Kühe an. Alle trugen leuchtend bunte Halsbänder und trotteten eifrig am Straßenrand entlang. Meist rannte ihnen eine alte Frau hinterher und schwang einen Stock, um sie zu bremsen. Gelegentlich fanden sich kleine Lichtungen, wo man kürzlich Gras geschnitten und zu denselben bezaubernden, bienenhausförmigen Heustöcken zum Trocknen aufgeschichtet hatte, wie man sie auch auf den Äußeren Hebriden findet.

Aus den dichtesten Schatten sprangen Jungen hervor, um den spärlichen Passanten Körbe mit frisch gepflückten Brombeeren und Haselnüssen anzubieten. Die zerlumpten kleinen Jungen waren unerwartet selbstsicher, neugierig und freundlich. Wenn ich anhielt, um mit ihnen zu handeln, versuchten sie als erstes, ihre Ware gegen Zigaretten einzutauschen, doch auf mein »Yok« hätten sie mir ihre Früchte am liebsten zum Geschenk gemacht. Die Männer in den kleinen Dörfern am Wegrand waren gleichermaßen freundlich. Jedesmal, wenn ich an einem Haus vorbeifuhr und Leute mich sahen, die im Garten arbeiteten oder sich ausruhten, erklangen Rufe, ich solle doch hereinkommen, begleitet von Gesten des Teetrinkens, was mich jeweils beruhigte, daß meine Shorts noch akzeptabel waren. Ich befände mich vermutlich heute noch auf der Straße nach Samsun, wenn ich nur der Hälfte dieser Einladungen gefolgt wäre.

Den ganzen Morgen tauchte das Meer auf und verschwand wieder – eine funkelnde, türkisblaue Schale hinter einem Saum dunkelgrüner Bäume. Hinter der Stadt Gerze fiel ein gezacktes Vorgebirge nach dem anderen in dramatischem Schwung zum Meer ab, dazwischen lagen tiefe, unzugängliche Buchten. Die Straße krümmte sich und tauchte mehr denn je in die Tiefe. Von einigen dieser Landzungen zog sich eine felsige Spitze unter den Wellen meerwärts, und ich fragte mich, ob dies wohl versunkene antike Molen waren, wo einst schlanke, schwarze Galeeren voller Krieger mit Bronzeschwertern und befiederten Helmen ans Ufer geglitten waren. Der Eindruck war so stark, daß ich mich dabei ertappte, wie ich meine Augen anstrengte, um zu sehen, ob sich irgend etwas auf dem schimmernden Wasser bewegte; doch trotz des klaren blauen Himmels war die Sicht wegen des ständigen Dunstes, der über diesen Bergen hing, auf wenige Kilometer begrenzt.

Bei Alaçam begann der Abstieg zum Flachland des Deltas, das der Kizil Irmak, der einstige Halys, geschaffen hat. Was ich bislang für fruchtbares Land gehalten hatte, erschien mir im Vergleich zu diesem Gebiet intensivster Kultivierung beinahe öde. Es war hauptsächlich Tabak, ein Feld dicht neben dem anderen. Vor jedem Haus waren Leinen voller langer, goldener Blätter gespannt, die in der Sonne trockneten. Die heiße, topfebene Gegend wirkte erdrückend. Jede Aussicht fehlte, das Meer war weit weg, und vor mir lagen der Rauch und Lärm einer geschäftigen modernen Stadt.

Es war leicht zu erkennen, weshalb Samsun – das alte Amisus – Sinope den Rang abgelaufen hatte. Zwischen zwei reichen Flußdeltas gelegen und mit einem wohlgeschützten Hafen versehen, stand die Stadt am Kopfende der leichtesten Landroute von Zentralanatolien hinunter zur Euxine. Mithradates hatte Amisus genauso wie Sinope mit prachtvollen Mauern und Gebäuden geschmückt, und glaubt man den klassischen Schriftstellern, war alles dort großartig. Von dieser antiken Stadt ist jedoch nicht die geringste Spur übriggeblieben, und auch aus der frühen türkischen Periode fand sich nichts Interessantes. Nur die geographische Lage bot dieselben Vorteile wie einst. Das moderne Samsun war ein Handelszentrum, das nichts aufwies, was einen Reisenden dazu bewegen könnte, hier eine kleine Rast einzulegen. Bevor ich wußte, wie mir geschah, war ich auf der anderen Seite und überquerte das östliche Delta über den Yesil Irmak, den einstigen Iris. Als ich dies endlich geschafft hatte und vom Anblick der wilden Schlucht belohnt wurde, durch die sich der Iris ins Meer hinunterstürzte, hatte ich meinen Fuß ins Land der Amazonen gesetzt.

Niemand kann mit Sicherheit sagen, ob in diesen anatolischen Bergen wirklich einmal eine Rasse kriegerischer Frauen gelebt hat, obwohl viele antike Schriftsteller, einschließlich des Historikers Herodot und des in Pontus geborenen Geographen Strabo, vorbehaltlos an ihre Existenz glaubten. Strabo schrieb über sie:

> Die Amazonen verbringen zehn Monate im Jahr unter sich und führen ihre individuellen Arbeiten aus: pflügen, anpflanzen, das Vieh weiden, besonders aber richten sie Pferde ab, wenngleich die mutigsten unter ihnen der Jagd auf dem Rükken der Pferde frönen und kriegerische Übungen ausführen. Im Kleinkindalter wird ihnen allen die rechte Brust abgeschnitten, damit sie ihre rechte Hand leicht für jeglichen Zweck gebrauchen können, vor allem zum Schleudern des Speers. Sie verwenden auch Pfeil und Bogen sowie leichte Schilde und machen sich die Felle wilder Tiere als Helme, Bekleidung und Gürtel zunutze. Während zweier Monate im Frühling ziehen sie in die benachbarten Berge, die sie von den Gargariern trennen. Die Gargarier gehen, auch sie einem alten Brauch folgend, ebenfalls dorthin, um mit den Amazonen Opfer darzubringen und mit ihnen zum Zweck, Kinder zu zeugen, Geschlechtsverkehr zu pflegen, und zwar tun sie dies insgeheim und im Dunkeln, irgendein Gargarier nach Belieben mit irgendeiner Amazone. Und nachdem sie sie geschwängert haben, schicken sie sie weg. Die Kinder weiblichen Geschlechts, die geboren werden, werden von den

> Amazonen behalten, doch die männlichen Kinder werden zu den Gargariern gebracht, damit sie dort aufgezogen werden. Und jeder Gargarier, dem ein Kind gebracht wird, adoptiert dieses Kind als sein eigenes und betrachtet es als seinen Sohn ...

Man mag heute über eine solche Übereinkunft denken, was man will, doch eins ist sicher: Sie gab den Amazonen mehr Autonomie, als die meisten Frauen seither genossen haben. Und wenn wir den von Herodot verfaßten Berichten Glauben schenken, waren sich die Amazonen des Wertes ihrer Freiheit durchaus bewußt. Seine Anekdote dreht sich um eine Schar Amazonen, die von Griechen gefangen und in einem Schiff abtransportiert wurden. Es war ihnen gelungen, ihre Entführer zu töten, doch da sie sich im Umgang mit Booten nicht auskannten, waren sie ans nördliche Ufer der Euxine abgetrieben worden. Dort verliebten sich junge Skythen in sie und wollten sie heiraten und mit nach Hause nehmen. Herodot läßt die Amazonen folgendes antworten:

> Wir und die Frauen eures Volkes könnten nie zusammen leben, unsere Wege sind zu verschieden. Wir sind Reiterinnen, unser Geschäft sind Bogen und Speer, und wir wissen nichts von Frauenarbeiten. Doch in eurem Land hat keine Frau etwas mit solchen Dingen zu tun – eure Frauen bleiben zu Hause und beschäftigen sich mit weiblichen Pflichten, und sie gehen nie hinaus zur Jagd oder zu irgendeinem anderen Zweck. Wir würden unmöglich zusammenfinden.

Da die Skythen aber nicht aufgeben wollten, wurde Herodot zufolge ein Kompromiß gefunden. Amazonen und Skythen machten sich zusammen zum Kaspischen Meer auf, wo sie eine neue Nation gründeten. »Und bis zum heutigen Tag«, behauptet Herodot (der uns nur bis etwa ins Jahr 440 v. Chr. zurückführt), »haben sich die Frauen ihre alten Bräuche bewahrt und reiten auf dem Rücken ihrer Pferde zur Jagd, manchmal mit, manchmal aber auch ohne ihre Männer, und sie tragen dieselbe Bekleidung wie diese.« In Anbetracht dessen, was weltweit so häufig das traurige Los der Frauen ist, könnte man dies eine ideale Lösung nennen.

Nach Samsun war der Weg einiges leichter zum Radeln, dafür aber beträchtlich gefährlicher. Ein enger Küstenstrich bot Platz für eine sich knapp am Meer hinziehende Straße, die meistens ziemlich eben war und einen guten Belag aufwies. Mit dem vorherrschenden Westwind, der mich gegen Trabzon vorwärtstrieb, wären dies paradiesische Zustände für eine Radfahrerin gewesen. Auf der Straße herrschte jedoch ein im Verhältnis zu ihrer Breite unangemessen starker Verkehr, und wie so oft bei Motorfahrzeugen übten sie auch hier einen ungünstigen Einfluß auf ihre Besitzer aus. Die Türken waren, wie ich schnell herausfand, ungeduldig drängelnde und nicht besonders geübte Fahrer, dafür aber nerventötende Huper. Vor allem die Busfahrer hatten eine völlig übertriebene Vorstellung von ihrer eigenen Wichtigkeit und erwarteten, daß Radfahrer beim ersten gebieterischen Klang, der ihr Auftauchen anzeigte, auf den Schotter am Straßenrand auswichen. In dieser Gegend gab es tatsächlich türkische Radfahrer, zwar nicht viele und ausschließlich Männer, daher war ich nicht die einzige Verkehrsteilnehmerin auf zwei Rädern, der zuweilen nur noch übrigblieb, die Fäuste zu schütteln. Sofern kein unmittelbares Risiko eines Zusammenstoßes bestand, war ich nicht gewillt, mich von der Straße drängen zu lassen (besonders als ich durch das historische Land der Amazonen fuhr). Ich ging davon aus, daß es kein Fahrer darauf abgesehen hatte, mich niederzumähen und sich wegen des unweigerlich darauffolgenden Palavers mit der Polizei zu verspäten. Unsere Duelle standen jedoch oft auf Messers Schneide, besonders beim Überqueren von Brücken, wo ich immer wieder besorgt hochblickte und sehen mußte, wie mich ein grinsender Fahrer hoch oben in seinem Seitenspiegel beobachtete, während er mich näher und näher gegen die Leitplanke drückte. Ihr Lieblingssport bestand jedoch darin, von dem Augenblick an, da sie mich gesichtet hatten, die Hand auf der Hupe zu halten, bis sie längst an mir vorbei waren. Das Wort »Hupe« ist übrigens keine adäquate Beschreibung für die Dinger, die an den meisten größeren Vehikeln angebracht waren – es waren eher so etwas wie hohe Sirenen, die den Tag des Jüngsten Gerichts ankündigten und ein solches Klangvolumen produzierten, daß sie in Europa mit Sicherheit verboten würden. Ich nahm mit einer gewissen grimmigen Befriedigung wahr, daß sich die türkischen Radfahrer von diesem schrecklichen Lärm sogar noch mehr einschüchtern ließen als ich, doch mittlerweile war ich dazu übergegangen, zum Schutz meine Wattepropfen zu tragen.

Diese Gegend ist berühmt für ihre Kirschen und Haselnüsse. Man nimmt sogar an, daß die Kirschen ursprünglich von hier stammen und von den Römern nach Europa gebracht wurden. Die Kirschensaison war längst vorbei, daher fand ich keine Gelegenheit, die einheimischen Sorten zu kosten, doch die Haselnußernte war in vollem Gang. In jeder Stadt, durch die ich fuhr, war die Strandpromenade mit Plastikbahnen bedeckt, auf denen die Nüsse zum Trocknen ausgebreitet lagen. Ich sah Kilometer um Kilometer Nüsse, Tausende von Tonnen, und fortwährend wurden noch mehr von den Bergen heruntergebracht. Händler saßen auf Küchenschemeln herum und wickelten ihre Geschäfte ab. Sie knackten die Nüsse zwischen den Zähnen und zeigten den Kunden die fetten, weißen Kerne, wobei sie eine gelangweilte Miene aufsetzten und in die andere Richtung schauten, als wollten sie damit sagen: »Ich brauche gar nicht hinzusehen, ich kenne die Qualität meiner Ware. Sie werden nirgendwo etwas Besseres finden.« In Aussehen und Geschmack waren die Nüsse sehr ähnlich wie die englischen Sorten – vielleicht hatten die Römer sie zusammen mit den Kirschen eingeführt.

Auch auf diesem Streckenabschnitt herrschte dieselbe hektische Bautätigkeit, wie ich sie weiter westlich wahrgenommen hatte. Der schmale Küstenstreifen füllte sich schnell auf. Weil sich die Städte nur nach oben und zur Seite ausdehnen konnten, erstreckte sich ein großspuriger Streifen Erschließungsgebiet von Dorf zu Dorf und von Stadt zu Stadt. Ich dachte mir, daß es nicht mehr lange dauern würde, bis die Schwarzmeerküste dieselbe lückenlose und unkontrollierte städtische Expansion aufweisen würde, wie sie die südliche Küste Englands verunstaltet. Ich brauchte jedoch nur den Blick zu heben, um zu sehen, daß sich dies hier niemals so schlimm auswirken konnte. Die einzigartige Wildheit dieser Landschaft mit ihren riesigen rauhen, dicht bewaldeten, nebelverhangenen Bergen, an denen das Meer leckte, würde ihre völlige Zerstörung mit Sicherheit verhindern, denn es muß äußerst schwierig und enorm kostspielig sein, an so abschüssigen Hängen zu bauen. Wie viele neue Rohbauten auch stehen mochten, wie unharmonisch sie auch wirkten und wieviel Müll und Schutt auch herumlag – neben einer derart üppig wuchernden Natur, die sich so unnachgiebig zur Schau stellte, verblaßte all das Menschenwerk zur Bedeutungslosigkeit.

Ich kampierte jede Nacht draußen, sofern mir dies möglich war, denn ich hatte keine Lust, meine Zeit in den lärmigen Städten zu verbringen, wenn ich unter den Sternen schlafen konnte. Zudem brauchte ich den Frieden und die Ruhe, um mich von den Tagen inmitten des plärrenden Verkehrs zu erholen. Ruhe ist jedoch dem türkischen Naturell fremd und war selbst in einem Zelt nie garantiert. Am östlichen Ende des Schwarzen Meers hatte das Camping noch nicht stark Anklang gefunden, und die Plätze, die dafür warben, waren in der Regel nicht mehr als ein Stück unebenen Bodens rund um ein Strandrestaurant, mit einem Kaltwasserhahn zum Waschen, wenn man Glück hatte. Die Besitzer brüsteten sich meist mit ihren Plänen, den Platz zu einem Badeort für Touristen auszubauen, nur war es noch nicht soweit. Inzwischen diente er als Treffpunkt für die Männer aus der Umgebung, die hierherkamen, um ein Bier zu trinken oder auch nur am Meer zu sitzen und fernzusehen. Wenn ich mein Zelt nicht weit genug entfernt aufschlug, lag ich ohne weiteres bis zwei oder drei Uhr morgens wach.

An einem dieser Orte in der Nähe der Stadt Ordu stürzte sich eine obskure Familie auf mich. Einige Zeit zuvor hatte mich ein Junge auf dem steinigen Strand erspäht und war herbeigeeilt, um herauszufinden, welcher Nationalität ich angehöre und ob ich hierzubleiben gedenke. Sobald es dunkel wurde, kehrte er mit Mutter, Vater, Großmutter, einem älteren Bruder, mehreren Vettern und seiner Schwester, einem etwa sechzehnjährigen Mädchen, zurück. Abgesehen von den wenigen Worten, die der Junge kannte, sprach nur seine Schwester Englisch. Sie war hergekommen, um zu betteln – »um der Freundschaft willen«, wie sie sagte, aber auch um mich um Bücher, Geld, die Finanzierung einer Reise nach England, Hilfe zur Fortsetzung ihres Studiums zu bitten, nebst vielen weiteren Dingen, die ich vergessen habe, von denen sie glaubte, ich würde sie ihr beschaffen –, und die ganze Sippe war da, um ihr Schützenhilfe zu leisten. Auf den ersten Blick bildeten sie eine gewöhnliche ländliche Großfamilie, nur mangelte es ihnen irgendwie an den üblichen Hemmungen, die man selbst in diesem so offenherzig freundlichen Land erwarten würde. Sie setzten sich alle auf dem Balkon des Cafés rund um mich herum, beugten sich erwartungsvoll vor, und ihre gleichmütigen, außergewöhnlich slawischen Gesichter trugen ein strahlendes Lächeln zur Schau, während die kleinen, schmalen Augen zu Schlitzen zusammengekniffen waren. Wenn sie sich unbeobachtet glaubten, verschwand das Lächeln, die Augen öffneten sich und enthüllten einen kühl berechnenden Ausdruck. »Ach ja, ich England liebe«, begann das Mädchen ohne Umschweife. »Aber ich nicht habe Bücher. Ich will auf College gehen und arbeiten in Bank. Türkei sehr schwierig. Sie geben mir Bücher?« Keine Schriftstellerin könnte angesichts einer solchen Hingabe ans geschriebene Wort völlig unberührt bleiben, und wenn sie es dabei belassen hätte, hätte es mir leicht passieren können, ihr zu versprechen, nach meiner Rückkehr ein Paket zu schicken. Doch sie beharrte auf ihrer Wunschliste und spickte sie mit Berichten von apokryphen Wohltaten, mit denen sie von anderen Reisenden überhäuft worden war. Ein Belgier hatte ihr angeblich ein Fahrrad geschenkt, eine französische Dame hatte ihr Kleider gegeben, andere Geld. Und so ging es weiter im Text, bis sogar ihre wachsam lauernde Familie das Interesse zu verlieren schien und ihre spekulativen Blicke anderswohin richtete. Ich hatte ihnen allen Tee oder Mineralwasser bestellt und war der Ansicht, das reiche vollauf. Die Aufdringlichkeit des Mädchens begann mich schließlich zu langweilen, und ich verabschiedete mich und suchte die Einsamkeit meines Zeltes auf, das etwas abseits lag.

Eine halbe Stunde später hörte ich, wie der Reißverschluß des

Zelteingangs langsam geöffnet wurde, und sah in der Öffnung vor dem sternenübersäten Himmel einen Kopf auftauchen. Selbst wenn meine erste Reaktion in solchen Momenten von Schock oder Angst geprägt ist, habe ich doch gelernt, daß Zorn die beste Verteidigung ist, und in der Regel gehe ich automatisch zum Angriff über. »Ich möchte Adresse von Sie«, stammelte das Mädchen, als ihr meine heftigen Worte entgegenschlugen. Hinter ihr konnte ich die dunklen Umrisse ihrer Hilfstruppe sehen und brüllte um so lauter los, damit mich jeder auf der Caféterrasse hören konnte. Das reichte. Sie verzogen sich mit erstaunlicher Geschwindigkeit, und ich bekam keinen von ihnen je wieder zu Gesicht. Vielleicht war alles völlig harmlos gewesen, und ich hatte überreizt reagiert – das Reisen ist häufig von Mißverständnissen begleitet –, doch ich war froh, daß die Besitzer des Cafés ihren Wachhund von der Kette ließen, damit er für den Rest der Nacht das Gebiet abpatrouillierte.

Für die letzten hundertfünfzig Kilometer bis Trabzon brauchte ich doppelt so lange wie auf den Strecken zuvor, denn oft war der Weg so schön, daß ich immer wieder anhalten mußte. Rund um die spektakulärsten Landzungen verengte sich der Küstenstreifen bis auf die Breite der Straße, die kürzlich aus dem Klippenhang herausgesprengt worden war. Wenn ich über den Rand hinunterkletterte und einen Felsen zum Sitzen fand, konnte ich zuweilen eine Stunde völligen Alleinseins genießen, was in der Türkei ein seltener Luxus ist. Dann ließ ich den starken, braunen einheimischen Tee Tee sein und braute mir einen Kessel Lapsang Souchong, den ich als eins meiner erlaubten Luxusgüter von England mitgebracht hatte, da ich ihn bei heißem Wetter für die erfrischendste aller Teesorten halte. Währenddessen schaute ich den Möwen zu, wie sie über die zertrümmerten Überbleibsel byzantinischer Festungen flogen, oder beobachtete die Kormorane beim Fischen auf den nach Jason und den Argonauten benannten Felsinseln. Das Zubereitungszeremoniell in dieser einmaligen Umgebung weckte herrlich viktorianische Gefühle in mir – die Schlafwagen aus Europa und die privaten Wohnzimmer renommierter Hotels von Calais bis Rom hatten einst von den Spirituskochern reisender englischer Ladies gesummt, denn man konnte ja keinem Ausländer zutrauen, eine richtige Tasse Tee zuzubereiten.

Doch nur selten hatte ich den Küstenstreifen völlig für mich allein. Selbst an den unzugänglichsten Stellen hielten sich gewöhnlich ein paar Jungen auf, die in den stürmischen Wellen herumtollten und ebensosehr in ihrem Element waren wie die Otter oder Seehunde. Sie hätten jedem Zeitalter und jeder Rasse entstammen können – Griechen, Perser, Römer, Byzantiner oder von Xenophon so genannte »Eingeborene«. Selbst ohne ein, zwei Delphine im Hintergrund erschienen diese braungebrannten, sorglosen Jungen, die in einem uralten, magischen Meer ihre Kräfte mit den Wellen maßen, wie ausdruckskräftige Symbole einer weniger komplizierten Zeit.

Während die Luftfeuchtigkeit täglich zunahm, begannen Teeplantagen aufzutauchen. Der Regen wurde häufiger und ergoß sich in plötzlichen heftigen Stürmen, welche die vorstehenden Landzungen in Schatten verwandelte. Unter diesen klimatischen Bedingungen hätte ich mich leicht in Darjeeling oder einem anderen Höhenkurort in Nordindien wähnen können. Dichter Dampf stieg aus den feuchten Berghängen hoch, deren Fuß jetzt hektarenweise mit sauber geschnittenen niedrigen, glänzenden Büschen bedeckt war.

Eines Abends, als ich bis auf die Haut durchnäßt und auf den achtzig Kilometern bis Trabzon kein einziges Hotel in Sicht war, fand ich mich plötzlich im Mittelpunkt des öffentlichen Interesses. Ich hatte verspätet Zuflucht unter dem Dach eines Dorfbrunnens gefunden und war bald fast von der gesamten männlichen Einwohnerschaft umringt. Mehrere probierten ihren Vorrat an fremdsprachigen Wendungen an mir aus, während ich mein Wörterbuch herbeizog, um Antworten zusammenzustoppeln. Die Schwierigkeit besteht ja jeweils darin, daß man zwar sehr wohl einen einfachen Gedanken vermitteln kann, aber keiner die Antworten seines Gegenübers versteht. Das Wörterbuch ist da sehr viel zuverlässiger, denn man kann auf die richtigen Wörter tippen und sie darauf pantomimisch verstärken. Die Männer des Dorfes meinten, ich müsse unbedingt etwas finden, um mich zu trocknen und meine Kleider zu wechseln, und genau der gleichen Meinung war ich auch. Ob ich gern ihr Gast wäre? Ich begann mich vorsichtig mit diesem Gedanken zu befreunden, worauf so etwas wie eine Auktion von oben nach unten stattfand, bei welcher mehrere ihre Ansprüche anmeldeten und einer – der Ausläufer des Bäckers, wie ich später entdeckte – schließlich den Zuschlag erhielt. Roberts wurde mit allem Gepäck hochgehoben und hinten im Kombiwagen des Gewinners verstaut, ich selbst wurde auf den Nebensitz geleitet, und wir fuhren beinahe senkrecht in die Berge hoch. Sofort tauchten wir in eine völlig andere, intensiv grüne und landwirtschaftlich geprägte Welt ein, doch ich fand keine Gelegenheit, sie im einzelnen zu betrachten, da wir holterdiepolter über einen aufgerissenen Kopfsteinpflasterpfad schlingerten, der kaum breiter als unser Vehikel war und sich in einem derart barbarischen Zustand befand, daß er in kürzester Zeit die Aufhängung jedes Wagens zugrunde richten mußte. Er hätte auch uns ins Verderben gestürzt, wenn irgend etwas den Berg heruntergekommen wäre! Dann machten die Kopfsteine dem Lehm Platz. Wir fuhren noch immer in die Höhe. Langsam begann ich mir Gedanken über meinen Gastgeber zu machen. Ein Entführer . . . ? Letztlich hatte ich keine Ahnung, wer er war, wohin es ging oder ob ich richtig mitbekommen hatte, was mir da angeboten wurde. Doch bevor solche vagen Befürchtungen Wurzeln schlagen konnten, hatten wir bei einer kleinen Lichtung im dichten Grün vor einem neuen, noch unfertigen Haus haltgemacht. Es mutete seltsam an, fernab von allem ein so städtisch wirkendes Haus zu finden. Der nüchterne Betonbau mit seinen drei übereinanderliegenden quadratischen Kästen wirkte eher wie ein sehr kleiner, moderner Wohnblock als wie ein Haus. Später erfuhr ich, daß er absichtlich so konstruiert worden war, damit weitere Stockwerke hinzugefügt werden konnten, wenn die Familie wuchs und das Geld dazu reichte, und daß dies heute in der ganzen Türkei die Standardbauweise sei. Mir gefiel die Vorstellung eines Sammelsuriums kleiner, über die Berghänge verteilter türkischer Türme, die von ganzen Familienclans bewohnt wurden. Sie würden an die Brochs erinnern, jene runden Steintürme, welche die Kelten einst entlang der Westküste Schottlands errichtet hatten.

Ich fand damals keine Zeit, an solche Dinge zu denken, denn ich war völlig überwältigt von dem begeisterten Empfang Dutzender Menschen. Selbst wenn ich der verlorene Sohn gewesen wäre, hätte man mich nicht wärmer willkommen heißen können. Ich wurde von allen weiblichen Mitgliedern umarmt, ans Herz gedrückt und geküßt, während mir die Männer die Hand schüttelten und alle immer und immer wieder *»Hos Geldeniz«* (»Willkommen!«) sagten. Man band mir die Schuhe auf, zog sie mir aus und führte mich in ein Zimmer mit Doppelbett, offensichtlich das Elternschlafzimmer. Die Frauen wollten unbedingt bleiben und mich in das geblümte türkische Kleid mit Hosen stecken, das sie dem Kleiderschrank entnommen hatten; doch einer der Männer, der offenbar gemerkt hatte, daß Frauen aus dem Westen schüchterner sind als Türkinnen, wies alle hinaus, so daß ich mir meine eigene Ersatzgarnitur anziehen konnte, die dank meiner Angewohnheit, alles in Plastikbeuteln zu verpacken, völlig trocken geblieben war.

Wenig später saß ich in einem gemütlichen, schön möblierten Raum, der keinem bestimmten Zweck zu dienen schien. Neben mir saß ein Mann und schälte Haselnüsse für mich, während er mir erklärte, wer die Anwesenden waren. Es waren vier Generationen. Das älteste Paar, etwa achtzig und pensioniert, wohnte im ursprünglichen Bauernhaus am anderen Ende des weitläufigen Anwesens. Ihr Sohn war das Familienoberhaupt, zur Zeit arbeitete er in einer Fabrik in Deutschland. Der Neubau und seine Einrichtung waren mit dem Geld bezahlt worden, das er heimschickte. Seine Frau war ungefähr in meinem Alter, doch der »amtierende Stammeshäuptling« war ihr Sohn, ein etwa dreißigjähriger Mann und Vater der drei oder vier Kleinkinder, die herumkrabbelten und versuchten, an die Nüsse zu kommen. Ihre Mutter Gülperi war der eigentliche Angelpunkt im Haus und nahm mich als »ihre Freundin« sogleich unter ihre spezielle Obhut. Daneben gab es jüngere Brüder, Schwestern, Vettern und Kusinen – viel zu viele, als daß sich an einem einzigen Abend alle

Verwandtschaftsbeziehungen hätten klären lassen. Gülperi besaß eine phantastische Gabe, ihre Zuneigung auszudrücken. Obwohl sie zwischen der Zubereitung des Abendessens und dem Zubettbringen der Kinder ständig in Trab gehalten wurde, hielt sie jedesmal inne, wenn sie auf dem Weg zwischen Küche und Vorratskammer vorbeikam, um mich zu umarmen, und schien völlig entzückt, einen unerwarteten Gast zu haben, den sie umsorgen konnte. Wenn sie sich einen Augenblick freimachen und neben mich setzen konnte, dann nur, um ihre Bitte an mich zu wiederholen, mindestens eine Woche zu bleiben.

Wie gewöhnlich standen die Wörterbücher unablässig in Gebrauch. Man teilte sich abwechselnd das eine, während ich damit beschäftigt war, mit dem anderen Antworten zu finden. Unterdessen lief der Fernseher im Hintergrund weiter. Er zeigte einen der unvermeidlichen ausländischen, synchronisierten Filme, die etwa drei Viertel des türkischen TV-Programms auszumachen scheinen. Niemand sah hin, und die kleinen Knirpse, die sich auf dem Fußboden kabbelten und zankten, mußten noch lauter brüllen, damit man sie überhaupt hörte, worauf ihr Vater der fröhlichen, völlig überlasteten Gülperi zurief, sie solle doch kommen und die Kinder wegholen.

Das Essen mit den vielen verschiedenen Gerichten, mit Ausnahme des Fleisches alle vom eigenen Hof, war erstaunlich. Es gab winzige braune, von Hand aus den Bergbächen gefischte Forellen, Omeletts, Oliven, Gurken- und Tomatensalat, Melonen, Schmorfleisch mit Eierfrüchten, gedämpfte Auberginen mit Zwiebeln und Tomaten, Käse, Weintrauben, Paprikaschoten und kleine, braunfleischige Birnen, die verfault aussahen, aber sehr gut schmeckten und eine Spezialität jener Gegend waren. Man aß sehr ungezwungen, kam allein oder zu zweit zu Tisch, während Gülperi dafür sorgte, daß ich von allem mehr als meinen gerechten Anteil erhielt, und mir immer wieder neue Leckerbissen vorsetzte, um mich in Versuchung zu führen.

Gülperis kleiner Sohn Hüseyin, der zusammen mit mir aß, war der bemerkenswerteste kleine Esser, den ich je gesehen hatte. Er war etwa dreijährig, ebenso breit wie lang und sah aus wie die

Miniaturausgabe eines Sumo-Ringers, was allein der Nahrungsmenge zuzuschreiben war, die er verdrückte – weit mehr als alle sonstigen Anwesenden. Er machte jedesmal ein finsteres Gesicht, wenn mir seine Mutter etwas reichte, und obwohl er einen eigenen gehäuften Teller erhielt, streckte er dauernd seine Gabel aus, um aufzuspießen, was immer in seine Reichweite kam. Alle brüllten vor Lachen über seine Bemühungen, was ihn jedoch nicht im geringsten davon abhielt. Schließlich wurde er vom Tisch weggetragen und schrie vor Wut, weil er nicht noch mehr essen durfte.

Für den Fall, daß noch irgendwo im Bauch Platz geblieben war, gab es wiederum Nüsse, denn der Wohlstand der Farm gründete sich auf Haselnüsse. In jedem Raum, selbst unter den Kinderbetten, waren Säcke voller Nüsse verstaut. Während wir sie knackten und Kaffee tranken, demonstrierte uns ein junger Mann vor der unablässigen Hintergrundkulisse des Fernsehfilms den Klang einer selbstgebauten zweisaitigen Mandoline. Doch die Wörterbücher bildeten noch immer die größte Attraktion. Mit ihrer Hilfe saßen wir zusammen und redeten, hauptsächlich über das Leben auf dem Hof und über die Arbeit bei der Haselnußernte, die größtenteils den Frauen und Mädchen oblag. Sie zeigten mir pantomimisch, wie man die Nüsse mit einer beidhändig ziehenden Bewegung wie beim Melken einer Kuh büschelweise von den Bäumen pflückte. Natürlich wollten sie auch etwas über mein Leben erfahren. Hier half der Zeitungsartikel ein wenig, doch meine städtisch geprägte Lebensweise lag zu weit außerhalb ihres Erfahrungshorizontes, als daß sie ihnen verständlich gewesen wäre. Die ganze Zeit wurde ich genötigt, noch etwas zu mir zu nehmen – Kaffee aus Deutschland, weitere der braunen, für mich geschälten und aufgeschnittenen Birnen, noch mehr aufgeknackte Nüsse. Die weichherzige Gülperi saß neben mir und versuchte mir das Versprechen abzuringen, nächstes Jahr mit meinem Mann, den Kindern und den Enkelkindern wiederzukommen. Sie bat so dringlich, daß ich zusagen mußte, obwohl ich daran zweifelte und jedesmal, wenn man mich mein Versprechen erneuern ließ, ein frommes muslimisches »*Insch'Allah*« (»So Gott will«) hinzufügte, um mich vor der Lüge zu feien.

Den ganzen Abend war hinter dem Geplauder unserer Stimmen und dem ewigen Geleier des Fernsehers das Grollen und Krachen tropischer Stürme zu hören, die um die Berghänge zogen. Und die ganze Nacht, während ich mich in dem großen Doppelbett drehte und wälzte, den Angriffen der Stechmücken zu entfliehen versuchte, vergeblich eine weichere Stelle auf den steinharten Kissen suchte und unter der schweren Steppdecke beinahe erstickte, schlug der Regen auf das Blätterdach, so daß ich trotz all der kleinen Ärgernisse für einmal sehr dankbar war, nicht draußen im Zelt zu sein. Am nächsten Morgen, als ich aus dem Schlafzimmerfenster schaute, schien die Sonne auf eine Welt, die wie neu erschaffen schien, wunderbar frisch und grün und alles in allem weit ausgelassener und unwahrscheinlich reichhaltiger, als ich es je für möglich gehalten hätte.

Bevor der Wagen des Bäckers kam, um mich hinunter zur Straße zurückzubringen, führte mich Gülperi um das kleine Stück Land, auf dem die Familie alles anpflanzte, was sie benötigte. Ein paar Meter Mais lieferten einen Jahresvorrat Mehl, daneben gab es Eierfrüchte, Paprika, Tomaten, Gurken, Weintrauben, Bananenstauden, viele Arten von Obstbäumen und allerlei Gemüse. Zwei nie versiegende Brunnen ergänzten den reichlichen Regen. Die kleine Terrasse am abschüssigen Berghang war so dicht bepflanzt, daß sogar Platz für eine für den Verkauf bestimmte Ernte Tee blieb, um die Nüsse aus den Haselnußhainen zu ergänzen. Gülperi nahm eine Schere, an deren einem Blatt längs ein kleiner Beutel angebracht war. Wenn sie an den Spitzen der Teesträucher schnippelte, fielen die Stückchen automatisch in den Beutel. Was für eine einfache und doch geniale Vorrichtung, wenn ich mich daran erinnerte, wie die indischen Frauen die Blätter mühselig von Hand gepflückt hatten!

Ich überließ Gülperi eines der Wörterbücher. Es war das einzige meiner Besitztümer, von dem ich wußte, daß sie es schätzen würde. In den folgenden Monaten, als ich unter weniger glücklichen Menschen herumreiste, mußte ich oft an sie denken, wie sie so glücklich und zufrieden geschäftig in ihrem grünen, abgeschiedenen kleinen Paradies hin und her eilte.

8

Ein kaiserlicher Garten in Trapezunt

Trapezunt existiert natürlich nicht mehr. Seit mehr als fünfhundert Jahren liegt hier Trabzon, ein heruntergewirtschafteter türkischer Hafen, der kürzlich dank des Erdöls wieder aufgeblüht ist und gegenwärtig einer halben Million umherziehender Russen Gastrecht gewährt, die längs der von Müll übersäten Hafenfront eine bunte Mischung ihrer schäbigen Waren feilhalten. Doch wie mein Reiseführer festhielt, »betrachtet die westliche Welt Trabzon noch immer als Trapezunt, einen abgelegenen und romantischen Außenposten«. Wenigstens in meinem Fall trifft das sicher zu, denn der Name Trapezunt verdrängt Trabzon noch heute aus meinem Gedächtnis und beschwört den ureigensten Duft romantischer Abenteuerlichkeit herauf. Seit frühester Zeit war Trapezunt das Tor zu Armenien, der Ort, wo die Handelsrouten von Persien und dem Osten zu den Ufern der Euxine hinunterführten. Als sich Xenophons Zehntausend einen Weg durch Kurdistan gekämpft und die schreckliche Überquerung des von Eis umschlossenen Gebirges überlebt hatten, erreichten sie diese Stelle, wo bereits eine blühende griechische Stadt stand. Zweitausend Jahre lang blieb die urbane, vergoldete Stadt der Haupthafen an der Euxine, wo Könige, Botschafter und Reisende wie Marco Polo zu Gast waren. Ihre glanzvollste Periode (und der Grund, weshalb sie nicht nur in den Herzen der westlichen Welt Trapezunt blieb) waren jedoch die zweihundert Jahre, die der skandalösen Eroberung Konstantinopels durch die Teilnehmer des vierten Kreuzzuges 1204 folgten. Trapezunt beherbergte damals die brillante Welt der Komnenen-Dynastie und hielt den Genius des Byzantinischen Reichs am Leben. Im fünfzehnten Jahrhundert, nachdem die Ottomanen unter Mehmet dem Eroberer schließlich Konstantinopel eingenommen hatten und in Bereitschaft standen, um Europa wie eine Flutwelle zu überrollen, war Trapezunt alles, was vom Byzantinischen Reich übriggeblieben war, und hielt, von einem Meer des Islam umgeben, in der luftigen Zitadelle des Trapesus-Felsens weitere acht verzweifelte und heroische Jahre stand. Und obwohl gewisse Historiker gern darauf verweisen, daß das Byzantinische Reich trotz seiner Brillanz von Grausamkeit und Korruption geprägt war, kann ich Rose Macaulay nur beistimmen, die schrieb:

> Wie die meisten anderen Weltreiche hatten auch sie es zweifellos verdient, unterzugehen, aber nicht, so tief zu sinken. Trapezunt wurde zu Trabzon, mit einem schwarzen, schmutzigen Strand und voller Menschen, die die Vergangenheit nicht kennen und nicht wissen, daß hier einst Trapezunt war und ein griechisches Reich ...

Obwohl ich also vorgewarnt war, fuhr ich trotzdem mit einem erwartungsvollen Gefühl, das zwangsläufig in Enttäuschung umschlagen mußte, durch die häßlichen, wuchernden Vorstädte aus abbröckelndem Beton.

Ich wäre viel lieber mit dem Schiff angekommen, denn von all den bühnenreifen Kulissen, welcher sich die Städte entlang der Schwarzmeerküste rühmen dürfen, ist jene von Trabzon mit ihrer schwungvollen, großen, halbkreisförmigen Bucht, den hinter der modernen Stadt aufsteigenden Klippen und Hohlwegen der Zitadelle und den struppigen Bergen dahinter bei weitem die dramatischste. Die Kolonisten von Milet, die sich im achten vorchristlichen Jahrhundert hier niederließen, nannten ihre Siedlung Trapezus, und zwar wegen des außergewöhnlichen Trapesus-Felsens, der so charakteristisch steil zwischen zwei von Flüssen durchzogenen Bergschluchten aufragt und ebenso unwahrscheinlich wirkt wie jene Felsen mit den Donauschlössern auf einem Gemälde von Turner. Landterrassen auf verschiedenen Höhen hatten es den aufeinanderfolgenden griechischen, römischen und byzantinischen Städten ermöglicht, sich über den Berghang auszubreiten und aufzublühen, mit prächtigen Tempeln, die Kirchen und später Moscheen Platz machten. Dieser Anblick hätte sich am besten vom Meer aus würdigen lassen, wo ihm der Schmutz und die Verwahrlosung des modernen Trabzon keinen Abbruch taten.

Die Küste wurde immer lauter und verwirrender, während ich weiterfuhr und nach einem Weg hinauf in die Stadt Ausschau hielt. Ich konnte mich nicht richtig darauf konzentrieren, denn es erforderte meine ganze Aufmerksamkeit, am Leben zu bleiben, so rücksichtslos und hektisch war hier der Verkehr. Zu meiner Linken erstreckten sich hinter hohen Maschendrahtzäunen der Hafen und die Docks in einem rußig-schmutzigen Durcheinander, und rechts lag so etwas wie ein Markt, der parallel zur Straße verlief und undurchdringlich schien.

Endlich fand ich eine Stelle, wo ich zweimal nach rechts abbiegen konnte und mich auf der Rückseite des Marktes wiederfand. Wie ich entdeckte, war dies das den russischen Wandertrödlern zugewiesene Gebiet, das sich fast kilometerlang nach Osten erstreckte und wo sie ihre Waren verkaufen durften. Und was für Waren! Eine Frau bot zwei, drei Bündel mit Sicherheitsnadeln und ein paar billigen Taschenlampen an, eine andere hielt eine halbe Flasche Weinbrand oder ein paar rudimentäre Plastikspielzeuge, Krawatten, Papierblumen und Spielkarten feil – ein Riesendurcheinander von allem erdenklichen Ramsch, der in einem Koffer oder im Kofferraum eines Wagens Platz fand. Daß sich jemand die Mühe nahm, ein so unordentliches und schlecht aussortiertes Wirrwarr zu durchsuchen, wenn dieselben Artikel für nur wenig mehr in türkischen Geschäften erstanden werden konnten, schien der helle Wahnsinn. Ebensowenig leuchtete mir ein, weshalb die Einheimischen gewillt waren, sich mit der Ruppigkeit der russischen Händler abzufinden, denn sie gingen mit den Türken meist in einem arroganten und herumkommandierenden Ton um, als würden sie sie zutiefst verachten. Noch vor fünf Jahren war Rußland wie seit Urzeiten der Hauptfeind der Türken gewesen. Nur wenige Türken konnten das Wort »Rußland« aussprechen, ohne dabei in den Staub zu spucken oder die Fäuste in dieser Richtung zu schütteln. Und hier hieß man sie mit einer völlig offenen

Grenzpolitik in hellen Scharen willkommen! Als ich schließlich einen Weg den Hügel hoch zum Atatürk-Platz und zum Verkehrsbüro fand, erfuhr ich, daß die Behörden bis zur Jahrtausendwende drei Millionen Russen in Trabzon erwarteten. Noch schwerer wog, daß das Land dabei war, sich durch eine Pipeline, welche Erdgas direkt nach Ankara und zu anderen größeren türkischen Städten leitete, auch materiell an Rußland zu binden.

Verschiedene türkische Freunde in Istanbul hatten versucht, mir die komplizierte und wechselvolle Außenpolitik der Türkei zu erklären, doch da keine zwei je derselben Ansicht gewesen waren, blieb sie für mich undurchsichtig und vieldeutig. Wenn überhaupt übereinstimmende Auffassungen herrschten, so darin, daß die Türkei in der Auflösung der Sowjetunion und den Umwälzungen im Nahen Osten die Chance sah, einmal mehr eine Großmacht am Schnittpunkt zweier Welten zu werden, ein Bindeglied zwischen Asien und Europa mit Kontrollfunktion. Dank ihrer einzigartigen Position als Mitglied der NATO und der hoffentlich bald erfolgenden Aufnahme in die EU glaubte man, würden sich die Länder Asiens und die arabische Welt zunehmend an die Türkei wenden, damit sie bei etwaigen Kontroversen mit dem Westen ihre Interessen wahrte. Der Golfkrieg und die Entscheidung der Türkei, amerikanischen Streitkräften zu erlauben, von ihrem Territorium aus zu operieren, hatten ihr jedoch die arabische Welt entfremdet, daher lagen ihr gegenwärtig weit eher die Verbindungen zu Asien am Herzen, in erster Linie jene zu russisch-türkischen Staaten wie Aserbeidschan.

Aber nicht alle Türken stimmten dieser extremen Form von *Perestroika* zu, wenigstens nicht hier in Trabzon. Verschiedene städtische Würdenträger, die zu treffen ich eingeladen wurde, äußerten hinsichtlich Moral, Ökonomie und Sicherheit ernstliche Besorgnis über die Verbindung mit Rußland. Erstmals seit dem Jahr 1461, als Mehmet die Kapitulation der Stadt angenommen hatte, grassiere wieder die Prostitution, erklärten sie. Einheimische Händler und Ladenbesitzer würden aus dem Geschäft gedrängt, und wer könne schon wissen, wie viele nützliche militärische Informationen für die Zukunft gesammelt würden? Dabei tippten sie sich wissend an die Nasenflügel: »Nur die Hotels profitieren, die stecken die Russen zu dritt in ein Bett. Die Russen stinken, sie waschen sich nicht. Sie vertreiben alle anderen Touristen.«

Ob die Russen wirklich zu dritt in einem Bett schliefen, fand ich nicht heraus, doch es stimmte, daß die Hotels überfüllt und auch teurer waren als anderswo an der Küste. Aber weil sich Trapezunt nun einmal als fixe Idee in meinem Kopf festgesetzt hatte, der ich nachgehen mußte, und weil ich nirgendwo mein Zelt aufstellen konnte, sah ich mich um, bis ich eine relativ saubere und vernünftige kleine Pension fand, die auf den von Abfall übersäten Hafen mit seinem Wald von Hebekränen blickte. Die ganze Nacht dröhnte der Verkehr am Meer entlang, ständig wurden Türen zugeschlagen, russische Prostituierte gingen unter den Fenstern auf und ab und sprachen laut Männer an, und über allem ertönte aus mehreren Moscheen ab Tonkonserve der verzerrte Ruf der Muezzins, die untereinander wetteiferten und heulten, daß Beten besser sei als Schlafen – eine Auffassung, der ich mich unmöglich anschließen konnte. Da an Schlaf nicht zu denken war und mir nicht nach Beten zumute war, las ich mehrmals meine drei Bücher durch und versuchte, etwas mehr Türkisch zu lernen, während ich auf das Morgengrauen wartete. Es hatte keinen Zweck, zu versuchen, etwas Ruhigeres zu finden, denn es war überall in der Stadt genauso laut.

Der Grund, weshalb ich überhaupt eine einzige Nacht hier verbrachte, war der, daß ich herausfinden wollte, ob sich die Geister aus Trabzons brillanter Vergangenheit, auf die Rose Macaulay in den vierziger Jahren gerade noch einen letzten Blick erhascht hatte, noch immer entdecken ließen. Der Ort war seither offensichtlich noch mehr heruntergekommen, doch immerhin genoß ich den Vorteil, daß das glorreichste Gebäude, dessen sich die Stadt rühmte, die Hagia Sophia aus dem dreizehnten Jahrhundert (eine Ruine, als Rose Macaulay ihr einen Besuch abstattete), seither restauriert worden war und heute als Museum diente. Sobald ich mich in meiner bescheidenen Pension eingeschrieben und Roberts an einen Geländerpfosten angekettet hatte, bestieg ich ein Taxi des ausgezeichneten kleinen Pendeldienstes, der eine feste Route zwischen dem Atatürk-Platz und der zwei Meilen entfernten Hagia Sophia befährt. Mir blieben an jenem ersten Abend nur fünf Minuten zur Besichtigung, bevor die Tore für die Nacht geschlossen wurden, und selbst wenn es für mich in Trabzon sonst nichts zu sehen gegeben hätte, wäre dieser kurze Blick schon völlig ausreichend gewesen, um mich davon zu überzeugen, daß ich noch einen oder zwei Tage hierbleiben mußte.

Ich frühstückte jeden Morgen in dem kleinen Garten rund um die Hagia Sophia. Sobald die Türen um acht Uhr früh öffneten, war ich da, denn dann konnte ich damit rechnen, den Ort ein, zwei Stunden ganz für mich allein zu haben und bei Bedarf ein kleines Nickerchen zu machen. Die Kirche stand in prächtigster Lage auf einer Terrasse mit Blick aufs Meer. In dieser ruhigen Morgenstunde zeigte sich der gelblich-cremefarbene Bau unter einem sanften Himmel von seiner schönsten Seite, und man hätte sich keinen größeren Kontrast zu den turbulenten, heißen Nächten vorstellen können.

Der Grundriß der Kirche ist kreuzförmig, mit gleich langen Seiten und vier herrlichen Marmorsäulen, welche die auf einem hohen Zylinder ruhende Zentralkuppel tragen. Ihr Konzept unterscheidet sich völlig von jenem der weit früheren Hagia Sophia von Konstantinopel. Sie ist auch viel kleiner, doch viele Gelehrte hielten sie für den Gipfelpunkt byzantinischer Sakralkunst. Drei großartige Vorbauten mit Tonnengewölbe, alle von schönen, wiederverwendeten klassischen Säulen gestützt, erweitern das Nord-, Süd- und Westende. Was jedoch unmittelbar die Aufmerksamkeit auf sich zieht, ist das Südportal mit seinem prächtig gemeißelten Fries, das die Schöpfungsgeschichte darstellt und über welchem der einköpfige Adler der Komnenen den Schlußstein bildet.

Die Innenmauern und Decken der Vorbauten, des Narthex und des Kirchenschiffs waren einst durchweg mit wundervollen Fresken bedeckt, deren eigentlicher Zweck, sieht man von Ästhetik, Kunst und der Verherrlichung des Gründers ab, ein Glaubensbekenntnis war: in Bildern die Geschichte von Gottes erlösendem

Wirken für die Menschheit zu erzählen, von der Schöpfung über die Verheißung des Alten Testaments bis zu Geburt, Leben, Tod und Auferstehung Christi, gesprenkelt mit Ausschnitten aus dem Leben der Heiligen. Dank der gewissenhaften Arbeit von Professor Talbot Rice und seinem Team von der Edinburgh University sind viele dieser Gemälde gleichzeitig mit dem bröckelnden, halb zerfallenen Gebäude restauriert worden – wenn auch nicht zu ihrem ursprünglichen prachtvollen Zustand, so doch immerhin soweit, daß ihre außergewöhnliche Großartigkeit gewürdigt werden kann. Diese restaurierten Fresken sind so umfassend und detailliert, daß man sie wochenlang studieren und immer wieder Neues finden könnte. Am ehrfurchtgebietendsten waren in meinen Augen der Kopf und die Schultern, die von Christus Pantokrator in der Zentralkuppel übriggeblieben waren, über einem wunderschönen Fries voller Engel, das sich rund um den Zylinder zog. Darauf gab es zudem eine lange griechische Inschrift aus dem 102. Psalm, wie der Herr vom Himmel auf all jene schaut, die in Gefangenschaft und dem Tod geweiht sind. Es schien mir ein traurig prophetischer Text, wenn man sich vergegenwärtigt, wie kurz nach der Fertigstellung der Kirche das Byzantinische Reich mit all seinen Werken hinweggefegt wurde.

Neben der Kirche stand ein hoher Glockenturm aus dem fünfzehnten Jahrhundert, der als Wachtturm dienen mußte und in den verzweifelten letzten Tagen von Trapezunt errichtet worden war, nur achtzehn Jahre bevor David Komnenos, der damalige Herrscher, die Stadt übergab. Dieser Turm war stets verschlossen. Als ich den Aufseher nach dem Grund fragte, erklärte er mir, das sei wegen all der wertvollen Dinge wie Leitern und Gartengeräte, die dort verstaut seien. Die Kirchentüren waren hingegen nie abgesperrt, nicht einmal nachts, wenn die Tore zum Garten verriegelt wurden. Infolgedessen flogen Tauben hinein, hockten auf den Simsen und zogen ihre Jungen dort groß. Die erste Aufgabe des Aufsehers am Morgen bestand darin, den reichlichen Taubendreck von dem arg mitgenommenen, aber noch immer großartigen eingelegten Marmorfußboden wegzuwaschen. Es war klar, daß die Vögel dem Bauwerk und seinen unbezahlbaren Gemälden ganz und gar nicht guttaten. Dasselbe galt für die jungen Schößlinge und das Unkraut, die uneingeschränkt zwischen den Dachziegeln zu sprießen und zu blühen begannen und sie langsam auseinanderdrängten. Es hatte bestimmt keine geringe Summe gekostet, die Kirche in ihren jetzigen Zustand zu bringen, von der hochqualifizierten, gewissenhaften Arbeit ganz abgesehen, und es ärgerte mich maßlos, daß man sich so wenig um ihre Erhaltung kümmerte. Doch wie ich bereits anderswo festgestellt hatte, scheinen sich die Türken nicht sehr um ihre Altertümer zu kümmern. Sie legen mehr Wert auf Gärten als auf die prachtvollsten Gebäude, was sicher ein völlig legitimer Standpunkt ist, aber angesichts der Tatsache, wie reichhaltig die Schätze früherer Kulturen in ganz Kleinasien verstreut sind, nicht einer gewissen Ironie entbehrt.

In der Nähe der östlichen Felsschlucht, gleich hinter einer häßlichen Hauptverkehrsstraße, stieß ich rein zufällig auf eine weitere byzantinische Kirche. Es war die winzige St.-Anna-Kirche aus dem siebten Jahrhundert, das älteste Bauwerk der Stadt, aus unproportional großen Steinquadern zusammengesetzt und mit einem arg lädierten marmornen Tympanon über dem Eingang versehen, der vermutlich die Kreuzabnahme darstellte. Nachdem ich sie gefunden hatte, ging ich immer wieder hin, doch zu meinem Ärger war sie stets verriegelt. Soweit ich sehen konnte, bestand ihr einziger Zweck darin, eine nützliche Vorrichtung zur Verankerung von Strängen mit Strom und Telefonkabeln abzugeben. Bei meinem letzten Besuch setzte ich mich eine Weile auf die Stufen von St. Anna, um in mein Tagebuch einzutragen, was ich von diesem Zustand hielt. Ein Junge aus einem Teeladen gleich gegenüber brachte mir einen kleinen Schemel zum Sitzen, und einmal mehr schmolzen die verächtlichen Gedanken, die ich den Türken gegenüber gehegt hatte, vor ihrer Freundlichkeit gegenüber Fremden wie Butter in der Sonne.

Die Türkei ist der geeignete Ort für Stimmungsschwankungen. Am ersten Nachmittag in Trabzon zog ich mich in mein Zimmer zurück, um der Hitze zu entfliehen, und schlief ermüdet von der schlaflosen Nacht auf dem Bett ein. Als ich aufwachte, mußte ich feststellen, daß mich etwa ein Dutzend kichernde Männer vom Hoteldach gegenüber durchs offene Fenster beäugten. Mein einziger Trost war, daß ich nur Hemd und Hose und nicht auch die Unterwäsche ausgezogen hatte. Danach beschränkte ich meine Nickerchen tagsüber auf die Hagia Sophia und ging dazu über, die heißen Nachmittage durch die gewundenen Gäßchen zu wandern, die zum Hafen hinunterführten, wo die Sonne nur kurz am Mittag hinreichte. Hier saßen die türkischen Ladenbesitzer vor ihren gegen die Straße hin weit offenen Geschäften und spuckten verächtlich dem davonschreitenden Rücken irgendeiner drallen Tatjana nach, die vergeblich versucht hatte, den Preis ihrer Bluejeans unter den Einstandspreis zu drücken. Wie ich entdeckte, herrschte zwischen Türken und Russen nebst dem Erdgas ein reger gegenseitiger Handelsaustausch. Am liebsten nahmen die Russen Jeans in amerikanischem Stil mit nach Hause, die in der Türkei in zunehmendem Maß produziert werden. Wie schon bei den Händlern lange vor Marco Polo ging es auch hier darum, billig einzukaufen und möglichst teuer zu verkaufen, und darin waren die Russen, allen voran die untersetzten, unverfrorenen und aggressiven Matronen mit den gefärbten Haaren, den langsameren und eher passiven Türken insgesamt mehr als ebenbürtig.

Ich unterhielt mich mit mehreren russischen Händlern in den kleinen Cafés, in denen sie verkehrten. Diejenigen, die Englisch sprachen, waren in der Regel weniger grob und kriegslustig als der Durchschnitt, und da sie mich offenbar als »neutral« ansahen, nahmen sie kein Blatt vor den Mund. Einige waren Lehrer oder Studenten. Eine ziemlich junge Frau, die freimütig zugab, eine Prostituierte zu sein, erzählte mir, sie sei Krankenschwester in Moskau gewesen, habe jedoch gemerkt, daß sie in sechs Monaten in der Türkei genug verdienen könne, um ein paar Jahre davon zu leben. Viele behaupteten, es sei billiger, in der Türkei zu wohnen, auch wenn man nichts verkaufte, weil Nahrungsmittel hier praktisch verschenkt würden. Das Bild vom Leben in der ehemaligen Sowjetunion, das aus diesen Gesprächen hervorging, war schrecklich. Die Löhne wurden oft nicht ausbezahlt, doch auch sonst waren die Inflation und die Preise für das Allernotwendigste so hoch, daß es häufig nicht einmal für genügend Nahrungsmittel zum Überleben reichte. Es klang genau wie der wirtschaftliche Zusammenbruch in Uganda nach den fünfundzwanzig Jahren Chaos unter Idi Amin und Obote, dessen Zeuge ich gewesen war. Trotzdem erschien mir der Anblick dieser Horden von feilschenden Russen, die noch vor kurzem einer Weltmacht angehört hatten und nun versuchten, sich an den wohl kaum viel besser gestellten und gewiß weniger raffinierten Türken zu bereichern, äußerst bizarr.

Natürlich gab es auch reiche Türken in Trabzon, ebenso ein eleganteres Stadtviertel, das von den Russen gemieden wurde und aus ein paar Straßen bestand, wo westliche Markenartikel erhältlich waren. Ich wurde einem Mann namens Erol vorgestellt, der dort ein Bekleidungsgeschäft besaß und in Kommission jene teure, saloppe Modeware verkaufte, wie man sie in den meisten größeren Städten des Westens findet. Fünf oder sechs solche Läden lagen in unmittelbarer Nähe, und Erol war im Begriff, auf der anderen Straßenseite einen weiteren zu eröffnen, um dort Kleider einer anderen Markenvertretung zu verkaufen. Wie er mir berichtete, erhöhte der Besitzer jedoch jedesmal den Preis, um der Inflation ein Schnippchen zu schlagen, wenn Erol den Mietvertrag für das Grundstück unterschreiben wollte. Er und seine Frau arbeiteten zehn Stunden täglich im Laden, während die Großeltern auf die beiden kleinen Kinder aufpaßten. In seiner Freizeit war er Amateurfunker und ein passionierter Jäger. Weil er regelmäßig in den Osten fuhr, um Bären zu schießen (und wie ich hörte, auch Adler und Wölfe, kurz alles, was sich bewegte), hatten unsere gemeinsamen Bekannten gemeint, er könne mir vielleicht einige Tips für die bevorstehende Strecke geben.

Erol und seine Frau luden mich in ein teures Strandrestaurant ein, wo wir neben den ans Ufer schwappenden Wellen einen ausgezeichneten Fisch aßen. Wegen des kalten, hellen Glanzes der blauen Neonbeleuchtung, die eine Atmosphäre wie in einem Operationssaal verbreitete, waren jedoch weder die Wellen noch die Sterne zu sehen. Die Unterhaltung stockte, weil Erols Frau kein Englisch sprach und mein Türkisch nie über Ein- oder Zweiwortsätze hinaus gedieh, wie manche schlaflosen Nächte ich auch durchlitten hatte. Und obwohl das Essen köstlich war, wurde der Abend wegen der langen, peinlichen Pausen immer bedrückender, nicht zuletzt auch deshalb, weil Erols Rat hinsichtlich der Osttürkei lautete, gar nicht erst hinzugehen. Er erzählte mir, daß er dieses Jahr wegen der Aktivitäten der kurdischen Dissidentengruppen, besonders der PKK, auf seinen herbstlichen Jagdausflug verzichte, obwohl er soeben zwei neue Gewehre gekauft habe, die er gern ausprobiert hätte. Wie er sagte, verging kein Tag, ohne daß jemand entführt oder erschossen wurde. Die Kurden kümmere es nicht, wen sie abknallten, solange es das internationale Interesse auf ihre Anliegen lenke. Seiner Meinung nach war es töricht von mir, weiterzufahren, trotzdem erklärte er sich bereit, ein paar Dinge, die ich zurücklassen wollte, in Obhut zu nehmen.

So spartanisch mein Gepäck auch war, wußte ich doch, daß ich noch weiter abspecken mußte, wenn ich aus eigener Kraft weiterfahren wollte. Ich hatte bereits meine Ersatzreifen in Istanbul zurückgelassen, da sie mir bei Bedarf nachgeschickt werden konnten. Jetzt ging ich alles übrige nochmals Stück für Stück durch und sortierte aus, was ich vielleicht nicht brauchen würde. Ich erwog sogar allen Ernstes, die Campingausrüstung zurückzulassen, doch die sieben Pfund Gewicht, die ich mit diesem Opfer eingespart hätte, standen in keinem Verhältnis zu der Freiheit, die mir Zelt, Luftmatratze und Schlafsack gewährten. Statt dessen opferte ich einige meiner Arzneimittel, ein paar Ersatzkleider, mein zweites Paar Schuhe, Brennstoff für den Kocher und ähnliches. Selbst mein Badeanzug blieb zurück, denn Frauen beim Baden riefen zunehmend Stirnrunzeln hervor, je weiter ostwärts ich kam. Insgesamt konnte ich so gut vier Kilo loswerden. Ich lagerte die Sachen im Keller von Erols Laden, um sie bei meiner Rückkehr abzuholen, denn ich hatte vor, auf dem Rückweg nach Istanbul die Autofähre über das Schwarze Meer zu benutzen. Eine kurze Überprüfung, ob alles an Roberts so war, wie es sein sollte, und ich war bereit, mich wieder auf den Weg zu machen. Nur etwas blieb mir noch zu erledigen.

Ich hatte mir das Herzstück des alten Trapezunt bis zuletzt

aufgespart, aus Angst, ich könnte enttäuscht werden und die Geister wären alle längst geflüchtet. Doch jetzt, zur Abreise gerüstet, konnte ich es nicht länger hinausschieben. Zwischen der östlichen und der westlichen Felsschlucht erheben sich die berühmten Wälle von Trapezunt und schlängeln sich zum Gipfel des Trapesus-Felsens hoch. Die verstärkte byzantinische Innenstadt bestand aus drei separaten Umwallungen, eine über der anderen gebaut, die unterste auf ihrer Nordseite vom Meer begrenzt. Der Goldene Palast der Komnenen hatte in der oberen Zitadelle gestanden, vom steilsten Teil der Felsabstürze geschützt und gewissermaßen uneinnehmbar. Nur die westliche Mauer und ein Bruchstück der Zitadelle stehen noch, doch, o Wunder!, ich fand dieses letzte Überbleibsel fast genau so vor, wie Rose Macaulay es beschrieben hatte.

Ich stapfte an einem glühend heißen Nachmittag hinauf. Die alten, zertrümmerten Mauern zu meiner Rechten waren hinter schäbigen Häusern versteckt, die die Hitze zurückwarfen und den steilen Anstieg erschwerten. Nahe beim Gipfel gab es eine Öffnung, und plötzlich befand ich mich hoch oben im Grün, inmitten kleiner Streifen von Gärten zwischen den von Gras überwachsenen Hügeln aus uraltem, eingestürztem Mauerwerk. An die altersgrauen Außenmauern der Zitadelle waren Schuppen angebaut. Einzig oben auf den Mauern selbst war Platz zum Herumspazieren, nur wenige Zoll breit, mit einem etwa dreihundert Meter hohen schwindelerregenden Absturz an der Außenseite. Von dieser Stelle soll ein kleiner Komnenen-Prinz aus einem der Palastfenster zu Tode gestürzt sein. Als ich die Überquerung wagte, fragte ich mich, ob es wohl wirklich ein Mißgeschick gewesen war oder ob der kleine Bengel, tyrannisch und unkindlich, wie solche kaiserlichen Infanten meist sind, nicht etwa seine Kinderfrau bis zur Weißglut gereizt hatte, so daß sie einen schrecklichen Augenblick lang die Beherrschung verlor und ihn über die Brüstung stieß. Es war kein angenehmer Gedanke, und obwohl mir die Höhe gewöhnlich nichts anhaben kann, war ich froh, wieder hinunterzuklettern.

Acht mit dem Rand des Abgrunds bündige Spitzfenster und ein

paar Bögen sind alles, was von jenem Teil des Komnenen-Palasts übriggeblieben ist, hinter dem man den Bankettsaal vermutet. Eine drückende Stille lastete darauf. Keine Menschenseele war da, schon gar nicht der Zauberer, dem Rose Macaulay begegnet war. Trotz der heißen Sonne fühlte sich der Ort unheimlich und melancholisch an, bis die Ruhe unvermittelt von zwei Jungen und einer kleinwüchsigen Frau durchbrochen wurde, die von der Stelle, wo vielleicht einst der kaiserliche Garten gelegen hatte, herangehüpft kamen. Die kleinwüchsige Frau war alterslos, irgendwo zwischen fünfzehn und fünfzig. Sie hatte sich ein Tuch um den Kopf geschlungen, auf eine Weise, wie ich es in der Türkei bisher noch nie gesehen hatte. Ein schweres, unförmiges Kleid, das viel zu groß war für sie, reichte ihr bis zu den Waden, dazu trug sie ein Paar hochgeschnürte Stiefel. Sie besaß den vielen Kleinwüchsigen eigenen O-beinigen, schwankenden Gang, und die Art, wie sie den Jungen hinterherhüpfte und versuchte, mit ihnen Schritt zu halten, hatte etwas Rührendes und zugleich Düsteres an sich. Sie kaute auf einem großen Stück rosa Kaugummi herum. Als sie näher kam, reckte sie das Kinn hoch, blähte die Wangen auf und begann zu pusten, bis sie eine große Blase gemacht hatte, die sie mit lauten Geräuschen und Zeichen offensichtlicher Befriedigung zum Platzen brachte. Die Jungen ignorierten sie. Sie wollten mich in den Ruinen herumführen, doch da ich sie bereits besichtigt hatte, verloren sie das Interesse und trollten sich. Die kleinwüchsige Frau blieb jedoch und setzte sich neben mich auf ein Stück Mauerwerk. Sie kaute weiter ihren Kaugummi und machte Blasen, bewegte sich, wenn ich mich bewegte, und imitierte jede meiner Gesten. Anfänglich fühlte ich mich etwas eingeschüchtert. Ich bot ihr Geld an und hoffte, sie werde weggehen. Doch sie nahm keine Notiz davon, und ich merkte bald, daß sie völlig harmlos war und einfach nur freundlich sein wollte. Also ließ ich sie sitzen und schrieb in mein Reisetagebuch, während sie mich scharf beobachtete und mit den Beinen baumelte. Wie wir so dasaßen und sich bald ein geselliges, anspruchsloses Schweigen einstellte, das nur vom Summen der Insekten und dem gelegentlichen »Plop« des Kaugummis durchbrochen wurde, kamen mir Verszeilen aus Yeats' »Die Fahrt nach Byzanz« in den Sinn, die sich inzwischen fest in meinem Gedächtnis eingeprägt hatten:

Bin einst aus der Natur herausgefallen ich,
ich würde meine körperliche Form
von keinem lebend Wesen nehmen als der Form,
wie aus gehämmert Gold und Gold-Email
die griechischen Goldschmiede sie zu machen wissen,
um einen matten Kaiser wach zu halten.
Oder auf einen gold'nen Zweig mich setzen,
um Lords und Damen aus Byzanz davon zu singen,
was war, vorbeizieht oder kommen wird.

Die Anwesenheit einer freundlichen, Kaugummiblasen pustenden kleinwüchsigen Frau, aber auch Yeats' Gedicht schienen mir beide ein Teil des weiterlebenden Genius dieses zerstörten Palasts zu sein. Obwohl er nur ein Fragment aus Stein war, enthielt er doch etwas, das über all die Jahrhunderte hinausreichte und auch heute noch ein ganz anderes, neuartiges Zeitalter inspirieren konnte.

Als ich mich endlich erhob, fürchtete ich, die Frau könnte versuchen, mir zu folgen, doch sie blieb sitzen und schlug ihre Fersen gegen den Stein, als würde sie hierhergehören. Und dann rief sie mir nach all der Zeit des Schweigens die ersten und einzigen Worte nach: »*Güle, güle*«, das türkische »Auf Wiedersehen«, was wörtlich »Lächle nur weiter« bedeutet.

9

Wo Adler fliegen

Die alte Karawanenroute nach Persien drehte kurz nach Trapezunt von der Küste nach Süden ab und folgte dem Fluß Degirmendere zur Ostanatolischen Hochebene hinauf. Dieses schöne Tal bildet noch heute die Hauptverbindung vom Schwarzen Meer nach Zentralanatolien, doch gegenwärtig herrschte wegen der kürzlichen katastrophalen Überschwemmungen, die ganze Straßenstücke und viele Brücken weggeschwemmt hatten, ein heilloses Durcheinander. Ich schlug diesen Weg ein, um dem berühmten Kloster Sumela einen Besuch abzustatten. Nachdem ich mich dreißig Kilometer lang mit aufgeworfenem Schlamm, Kies und Kratern herumgeschlagen hatte, nahm ich heilfroh das Angebot an, in einem Lastwagen mitzufahren.

Sumela, das Kloster der Jungfrau vom Schwarzen Felsen, soll im Jahr 385 von zwei Mönchen aus Griechenland namens Barnabas und Sophronius gegründet worden sein. Die Muttergottes war Barnabas in einem Traum erschienen und hatte ihn angewiesen, ihre geheiligte, vom heiligen Lukas gemalte Ikone zu nehmen und sie in eine Felshöhle zu bringen, die er in den Pontischen Alpen finden würde. Der Legende zufolge entdeckten die Mönche nach langer Wanderschaft durch die Gebirgstäler im grünen Tal des Altindere, eines Nebenflusses des Degirmendere, eine Stelle, die den Einzelheiten aus Barnabas' Vision genau entsprach. Wie diese lag sie an einer unzugänglichen und uneinnehmbaren Stelle gleich unter dem Gipfel einer großen, schwarzen Felswand und war mit einer wundersamen Quelle mit klarem Wasser versehen, die nie versiegte. Hier gab es auch einige praktische schmale Felssimse, auf denen man ein Kloster errichten konnte. Von den frühen Gebäuden, deren Prunk für die Krönung von Alexios Komnenos III. im Jahr 1389, dem Herrscher von Trapezunt, offenbar durchaus angemessen schien, blieb rein gar nichts übrig. Von der Höhle selbst, dem äußeren Gerippe der Gebäude aus dem achtzehnten Jahrhundert und einigen arg verstümmelten Fresken abgesehen, ist alles der Feuersbrunst zum Opfer gefallen, die dort kurz nach der Ausweisung der Griechen aus der Türkei im Jahr 1923 wütete. Doch trotzdem lohnte sich die anstrengende Hinfahrt.

Von unten sieht das Kloster wie einem Traum entsprungen aus – ein ferner, weißer Bau, wie eine tibetische Einsiedelei, die auf schier unglaubliche Weise dreihundert Meter über dem grünen, fruchtbaren Talboden an der nackten Felswand klebt. Ein steiler, enger Pfad führt im Zickzack durch die Bäume hoch und bietet bei jeder Kehre einen neuen Ausblick auf das schöne Tal. Es war mein Pech, daß ich genau zu der Zeit hochstieg, als dreihundert Mitglieder der Polizeischule von Trabzon heruntergerannt kamen. Weshalb für dreihundert Polizeikadetten (ich erkundigte mich bei ihrem Inspektor, der wohlweislich als letzter kam, nach der genauen Zahl) ein Besuch in einem christlichen Kloster als geeignetes Ausflugsziel betrachtet wurde, ist mir unerklärlich. Der Höhepunkt des Tages war jedenfalls leicht ersichtlich, wenn man sah, wie rasch sie alle wieder dem Café im Tal zustürmten. Als Entschädigung dafür, daß ich so oft beinahe von der Felswand gefegt worden wäre, brauchte ich wenigstens die Klosteranlage nicht mit ihnen zu teilen, obwohl mir ein Rätsel blieb, wie alle dreihundert gleichzeitig dort oben Platz gefunden hatten.

Ein erfrischender Trunk kalten Wassers aus der mirakulösen Quelle mußte anstelle eines Glases Ouzo und eines Tellers mit Ziegenkäse und Oliven herhalten, die man mir vorgesetzt hätte, wenn die Mönche nicht vor siebzig Jahren vertrieben worden wären – obgleich man mich als Frau vielleicht gar nicht empfangen hätte, wie es beispielsweise auf dem Berg Athos der Brauch ist.

Von nahem zeigte der romantische weiße Bau sein wahres Gesicht: Es waren nichts weiter als ein paar verbrannte und vermodernde Mauern, die sorgfältig von Gerüsten zusammengehalten wurden, um den Eindruck vom Tal unten zu wahren – die Türken sind sich seines Wertes als Touristenattraktion durchaus bewußt. Die schrecklich verwüsteten Fresken, jede der winzigen Zellen, die Mauern und der Innenhof der kunstvoll geplanten Anlage zeigten deutliche Spuren mutwilliger Zerstörung und boten ein Bild des Jammers. Trotz alledem konnte diese Trostlosigkeit der grundsätzlichen Erhabenheit dieser Stätte kaum Abbruch tun. Die atemberaubende Idee dahinter hatte ebenso wie die Schönheit des Ausblicks über das freundliche, bewaldete Tal überlebt, und der kleinen Felsenkirche im Zentrum entströmte noch immer ein Gefühl von Andacht. Ich erinnerte mich an den verbitterten alten Mann in Trabzon, der mir gesagt hatte, das Osmanische Reich sei die einzige Periode in der Türkei, die zähle. Er war sowohl Freya Stark als auch Rose Macaulay begegnet, hatte diese Unterhaltung zweifellos auch mit ihnen geführt und sich mit den Jahren immer mehr auf seine Ansichten versteift. »Das Osmanische geht über alles andere in diesem Land«, meinte der Alte beharrlich. »Aber ihr Engländer seid vernarrt in alles Griechische, Griechen, Byzantiner . . . Pah! Erledigt, beide! Was heute zählt, ist das Osmanische.« Hätten wir jedoch zusammen hier auf dieser hohen Terrasse neben dem altehrwürdigen Heiligtum stehen können statt in dem geschäftigen Büro am Atatürk-Platz, wären wir uns vielleicht einig geworden, daß das, worauf es wirklich ankam, viel weiter zurücklag als alles Osmanische oder Griechische und daß der wie immer geartete Genius dieses Ortes schon lange hiergewesen war, bevor Barnabas und Sophronios mit der Ikone der Jungfrau und ihren besonderen Vorstellungen über die Natur Gottes eingetroffen waren. Ich verließ Sumela mit dem Gefühl, daß hier etwas Bedeutungsvolles waltete, das ich nur am Rand gestreift hatte.

Wäre ich dem Degirmendere-Tal bis hoch zum Zigana-Paß gefolgt, hätte ich die Stelle erreicht, wo die Zehntausend nach all den bitteren Monaten auf dem langen Marsch von Persien erstmals einen Blick auf die Euxine erhaschten:

> Sie hörten die Soldaten laut »Thalassa! Thalassa! Das Meer! Das Meer!« rufen und gaben das Wort die ganze Kolonne weiter. Darauf begannen gewiß alle zu rennen und trieben die Lasttiere und die Pferde zu höchster Geschwindigkeit an; und als alle den Grat erreicht hatten, umarmten die Soldaten einander mit Tränen in den Augen und ebenso ihre Generäle und Hauptleute.

Und so folgte ich ihrer Route zurück zur Küste hinunter, denn es schien mir sinnlos, die zerstörte Straße zum Plateau hochzufahren, an der überall schwere Baumaschinen arbeiteten. Statt dessen radelte ich mit dem Vorsatz, den Anstieg zur Hochebene näher an der russischen Grenze zu versuchen, der Küste entlang nach Osten in Richtung Rize weiter.

Das Meeresufer hätte ein völlig anderes sein können als jenes, dem ich bisher gefolgt war, denn der Dunst der Berge hatte sich plötzlich gesenkt, und die See wirkte wie ein chinesisches Gemälde. Boote und Felsen schienen im Raum aufgehängt, und über allem lag ein Hauch von Zeitlosigkeit. Ein schmuddeliger kleiner Schuppen tauchte aus dem Nebel auf. Er entpuppte sich als Restaurant, und ich hielt an, um mir ein spätes Mittagessen zu genehmigen. Es wurde mir von einem liebenswürdigen Mann gekocht, der zwei Jahre in einem Londoner Außenviertel gelebt hatte und sich seither danach zurücksehnte. »Wetter sehr gut in Edgware. Hier regnet es immer«, meinte er. Er war der geborene Verlierer. Nach England geschickt, um Wirtschaftswissenschaft zu studieren, sah er bald ein, daß ihm nichts anderes übrigblieb, als zuerst die Sprache zu lernen, und so gab er das College auf und vertrödelte die Zeit damit, mit seiner irischen Hauswirtin zu plaudern und sich in seiner Stammkneipe ans englische Bier zu gewöhnen. Als er mit nichts Brauchbarem in den Händen zurückkehrte, was seinen Auslandsaufenthalt gerechtfertigt hätte, hatte ihn sein Vater enterbt. Jetzt war er Koch in einem abgewirtschafteten Café, das nicht einmal ihm gehörte, in einem Landesteil weit weg von dem Ort, wo er aufgewachsen war. Es fiel schwer, ihm eine rosigere Zukunft vorauszusagen, denn trotz seines phantastischen Selbstbewußtseins war er ein lausiger Koch. Beim Weiterfahren litt ich an einem sonst so seltenen Anfall von Verdauungsbeschwerden, doch selbst das konnte mir den zauberhaften Tag nicht vergällen. Wie in einer Laterna-magica-Vorstellung erschien die Sonne im Nebel und verschwand wieder.

Als ich abends gegen sechs Uhr Rize erreichte, hatte ich gut hundert Kilometer zurückgelegt, fuhr aber trotzdem gleich weiter. Rize entsprach in keiner Weise meiner Gemütsverfassung. Wo ich eine hübsche Küstenstadt zu finden gehofft hatte, von der ich gelesen hatte, stieß ich auf die inzwischen vertrauten Scharen russischer Händler und große Hotelbunker aus Beton, die wahllos inmitten von Bauschutt hochgezogen wurden. Nach den schlaflosen Nächten von Trabzon schreckten mich auch die zahlreichen Moscheen in Rize ab. Alle Hotels lagen in ihrer unmittelbaren Nachbarschaft, und jede strotzte von Lautsprechern. Ich begriff, daß ich diese Nacht im Zelt schlafen mußte.

Ein passendes Plätzchen war lange nicht zu entdecken, denn hinter Rize reichte das Meer wieder direkt an die Straße, und auf der Landseite ragten Felsen auf. Nach ein paar Kilometern fand ich bei einem Restaurant, das auf einer felsigen Landzunge ins Meer vorsprang, die erste geeignete Stelle. Es war ein baufälliges Ding, eine lange, niedrige, aus allerlei Materialien notdürftig zusammengesetzte Hütte, doch rundherum lag ein schmaler Streifen Garten mit ein paar wenigen verstreuten Rosen und langstieligen Blumen samt einem Teich. Eigentlich war er für die Fische vorgesehen, unter denen die Gäste auswählen konnten, zur Zeit diente er jedoch lediglich als Brutstätte für Stechmücken. Der halbblinde alte Mann, der mit einer Schar junger männlicher Verwandter das Geschäft führte, zeigte sich erfreut, daß ich mein Zelt dort aufstellen wollte. Er schlafe nachts im Restaurant, meinte er. Ich könne Roberts bei ihm einschließen, und wenn ich Hilfe brauche, solle ich ihn rufen. Eine fette Ratte, die vom verschmutzten Strand über den niedrigen Zaun kletterte, schreckte etwas ab, aber mit einem besseren Platz konnte ich nicht rechnen, und zudem war es schon fast dunkel, was die schlimmsten Unzulänglichkeiten verhüllte und mich vom Weiterfahren abhielt.

Ich aß mein Kebab mit Joghurt und Salat im Garten, unter einem Himmel, der sich aufgeklart hatte und einen Streifen Mondlicht zeigte, der unter den Sternen dahinzog. Die jungen Familienmitglieder badeten hinter dem Ende der Landzunge und zerteilten mit phosphoreszierendem Aufblitzen das schwarze Wasser. Die erwartungsvolle Stille des Meeres war zurückgekehrt. Mein Gastgeber löcherte mich beim Essen mit Fragen über meine Reise, obwohl er kein Wort Englisch sprach und wir wegen seiner schlechten Augen das Wörterbuch nicht brauchen konnten. Er war entsetzt, als er von meinem Vorhaben hörte, und ereiferte sich mit einem Wortschwall greulicher Geschichten über die kurdische Widerstandsbewegung, die PKK (unheilverkündend Pee Kaa Kaa ausgesprochen), deren Angehörige Säuglinge abschlachteten und Kehlen aufschlitzten. Jede der anschaulichen, eher mit Gesten als mit Worten umrissenen Beschreibungen endete mit erhobenen Händen und einem Aufwärtsdrehen der Augäpfel. Er ging meine Reiseroute durch, nannte sämtliche Städte in der Osttürkei, und wenn ich *»Evet«* (»Ja, dahin will ich«) sagte, warf er entsetzt die Hände hoch, rief mit einer Stimme, als sei mein Schicksal besiegelt: »PKK«, und wiegte sich wie beim Beten vor und zurück. Daraus entwickelte sich eine richtige Litanei: »Kars? Ahhh, PKK! Dogubayazit? Ahhh, PKK! Wan? Ahhh, PKK!« und so weiter und so fort. Obwohl es mir wie das reinste Theater vorkam, spürte ich doch, daß er echt um meine Sicherheit besorgt war und mir unbedingt beibringen wollte, wie gefährlich die Lage sei. Alles lief offenbar darauf hinaus, daß ich ihm hoch und heilig versprechen mußte, in den kurdischen Gebieten nicht draußen zu kampieren, außer direkt neben einem Polizeiposten. Nun nahm die Litanei eine andere Wendung: »Kars: Camping *yok. Oteli.*« Seine Fürsorglichkeit rührte mich, und ich antwortete willig: »*Evet.* Kars – Hotel. Zelt – *yok*!«, doch hauptsächlich freute ich mich, daß das ganze Spektakel mit so wenigen Worten auskam.

Nicht daß mir seine Warnungen unbegründet erschienen wären! In Trabzon hatte ich erfahren, daß soeben eine größere Gruppe deutscher Urlauber auf dem Berg Nemrut Dagi am Wan-See von der PKK entführt worden sei. Ich wollte mit allen Mitteln versuchen, einem solchen Schicksal zu entgehen. Das hieß eindeutig »Camping *yok*!«, sofern nicht gewährleistet war, daß ich einen sicheren Platz für mein Zelt gefunden hatte.

Dieser dramatische Dialog und die lange Tagesreise hatten mich so sehr ermüdet, daß ich gleich nach dem Essen ins Zelt kroch und trotz des Stimmengemurmels der anderen Gäste und des Lärms des vorbeiziehenden Verkehrs in Schlaf fiel. Die kleine Moschee gleich auf der anderen Straßenseite hatte ich jedoch übersehen. Sowohl das Spätgebet als auch die frühmorgendliche Anrufung drangen durch die obligate Lautsprecheranlage verstärkt und verzerrt zu mir herüber.

Hopa, rund hundert Kilometer weiter östlich gelegen, sollte meine letzte Station an der Schwarzmeerküste sein. Der Ruf des Muezzins hatte mich so gründlich geweckt, daß ich um neun Uhr morgens bereits vierzig Kilometer zurückgelegt hatte. Der Nebel war viel dicker als am Vortag und lag so tief, daß ich das Gefühl hatte, durch ein graues Leichentuch zu fahren. Damit sich diese Vorstellung nicht als Prophezeiung erwies, spitzte ich die Ohren nach Motorenlärm, um rechtzeitig von der Straße zu kommen, bevor mich ein vorbeibrausender Schwerlastzug niedermähte.

In einem kleinen häßlichen Dorf, nicht mehr als eine Reihe naßkalter Betonbauten auf beiden Seiten der Straße, hielt ich an, um meine Vorräte zu ergänzen. Ich nahm eine Weintraube in die Hand und reichte sie dem Ladenbesitzer zum Wägen. Ob das alles sei, wollte er wissen, und ohne sie auf die Waage zu legen, steckte er sie in einen dünnen Plastikbeutel, legte ein paar Pflaumen obendrauf und schickte einen kleinen Jungen weg, um sie unter einem Wasserhahn zu waschen. Mein Geld wurde abgewehrt – das koste nichts – und auch mein Dank nur durch ein winziges Zucken einer Augenbraue angenommen, welches besagte: »Das ist hier so üblich.«

Als sich der Nebel ein wenig verzogen hatte, fand ich einen Sitzplatz für ein letztes Picknick am Meer. Die See war dunkler und geheimnisvoller, als ich sie in all diesen langen Wochen je gesehen hatte. Hinter mir ließ ein Vorhang aus zerfetztem grauem Gewölk ein ebenso dunkles und geheimnisvolles Land mit bedrohlichen Bergen durchschimmern und wieder verschwinden. Diese etwas düsteren äußeren Umstände waren jedoch durchaus angemessen, denn jetzt befand ich mich im uralten Land Kolchis, in dem die Zauberei einst etwas Alltägliches gewesen war, wo die Alten, wenn man sie in einem Zauberkessel kochte, ihre Jugend zurückerhielten und die Blinden wieder sehend wurden. Es war hier (und zweifellos an einem solchen Tag) gewesen, wo die Zauberin Medea ihren Vater überlistet und Jason geholfen hatte, das Goldene Vlies zu rauben. Als ein Kormoran langsam übers Meer flatterte, erschien mir der Vogel als ein sicheres Omen, und ich war überrascht, daß er nicht den Kopf drehte und eine unheilschwangere Prophezeiung ausstieß.

Doch nichts Verhängnisvolles geschah. Die seltsame, zum Träumen verleitende Küste erstreckte sich weiter und weiter, der Nebelvorhang zerteilte sich und schloß sich wieder, bis ich am frühen Nachmittag in Hopa eintraf und einen letzten Abschied vom Schwarzen Meer nahm.

Nur wenige Meilen vor mir lag die russische Grenze. Davor zweigte eine Straße südlich in die Berge ab, nach Artvin, wo ich zu übernachten hoffte. Ich machte mir nicht die Mühe, den ersten Teil mit dem Rad hochzufahren, denn meine Karte zeigte, daß die Straße in einer Serie verwickelter Windungen in sehr kurzer Distanz auf fünfzehn- bis achtzehnhundert Meter kletterte. Ich hätte mich zweifellos hochkämpfen können, doch meine Erfahrungen weiter westlich in den Pontischen Alpen hatten mich davon überzeugt, daß es besser war, Vorsicht walten zu lassen, als die Tapfere zu spielen. In der trockeneren Luft des Hochplateaus war das Klettern sicher weniger problematisch, doch hier unten hätte der Kampf gegen die hohe Luftfeuchtigkeit und den steilen Anstieg meine Kräfte überstiegen. Also machte ich mich auf die Suche nach einem Bus, fand jedoch heraus, daß nur *Dolmuses* (kleine Lieferwagen) die Strecke nach Artvin befuhren. Obwohl sie in einem endlosen Förderband russische Händler und ihre Koffer transportierten, waren die Fahrpreise unverschämt hoch. Für Roberts und mich wurde auf fünf Sitzplätze berechnet eine Summe genannt, die uns unter normalen Bedingungen kreuz und quer durch das ganze Land gebracht hätte. Im Gefühl, übervorteilt zu werden, aber ohne die geringste Lust, mich mit den unangenehmen Jugendlichen herumzustreiten, die den Betrieb leiteten, pedalte ich auf der Straße nach Artvin los.

Ich kam an mehreren Gruppen von Lastwagen vorbei, die so aussahen, als würden sie demnächst hochfahren, sobald sich die Fahrer mit Tee gelabt oder das Einladen beendet hatten, und hielt an, um zu schauen, ob ich möglicherweise eine Mitfahrgelegenheit kriegen konnte. Schon bei der ersten Anfrage hatte ich Glück. Obgleich ich zuvor einen Preis für die Fahrt abmachen wollte, wurde mein Geld abgewinkt, Roberts oben auf die Ladung hochgeschwungen und mit Stricken festgezurrt, und die Satteltaschen und ich wurden auf den Nebensitz gepackt.

Wir fuhren gleich los und mußten uns fast sofort ein schrecklich steiles Gefälle hocharbeiten. Meine Ohren platzten beinahe wegen des plötzlichen Druckwechsels, und meine Hände krallten sich am Sitz fest. Ich war voller Mitgefühl für den bejahrten Motor, der sich alle Mühe gab, in Schwung zu bleiben, und merkte bald, daß ich einen Lkw in den letzten Zügen seines nützlichen Lebens ausgewählt hatte. Irgendwie schaffte er es dennoch, dem ersten Gebirgskamm zu trotzen, danach ging es eine Weile ebenso fürchterlich steil bergab. Jetzt schien es ganz so, als hätten die Bremsen den Geist aufgegeben, denn wir begannen immer schneller um die Haarnadelkurven zu sausen, während sich der Fahrer verzweifelt abmühte, einen kleineren Gang einzulegen, und, als ihm dies mißlang, einen langen Schraubenzieher durch ein Loch im Boden nach unten zu rammen versuchte. Worauf auch immer der Schraubenzieher stieß – er tat seine Wirkung. Funken stoben durch den Boden hoch, und mit einem fürchterlichen Kreischen von mißhandelten Metallteilen kamen wir schließlich zum Stehen. Zu diesem Zeitpunkt hatte ich die größte Lust, die Reise auf Roberts fortzusetzen, doch der Fahrer ignorierte mich völlig. Er nahm seine Werkzeugkiste herunter, und weil er schon genug Sorgen hatte, wollte ich lieber nicht darauf bestehen. Kaum hatte er sich unter das Fahrzeug gelegt, als auch schon ein Streifenwagen erschien, durch dessen lautes Megaphon eine gräßliche Tirade einsetzte. Der schreckliche Radau, genauso verzerrt und unerträglich laut wie der Ruf des Muezzins von den Moscheen, schien nicht enden zu wollen, bis der arme Mann, der unter dem Wagen hervorgekrochen war, völlig verzweifelt aussah. Nach dieser verbalen Aufweichprozedur stieg ein Polizist aus, prüfte die Ausweise, trug alle Einzelheiten in ein Notizbuch ein, händigte dem Fahrer eine Kopie aus und fuhr wieder weg, worauf dieser sich wieder unter den Lastwagen legte. Bald kreuzte ein anderer Laster mit einem Freund am Steuer auf, und zusammen schafften sie es, die Dinge wieder ins Rollen zu bringen.

Erneut krochen wir mühsam und knirschend im Schneckentempo hoch, weiter und immer weiter. Der Lärm und die Anspannung ließen uns die Landschaft rund um uns völlig vergessen, bis ein lauter Knall anzeigte, daß einer der vollständig abgefahrenen Reifen geplatzt war. Diesmal entschied der Fahrer von sich aus, daß es wohl besser sei, wenn ich auf Roberts weiterführe, und lud ihn ab. Kaum war ich jedoch aus der Fahrerkabine geklettert und hatte begonnen, die Satteltaschen anzuschnallen, als er »Dollar, Dollar!« zu fordern begann. Er sah auf einmal sehr bedrohlich aus. Seine Hand war ausgestreckt, und um seine Lippen spielte ein unangenehmer Ausdruck. Ich besaß ein paar Dollars für Notfälle, wollte sie jedoch nur ungern unnötigerweise hergeben. Ich bot ihm so viel türkisches Geld an, wie ich zu bezahlen gewillt war, nämlich den Gegenwert von zwei Fahrkarten nach Artvin mit dem *Dolmus,* doch er schob es beiseite und verlangte wiederum »Dollar, Dollar!«. In diesem Augenblick holte uns der Freund im anderen Lastwagen ein, der uns die ganze Zeit gefolgt war. Er erfaßte die Situation mit einem Blick und gab mir ein Zeichen, schnell loszufahren, während er meinen Fahrer zurückhielt. Ich mußte jedoch zuerst die Satteltaschen befestigen, und als ich endlich auf dem Sattel saß und abfahrbereit war, hatte mein Retter es sich anders überlegt und verlangte nun ebenfalls Dollars. Ich habe keine Ahnung, was geschehen wäre, wenn nicht in diesem Moment ein Lastwagenkonvoi aufgetaucht wäre. Ich ergriff die Gelegenheit beim Schopf, sauste weg und schoß die verbleibenden Haarnadelkurven hoch, als säße ich in vollster Jugendblüte auf einem unbeladenen Roberts, wobei ich mir schwor, in der Türkei nie mehr per Anhalter zu reisen.

Wie es mit Gelübden jedoch so geht, brach ich es fast sogleich. Kaum hatte ich angefangen, den Tag wieder zu genießen und den Szenenwechsel von struppigem Regenwald zu nackten, felsigen Höhen in mich aufzunehmen, war ich schon auf der Paßhöhe, wo die Stadt Artvin liegen sollte. Ich glaubte, den allerletzten Aufstieg hinter mir zu haben, doch auf mich wartete ein Schock, denn Artvin war auf einer Reihe von Terrassen gebaut, die weitere vier- bis fünfhundert Meter über der Straße hingen. Als mir nach nur dreißig Metern auf dem fast senkrecht emporsteigenden Ziegenpfad zur ersten Terrasse hinauf ein alter Mann zuwinkte, mit ihm Tee zu trinken, war ich heilfroh, eine Pause einlegen zu können, und als er danach vorschlug, mir eine Fahrlegenheit nach Artvin hoch zu organisieren, ließ ich mich nicht zweimal bitten. Roberts wurde, so gut es eben ging, unter den Kofferraumdeckel eines Autos gezwängt, wobei er auf beiden Seiten herausragte, und so schossen wir in die Wolken hoch bis hinauf zu dem Platz ganz zuoberst in Artvin, wo inmitten eines eindrücklichen Panoramas aus zerklüfteten Bergen das feinste Hotel der Stadt stand.

Es mochte durchaus das bei weitem beste Hotel von Artvin sein, doch als ich die Hotelhalle durchquerte, war mein erster Gedanke: »Wenn das schon alles ist, was erwartet mich dann wohl weiter im Osten?« Selbst nachdem mein heftiges Feilschen den ursprünglich geforderten Zimmerpreis auf die Hälfte gedrückt hatte, war er immer noch völlig übertrieben. Trotz der abblätternden Tapete, der fadenscheinigen, fleckigen Teppiche und des fehlenden Warmwassers war es jedoch ein denkwürdiger Fleck, denn an der Veranda fegten Sturmwolken vorbei und schliffen die Oberflächen der umliegenden Felsen ab.

Artvin war eine typische Grenzstadt mit einem lehmigen Boden und einem Angebot an Waren, die man in anderen Landesteilen der Türkei nicht so leicht fand. Erstmals sah ich hier Whisky offen ausgestellt. Zusammen mit anderen internationalen Getränkesorten füllte er mehrere Schaufenster, darunter waren auch gute schottische Marken, die zudem um einiges billiger waren als im

Ursprungsland. Ich hoffte, daß dies überall in der Osttürkei so sein würde, denn ich halte Whisky für ein Universalheilmittel, besonders gut gegen Erkältungen und all die Schmerzen und Wehwehchen beim Radfahren, und mußte so oder so meinen Vorrat auffüllen, bevor die Reise zu Ende war. Was Artvin jedoch noch stärker das Gepräge einer Grenzstadt gab, waren die vielen Russen, verhältnismäßig sogar noch weit mehr als in Trabzon. Der alte Mann, der mir die Mitfahrgelegenheit gefunden hatte, hatte mich bereits auf die vielen russischen Autos hingewiesen und dabei reichlich ausgespuckt, um seine Sicht der Dinge klarzumachen. Als ich später von einer Gruppe britischer, kanadischer und türkischer Geologen, die im Hotel wohnten und mich mit Roberts eintreten sahen, zum Abendessen eingeladen wurde, erfuhr ich mehr über die Russen und über die Folgen, die ihre Anwesenheit für das Land hatte. Dieses Hotel sei früher beinahe so gut gewesen, wie der Reiseführer behauptete, meinten sie, doch jetzt würden es russische Frauen ganz offen zum Anmachen von Kunden benutzen, weil es draußen zu kalt und zu naß sei, und die Qualität sei so ziemlich dahin. Sie würden häufig mitten in der Nacht von der Hotelleitung geweckt, die sie zu überreden versuchte, zu zweit in einem Bett zu schlafen und Zimmer für spät ankommende Russen frei zu machen oder den Leuten, die unten in der Eingangshalle untergebracht wurden, die Hälfte ihrer Wolldecken abzutreten. Die größten Unannehmlichkeiten bereitete ihnen jedoch der Versuch, morgens aus dem Parkplatz hinauszufahren. Der ganze Platz sei schon um halb sieben Uhr von Händlern vollgestopft, die auf jedem verfügbaren Fleck ihre Stände aufgestellt hatten. Die Russen dazu zu bewegen, Platz zu machen, war eine riskante Sache, da sie meist sehr streitlustig auf ein solches Ansinnen reagierten und die türkische Polizei nicht eingriff. Wie ich waren die Geologen verblüfft über diese Zustände, denn sie konnten sich nicht vorstellen, daß die von den Russen angebotene Auswahl an schmuddeligen Waren auch nur den mühseligen Transport lohnte. Und doch war ein blühender Schwarzmarkt auf Dollarbasis in vollem Gang, was die Gier der Lastwagenfahrer nach Dollars verständlich machte.

Bevor ich mich ins Bett verkroch, wusch ich meine schweißdurchtränkten Kleider aus, spannte meine Nylonschnur zwischen zwei nützlichen Vorsprüngen und hängte die nasse Wäsche mit Sicherheitsnadeln daran. Als ich aufwachte, waren sie noch genauso naß. Nur kurze Zeit schien verstrichen. Es war noch dunkel, doch die russischen Händler unter meinem Fenster waren bereits an der Arbeit und stellten geräuschvoll ihre Stände auf. Die klammen Kleider bestärkten meinen Eindruck vom Vorabend, eine Grenze überschritten zu haben. Mit der komfortablen, leichten Welt der Schwarzmeerküste, den Teegärten, dem üppigen Regenwald und den Schatten von Byzanz war es vorbei. Dies hier war ein völlig anderes Land, rauher und körperlich anspruchsvoller. Ich zog die naßkalten Kleider an und machte mich auf die Suche nach einem guten Frühstück, um mich gegen alles zu wappnen, was mir der Tag bringen mochte.

10

Die Stadt der tausend Kirchen

Erst als ich vorsichtig die abschüssigen vierhundertfünfzig Höhenmeter auf der gefährlich aufgeworfenen und kiesbestreuten Straße von Artvin hinuntergerutscht war und in eine Flut von Sonnenschein eintauchte, wurde mir bewußt, wie sehr mir die grauen Wolken, die dumpfe Feuchtigkeit und die Scharen streitsüchtiger Russen aufs Gemüt geschlagen hatten. Auf der Weiterfahrt in südöstlicher Richtung, neben dem blauweißen aufgewühlten Wasserlauf des Çoruh Nehri, erschien der Tag wie neu und völlig ohne Bezug zu seinem Beginn auf dem überfüllten, lehmigen Platz vor dem Hotel. Der Fluß zog mitten durch ein enges, grünes Tal, das sich zwischen hohen Felswänden aus verschiedenen Gesteinsschichten schlängelte. In einem sehr frühen Endzeitalter war diese Gegend einst kataklystischen Kräften unterworfen gewesen, welche die abgelagerten Gesteinsschichten zu gigantischen Wellenformationen aufgeworfen hatten, und als jetzt die Sonne über die Canyonwände stieg, kam plötzlich Leben in all die offen zutage tretenden, reich variierten Farbbänder.

Auf halbem Weg durch diese großartige Felsschlucht wurde mir von einem jener angenehmen und für die türkischen Straßen typischen Rastplätze aus zugerufen. Sie sind mit fließendem Wasser versehen, und zuweilen verkaufen, wie es auch hier der Fall war, ein, zwei Männer aus der Umgebung Früchte oder bereiten für Vorbeifahrende Tee zu. Meist sind es jedoch die Reisenden selbst, die sich ihren Tee kochen, und es kam mir vor, als hätten diese Wasserstellen etwas von der Atmosphäre alter Karawanenrastplätze bewahrt. Fast alle, die hier anhielten, waren gastfreundlich und tauschten Neuigkeiten und Ansichten über den bevorstehenden Weg aus, als wären sie einige Zeit nicht mehr mit der Zivilisation in Berührung gekommen. An jenem Rastplatz wurde ich von vier französischsprechenden türkischen Philosophiestudenten aus Istanbul zum Tee eingeladen. Sie waren auf Urlaub und erzählten mir, daß ihre Freunde sie für sehr mutig hielten, so weit nach Osten zu reisen. Was sie von einer Frau halten würden, die allein auf dem Fahrrad dort herumfuhr, konnten sie sich beim besten Willen nicht vorstellen. Ob es nicht zu anstrengend sei? Ich verneinte, denn die Euphorie hatte mich die grausamen Steigungen, die Feuchtigkeit, den Vorfall mit dem Lastwagenfahrer und ähnliche Widrigkeiten vergessen lassen, und sagte, es sei herrlich, in der Türkei zu radeln, sie sollten es doch auch mal versuchen. Dies sei der einzige Weg, um ihr schönes Land wirklich schätzen zu lernen. Doch sie sahen nicht sehr überzeugt aus, und ich merkte schnell, daß sie der Ansicht waren, so etwas sei zu anstrengend für sie, und sich wohl kaum bekehren ließen, wie poetisch ich mich auch über das Thema auslassen mochte. Also machte ich mich wieder auf den Weg, bereichert mit drei Renekloden, die mir der junge Früchtehändler geschenkt hatte, nachdem er Roberts rund um den Rastplatz gefahren und ihn für »*Çok gezel*« erklärt hatte.

Mein nächstes Ziel war die drei oder vier Tagesreisen entfernte Stadt Kars, zu der zwei Wege führten. Ich wählte die vom Haupttal nach Nordosten abzweigende Nebenroute dem Berta Suyu entlang, der durch eine enge und sogar noch schönere Schlucht floß als jene, der ich bisher gefolgt war. Das Gefühl der Freude, das ich seit Artvin verspürt hatte, steigerte sich so sehr, daß ich zu singen begann – bei solchen Gelegenheiten bin ich immer recht dankbar, daß kein Reisegefährte da ist, der sich von meinen falschen Tönen gestört fühlen könnte. Dieses vollkommene Glücksgefühl war allein der wunderschönen Umgebung zuzuschreiben: kahle Berge, Sonne, der Klang des fließenden Wassers, das Fehlen von Autos und vielleicht auch die dünnere Luft in dieser Höhe, die mir weit mehr zusagte als die feuchte Küste. Schon bald begann die Straße anzusteigen, und ich mußte mir meinen Atem wieder fürs Radfahren sparen.

Den ganzen Morgen kletterte ich beständig höher. Ich fühlte

mich fit und stark, und trotz der zunehmenden Hitze genoß ich die Fahrt ungeheuer. Zu beiden Seiten ragten bis zu dreitausend Meter hohe Gipfel auf, von denen eisblaues Wasser in tiefen, mit Felsblöcken gefüllten Rinnen herunterfloß, um sich mit den braunen, schlammigen Fluten des Berta Suyu zu vereinen. Der Fluß hatte sich ein tiefes, enges Bett gegraben, und die Straße verlief meist ziemlich weit oben, sonst wäre ich versucht gewesen, einen Halt einzulegen und mich im fließenden Wasser abzukühlen. Von der Straße zweigten Pfade zu den Dörfern hoch oben in den Bergen ab, auf denen sich Prozessionen beladener Esel, auf denen zuoberst kleine Kinder saßen, herunterschlängelten. Männer und Frauen in langen, leuchtenden Kleidern marschierten mit dem freien, schwingenden Gang der Bergbewohner.

Kleine Bauernhöfe auf der gegenüberliegenden Seite der Kluft waren durch primitive selbstgebaute Seilbrücken mit der Straße verbunden. Die von Bäumen dicht umgebenen Besitztümer bildeten üppige grüne Oasen auf den trockenen, ockerfarbenen Berghängen. In diesem Teil der Türkei herrschte bestimmt kein Wassermangel, und wo Bauern bereit waren, das Land zu bewässern, schien eine gute Ernte garantiert. Weintrauben wuchsen in Hülle und Fülle, und wann immer ich anhielt, schickte man ein Kind über eine der schwankenden Seilbrücken, um mir ein Büschel anzubieten. Dies brachte mich mit der Zeit in Verlegenheit, denn man drängte mir viel mehr Trauben auf, als ich essen konnte, und nie ließ sich irgend jemand dazu bewegen, auch nur die kleinste Summe als Entgelt anzunehmen. Da ich nicht gern Dinge vergeude, mußte ich mit meinem Gewissen einen Kompromiß eingehen, die Gaben in dem Geist entgegennehmen, in dem sie überreicht wurden, und den Überschuß später loswerden.

Unglücklicherweise warf ich die Weintraube, in der sich eine Wespe schlafengelegt hatte, nicht über Bord. Sie war mir frisch gewaschen übergeben worden, wozu sich die Türken einer speziellen Methode bedienen: Sie stecken die Früchte in einen Plastikbeutel und halten ihn mehrere Minuten unter fließendes Wasser, denn an dieser Prozedur findet keine Wespe Gefallen. Mehrere Stunden später, als das arme Geschöpf in der heißen

Satteltasche vermutlich kurz vor dem Ersticken war, griff ich ahnungslos in den Beutel. Unvermittelt durchbohrte ein stechender, wilder Schmerz die Kuppe meines Mittelfingers. Es tat so schrecklich weh, daß ich mehrere Minuten herumhüpfte und mir das Handgelenk zusammenpreßte. Als ich mich wieder soweit in der Gewalt hatte, um nachzusehen, war der Finger bereits geschwollen. Ich merkte sofort, was passiert war, und sann auf Rache. Doch als ich den Beutel öffnete und die geschwärzte, halb ertrunkene kleine Wespe herauskroch, sah sie so mitleiderregend aus, daß ich sie auf einen Strauch schüttelte, damit sie an der Sonne trocknen konnte. Der Finger blieb mehrere Tage geschwollen und steif. Immer wieder glaubte ich, hinter dem Vorfall müsse eine verborgene Moral stecken, kam aber nie richtig dahinter.

Mittags wurde es sehr heiß. Ich fuhr hoch oben an einem exponierten Berghang, der Fluß lag weit unten. Es gab nur noch wenige Höfe, und seit langem war ich keinem Auto mehr begegnet. Ich kroch in den Halbschatten eines Dornstrauchs, um mir Tee zu brauen, und da ich etwas Schlaf nötig hatte, zog ich mir lange Hosen und Socken an, um die gefräßigen Ameisen möglichst auf Distanz zu halten und meine Haut vor der austrocknenden Sonne zu schützen. Es war das letzte Mal, daß ich mich in der Türkei sicher genug fühlte, um im Freien zu schlafen.

Ein paar Kilometer vor Savsat, wo ich übernachten wollte, stieß ich völlig unerwartet auf eine nicht auf meiner Karte verzeichnete imposante mittelalterliche Zitadelle. Vermutlich war sie von den Armeniern errichtet worden, denn ich befand mich jetzt in den alten Grenzen dieses unglückseligen Landes, doch genausogut hätten die Byzantiner oder sogar die Georgier die Baumeister sein können, denn im zwölften Jahrhundert, während der Regierungszeit ihrer eindrucksvollen Königin Tamara, herrschten auch die Georgier, deren Architektur stark von armenischen Einflüssen geprägt war, eine kurze Zeitspanne in dieser Gegend. So oder so mußte die Zitadelle in diesem heißumstrittenen Korridor unzählige Male mit wechselvollem Glück die Hand gewechselt haben, wer immer auch ursprünglich dafür gezeichnet hatte. Bis vor kurzem hatte man sie in gutem Zustand erhalten und einen riesigen roten Stern mit Mondsichel auf die Mauern gemalt, damit ungeachtet ihres Ursprungs niemand auf den Gedanken kam, sie könnte etwas anderes als türkisch sein.

Hinter dieser Festung nahm der Steigungswinkel dramatisch zu. Ich schaffte die letzte Strecke nach Savsat hinauf nur deshalb, weil die Stadt hinter einem Gebirgsvorsprung versteckt lag und ich wie ein Pferd mit Scheuklappen nicht überblicken konnte, wogegen ich hier anzukämpfen hatte. Als ich, vor Anstrengung ausgiebig schwitzend und mit durchweichten Kleidern und Haaren, beinahe oben war, überholte mich ein Wagen und hielt an. Der Fahrer, der ausstieg, entpuppte sich als einer der Geologen, die ich in Artvin getroffen hatte. Das Wiedersehen mit Mark war mir nicht nur sehr angenehm, sondern erwies sich auch als glücklicher Zufall, den Savsat war nicht viel mehr als ein Bergdorf und bot nur wenige Unterkunftsmöglichkeiten. Weil das einzige Hotel belegt war, zog Mark freundlicherweise zu seinem türkischen Assistenten um und überließ mir sein Zimmer. Ich vergalt ihm seine Großzügigkeit damit, daß ich am nächsten Morgen mit dem Schlüssel zu seinem abgesperrten Zimmer in der Tasche über die Berge weiterradelte.

Wie ich beim Abendessen erfuhr, war die Gegend, durch die ich jetzt reiste, reich an allerlei nützlichen Mineralien. Die türkische Regierung verpachtete gegenwärtig kleine Parzellen an verschiedene ausländische Unternehmungen, doch wegen der Zwangsvorstellung, daß niemand außer dem eigenen Militär im Besitz von detailgenauen Landkarten des türkischen Territoriums sein dürfe, komplizierte sich die Ausbeutung dieser Schürfrechte enorm. Für die Geologen waren sie natürlich unabdingbar, doch theoretisch machten sie sich damit alle einer schweren Verfehlung schuldig, die mit einer Gefängnisstrafe geahndet werden konnte. Das Studium von Marks Karte brachte einige interessante Fakten über meine Route ans Licht. Am wichtigsten war sicher, daß die asphaltierte Straße in Savsat endete und die nächsten fünfzig Kilometer (einschließlich eines 1800 m hohen, steilen Passes) über eine Naturstraße führten.

Mehrere Flaschen guten, kalten Biers halfen mit, die Mahlzeit aufzuheitern. Es standen keine Gerichte zur Auswahl, und wir mußten uns mit dicken Stücken zähem, unbestimmbarem Fleisch, kaltem Reis und dem obligaten Salat aus Tomaten und Gurken begnügen, den ich seit der Abreise von Istanbul bisher jeden Tag gegessen hatte, manchmal sogar zweimal täglich. Es kam mir spanisch vor, daß die Bewohner des Landes, das eine solche Vielfalt an Früchten und Gemüsen hervorbrachte, nicht auch ein bißchen mehr Vielfalt in ihre Salate bringen konnten.

Wir hatten unsere Mahlzeit auf einer Terrasse mit Blick auf den üblichen Haufen von Müll eingenommen, doch als wir über unserem Bier saßen, beide froh, uns zur Abwechslung wieder einmal fließend in unserer Muttersprache unterhalten zu können, senkte sich die Nacht mit einem Sternenteppich herab, von keinem menschlichen Licht gedämpft und entweiht, und plötzlich schien dies ein herrlicher Ort zum Bleiben. Mark erzählte mir, wie bei seiner Ankunft in Savsat sein Hotelzimmer ausgeräuchert und sein Bettzeug verbrannt werden mußte, um die Wanzen loszuwerden. Keine türkische Frau wollte ihm seine Kleider waschen, denn Herrenhemden und -hosen galten als allzu intim. Die Lebensbedingungen waren hier derart primitiv, daß Artvin im Vergleich als veritabler Luxusort erschien. Dennoch war er damit zufrieden, die drei Monate, die er zur Fertigstellung seines Berichts benötigte, hier zu verbringen, denn trotz der zahlreichen Ärgernisse hatten dieser Ort und die Gegend etwas an sich, was ihn fesselte. Nach meinem Versuch, mich an den Gemeinschaftswaschbecken vor den widerlichen Toiletten auf dem Treppenabsatz zu waschen, und einer Nacht in seinem heißen, stickigen kleinen Zimmer, das auf die laute Dorfstraße hinausging, wußte ich zumindest, daß diese Anziehungskraft, worauf immer sie auch beruhen mochte, nichts mit dem leiblichen Wohlbefinden zu tun hatte.

Von den Berghängen schälte sich der Nebel, und aus den Kaminen der Berghütten stieg Rauch auf, als ich am folgenden Morgen auf der Naturstraße nach Ardahan weiterfuhr. Vor mir lag ein Anstieg, so hoch wie die höchste Erhebung in Britannien. Hinaufzupedalen stand außer Frage. Für ein Fahrrad mit Gepäck war der Belag zu weich und zu steinig und die Steigung zu steil. Ich erinnerte mich nur zu gut, wie ich mich in den Pontischen Alpen abgequält hatte, und war sorgfältig darauf bedacht, mit meiner Energie hauszuhalten, langsam zu gehen und häufig Pausen einzulegen. Die Landschaft hatte einen so typisch alpinen Charakter, daß ich mich in der Schweiz vor hundert Jahren hätte wähnen können. Üppig bewachsene Bergwiesen wechselten mit dichten Tannenbeständen. Die Berghütten im Chaletstil, deren oberes, aus Holz gebautes Stockwerk über das aus Stein gemauerte untere hervorragte, und die säuberlich aufgeschichteten Scheiterhaufen daneben trugen zusätzlich zu der Illusion bei. Die Blumen, die hier wuchsen, waren jedoch völlig anders. Statt mit Enzianen war der Wegrand mit Nelken, weißen Stockrosen und Böschungen aus Immortelen gesäumt, die sich bis ganz oben zum Gipfeldunst hinzogen. Gelegentlich sah ich einen alten, in enganliegende Hosen gekleideten Mann mit Mantel und Mütze aus Schaffell. Die anderen Menschen waren wohl im Haus oder im Wald oder hüteten ihre Herden.

Als ich nach mehreren Stunden etwa zur Hälfte oben war, hielt eine sehr große Limousine an. Zu diesem Zeitpunkt ließ ich mich nicht zweimal bitten, Roberts hinten in den Fond zu legen, doch fast sofort wünschte ich mir, ich hätte es bleiben lassen, denn der kleingewachsene, rundliche Fahrer, der kaum über das Lenkrad hinaussehen konnte und weiter kein einziges Wort mit mir gewechselt hatte, erschien mir angesichts des Straßenzustands alles andere als vertrauenerweckend. Wenn er sich nicht gerade in der Nase bohrte, klatschte er sich mit beiden Händen rhythmisch auf die Oberschenkel und legte nonchalant im letzten Moment eine ans Steuer zurück, um den Wagen durch die nächste Serie zusammenhängender Haarnadelkurven zu schwingen. Daß wir die letzten Kilometer bergauf in dichtem Nebel steckten, machte alles noch schlimmer, tat aber der Geschwindigkeit und seiner Unbeschwertheit nicht den geringsten Abbruch – er setzte wohl voraus, daß uns nichts entgegenkommen würde. Er brachte mich bis über die zweite Paßhöhe, bevor er anhielt, Roberts heraushob, sogleich den Wagen wendete und wieder in der Richtung verschwand, woher wir gekommen waren. Er mußte einen riesigen Umweg gemacht haben, um mich so weit mitzunehmen, was immer auch sein ursprüngliches Fahrziel gewesen sein mochte – ein weiteres Paradebeispiel für die türkische Sitte selbstloser Freundlichkeit gegenüber Fremden.

Der Paß markierte den Zugang zu einem völlig anderen Land. Ein Hochplateau mit niedrigen, sanften, grasigen Hügeln, auf dem große Schaf- und Viehherden weideten, erstreckte sich unter einem riesigen Himmel voller Wind und Wolken weit in die Ferne. Es war nicht annähernd so schön wie die Gegend, die ich soeben hinter mir gelassen hatte, vermittelte jedoch ein wundervolles Gefühl von Weite. Nahe an der Paßhöhe lagen ein paar steinzeitlich anmutende Steinhäuser, die Wohnstätten von Kurden. Zum Schutz vor dem Schnee und den winterlichen Winden teilweise im Berghang vergraben, sahen sie noch genauso aus wie jene, die Xenophon im Jahr 400 v. Chr. beschrieben hatte. Sie schienen bewohnt zu sein, obwohl sich keine Menschenseele blikken ließ.

Hier oben merkte ich endlich, daß ich den Schlüssel zu Marks Zimmer in meiner Tasche hatte. Sobald ich die Talsenke erreicht hatte und die Straße wieder einen richtigen Belag aufwies, begann ich jedes mir entgegenkommende Gefährt anzuhalten, denn ich mußte unbedingt jemanden finden, der nach Savsat zurückkehrte. Es war nicht leicht, mich in einer Sprache verständlich zu machen, von der ich nur wenige Worte beherrschte, denn mit einem Schlüssel vor den Nasen der Leute herumzuwedeln kann sehr leicht mißdeutet werden. Niemand fuhr über den Paß zurück. Ich mußte warten, bis ich Ardahan erreichte und den kleinen Schuppen mit dem Operationszentrum für den täglichen *Dolmus*-Kurs nach Savsat gefunden hatte. Der Fahrer des zerbeulten Wracks, das diese gefährliche Reise unternahm, versprach mir, den Schlüssel zurückzubringen. Mehrere Monate später erhielt ich eine Postkarte, die mich davon unterrichtete, daß der Auftrag ordnungsgemäß ausgeführt worden sei.

Ardahan setzte sich aus drei deutlich verschiedenen Teilen zusammen. Die »moderne«, auf einem flachen Hügel erbaute Straße wies keinen besonderen Baustil auf und war völlig uninteressant. Sie bestand aus ein paar Hektaren rostender Blechdächer längs zweier Straßen, welche sich kreuzten und kurz darauf in den weiten Ebenen verloren. Die mittelalterliche Stadt mit Ringmauer und Festung, die den Flußübergang des Kura Çayi bewachte, war der einzige Teil von Ardahan, zu dem man Sorge getragen hatte, diente jedoch der türkischen Armee als Unterkunft und war für Besucher gesperrt. Auf den flachen, von den vielen Armen des Kura Çayi bewässerten Wiesen am anderen Ufer des Flusses lag eine weitere separate Stadt mit kreuz und quer verstreuten schwarzen, steinernen Schuppen und Zelten, zwischen denen Tausende von schmutzigen Gänsen herumwatschelten, zusammen mit Pferden, Schafen, Ziegen und Hunden – eine kurdische Halbnomadensiedlung in riesigem Maßstab, die sehr schmutzig wirkte, weil der Erdboden überall zu einem dikken, schwarzen, klebrigen Schlamm aufgewühlt war.

Ich blieb über Nacht in Ardahan, denn es war bereits Nachmittag, und bis Kars waren es noch weitere hundert Kilometer. Das Gebäude, das sich stolz »Touristenhotel« nannte, sah ganz so aus, als hätte ich für den Gegenwert von etwa anderthalb Pfund die Wahl zwischen fünfzig Zimmern, obwohl sich dies nicht unbedingt als ein gutes Geschäft bezeichnen ließ. Das große, dreistökkige Gebäude schlidderte rasant ins Endstadium der Auflösung. Die meisten Fenster waren kaputt, und selbst in den besseren Zimmern wie in meinem waren die Fensterrahmen so weit geschrumpft, daß sie wohl nicht mehr lange im Mauerwerk hängen würden. Die wenigen männlichen Gäste hatten samt und sonders Räume nach innen belegt, deren Fenster auf den Korridor gingen. Der bloße Gedanke, in einem dieser Wandschränke schlafen zu müssen, weckte meine beginnende Klaustrophobie – ich hätte jederzeit einen heulenden Sturm im Freien vorgezogen. Das Allerschlimmste an diesem Hotel war jedoch die Waschgelegenheit, ein winziges, zersprungenes Waschbecken vor der Toilette Marke »Loch im Boden« am Ende eines langen Korridors. Die männlichen Hotelgäste waren offensichtlich nicht an Frauen gewöhnt und zeigten überhaupt keine Hemmungen, sich an diesem Bekken von oben bis unten zu waschen, wie es ihnen ihre Religion vorschreibt. Das Abendessen in Savsat hatte bei mir einen schweren Anfall von türkischem Durchfall hervorgerufen, doch ich mußte jeden Hundertmeterspurt von meinem Zimmer zum Klo an der letzten Ecke des Korridors abbremsen, um mich zu vergewissern, daß nicht irgendeiner der Männer ein delikates Stadium in seinen Waschungen erreicht hatte.

An jenem Abend donnerte es im Himmel über der weiten, furchteinflößenden Ebene mit elementarer Wucht, während sich riesige Wolken auftürmten und schließlich in stürmischen Regengüssen und elektrischen Entladungen entleerten. Durch Risse in einem gezackten grauen Vorhang ging unheilvoll rot die Sonne unter. Mit dem barmherzig weit entfernten Ruf des Muezzins erscholl ein gedämpfter Chor bellender Hunde von den Zelten auf der Ebene hinter der Stadt. Wasser ergoß sich in Strömen vom Blechdach des Hotels und von allen anderen Dächern, ohne von Abflußgräben oder -rohren gefaßt zu werden. In Minutenschnelle stand die Stadt unter Wasser. Ich konnte meine Kochutensilien ausspülen, indem ich sie aus dem Fenster unter die wie ein Vorhang fallende Kaskade hielt. Das Gefühl, mich hinter soliden, verläßlichen Wänden zu befinden, wich immer mehr. Die Natur schien absolut erhaben.

Zwischen Ausfällen aufs Klo, beim Warten, bis die Tabletten ihre Wirkung taten, las ich Walt Whitmans Gedicht »Passage to India«, das ich in den Buchumschlag meines T. S. Eliot gesteckt und völlig vergessen hatte. Es war in dem Moment wieder ans Licht gekommen, als ich es brauchte, erfüllt von jener zeitlosen Bildersprache, die der Stimmung dieser weiten, archaischen Ebenen angemessen war:

> Auf diesen Meeren oder auf den Bergen
> oder wachend in der Nacht
> tragen mich wahrlich
> Gedanken, stille Gedanken an Zeit und Raum und Tod
> wie fließend Wasser
> durch unendliche Räume ...

Als ich am nächsten Morgen auf der Straße nach Kars der häßlichen kleinen Stadt den Rücken kehrte, hatte sich der Himmel aufgeklärt. Die Größenordnung dieses Landes und der erbarmungslose winderfüllte Himmel überwältigten mich noch immer. Es war eine unversöhnliche Landschaft, deren Entfernungen die Phantasie erschreckten und wo kein Platz zu sein schien, um sich zu verstecken. Langsam kletterte ich wieder bis zur Zweitausendmetermarke hoch, vorbei an dünngesäten Trauben halb vergrabener kurdischer Häuser inmitten von Torfhaufen, Gänsen, dunklen, flaumigen Schafen, Herden kleiner Pferde und den zahlreichen Heustöcken, um all diese Tiere durchzufüttern. In der Nähe solcher Siedlungen sah ich meist kleine, zerlumpte Jungen ihre verstreuten Verkehrsfallen wieder instand setzen, zwei parallele Reihen ziemlich großer, ein paar Fingerbreit auseinanderliegender Steine, zwischen denen nichts außer einem Fahrrad durchkommen konnte, wenn nicht jemand ausstieg und einige entfernte. Ich geriet zwar in keinen wirklichen Hinterhalt, doch einmal stand ein kleiner Junge angriffsbereit mit einem Stein in jeder Hand da und wartete, bis ich näher kam. Ich fuhr einfach weiter und redete ihm dabei streng ins Gewissen. Nichts geschah. Bald danach verschaffte mir ein großer, zottiger, wild knurrender Hund, der unzweifelhaft auf einen Mundvoll Radfahrer aus war, die erste Gelegenheit, meinen Dog Dazer auszuprobieren. Zum Glück mußte ich nicht lange herumfummeln, bis ich ihn zur Hand hatte. Ein kurzer Druck auf den Knopf, während ich das Gerät auf den Hund richtete, reichte vollauf. Er hielt an, sah sich um, als versuche er herauszufinden, was geschehen war, und schlich sich darauf mit eingeklemmtem Schwanz davon. Nachdem ich jahrelang von Hunden drangsaliert worden war, die an Fahrrädern Anstoß nahmen, war dies ein ungeheuer befriedigender Anblick.

Trotz des Anstiegs und des Windes hatte ich bis zur Mittagszeit achtzig Kilometer zurückgelegt und segelte mit einem solchen Hunger ins Dorf Susuz hinunter, daß ich alles verspeist hätte, was mir angeboten wurde. Männer und Jungen in bauchigen Hosen, kragenlosen Hemden und Westen versammelten sich um mich und unterzogen Rad und Radfahrerin einer eingehenden, wortlosen Prüfung, als wären wir Besucher von einem fremden Planeten. Das übliche »*Merhaba*« (»Hallo!«) wurde überhört, also versuchte ich es mit »*Salaam Aleikum*«, dem islamischen »Ich grüße dich im Namen Gottes«, was ein paar widerwillige Reaktionen hervorrief. Ein Junge wurde vom Restaurant hergeschickt, um Roberts auf den Randstein zu heben und bei ihm Wache zu stehen, während man mich ins Haus und in die Küche führte und die Deckel von verschiedenen Pfannen hob, damit ich mir aussuchen konnte, was ich essen wollte. Ich wählte gedämpfte Eierfrüchte mit Fleisch und Tomaten, serviert mit Reis. Es war gewiß nicht das Ideale für meinen Magen, sah aber appetitlicher aus als das undefinierbare Schmorfleisch. Ich gebe mir auf meinen Reisen mit dem Wasser, das ich trinke, immer besonders Mühe, kann aber ungestraft fast alles essen. In der Osttürkei hingegen blieb mein Magen in einem permanenten Zustand der Revolte, was ich mir nur damit erklären kann, daß die meisten Gerichte einige Zeit herumgestanden hatten und immer wieder aufgewärmt wurden.

Eine Stunde später erreichte ich Kars, ein trostloses, nichtssagendes Kaff mit einer reichen Geschichte, liegt es doch an der traditionellen Invasionsroute zwischen dem Transkaukasus und Anatolien. Auf einer steilen Klippe über der Stadt steht die arg in Mitleidenschaft gezogene, vom armenischen König Abas I. ums Jahr 927 n. Chr. erbaute und heute noch von der türkischen Armee verwendete Zitadelle. In den tausend Jahren, die sie hier ausgeharrt hat, wurde sie von Seldschuken, Byzantinern, Mongolen, Georgiern, Türken und Russen belagert. Im Krimkrieg widerstand eine britische Garnison unter General Sir Fenwick Williams in ihren Mauern fünf Monate lang heldenhaft einer Belagerung, bis sie schließlich von der russischen Armee vertrieben wurde. In der Folge hielt Rußland Kars von 1877 an in Besitz, bevor die Türken es im Jahr 1920 zurückeroberten. Als sich die Russen zurückzogen, folgte ihnen auch die verbliebene armenische Bevölkerung und verließ für immer das Land, das sie weit über zweitausend Jahre besiedelt hatte.

Die einzige andere Gedenkstätte an die armenische Vergangenheit von Kars ist die charakteristische Kirche der heiligen Apostel, auch sie von Abas I. erbaut. Zwar ist sie heute zerfallen, und aus ihrem fein gearbeiteten Dach sprießt Gras, doch sie sieht noch immer auf bizarre Weise großartig und schön aus, wie sie sich an einer schmutzigen, ungepflegten Straße über die niedrigen türkischen Hütten und Gemüsegärten erhebt. Die meisten Einheimischen sind sich nicht bewußt, daß dies eine armenische Kirche ist, denn die Osmanen funktionierten sie zu einer Moschee um, und noch heute nennt man sie die »Trommelmoschee«, weil die Zentralkuppel erhöht auf einem hohen Zylinder steht. Armenische Dome wurden fast alle mit dieser großen, zylinderförmigen, innen traditionell gerundeten Laterne versehen, ganz ähnlich wie die spätbyzantinischen Kirchen; diese beiden Stilrichtungen haben ausgiebig voneinander profitiert, ebenso wie von der seldschukischen Architektur. Außen jedoch ist der armenische Dom konisch, vermutlich um dem dichten Schneetreiben im Gebirge weniger Halt zu bieten, und diese Eigenheit macht armenische Kirchen einzigartig und unverkennbar.

Ich hatte Kars vor allem als Ausgangsbasis für einen Besuch der nahe gelegenen »Geisterstadt« Ani in meine Reiseroute eingeschlossen, denn hierin wurde in der zweiten Hälfte des zehnten Jahrhunderts die königliche armenische Hauptstadt verlegt. Ani, vermutlich die großartigste aller mittelalterlichen Städte Armeniens, war so reich und verschwenderisch ausgestattet, daß sie zu ihrer Zeit »Stadt der tausend Kirchen« genannt wurde. Außergewöhnlich war auch, daß sie nicht das Schicksal der meisten anderen größeren Städte Anatoliens teilte. Weder wurde sie sukzessive von Eroberervölkern eingenommen und überbaut, noch mußten ihre Gebäude als Steinbruch herhalten, wenigstens bis vor kurzem nicht. Statt dessen wurde Ani im Jahr 1319 von einem katastrophalen Erdbeben heimgesucht und von seinen Bewohnern verlassen. Die Stadt fiel völlig in Vergessenheit, bis Reisende im neunzehnten Jahrhundert über ihre massiven Mauern und Türme und ihre seltsam intakten Kirchen stolperten. Wilbraham, ein englischer Reisender, der 1837 diese Gegend durchstreifte, drückt etwas von dem Staunen aus, das man noch heute bei der Begegnung mit dieser Stadt verspürt:

> Die formlosen Erdhügel von Babylon sind wie ein Skelett, doch die verlassene Stadt Ani gleicht einem Leichnam, dessen Atem entfleucht ist, der sich jedoch den Anschein von Leben bewahrt hat.

Was ich zu Gesicht bekam, war längst nicht so eindrücklich wie Wilbrahams Bericht, denn seit 1920 scheint eine konzertierte Aktion von seiten der Türkei darauf abzuzielen, das Andenken Armeniens von diesem Teil der Welt auszuradieren. Kirchen und Klöster, die fünf oder sechs Jahrhunderte lang in ihrer Substanz unverändert geblieben waren, sind in weniger als einem Jahrzehnt zu bloßen Steinhaufen geworden, und man argwöhnt ganz allgemein, daß sie absichtlich für Schießübungen der türkischen Armee herhalten mußten.

Trotzdem ist Ani ein denkwürdiger Ort, selbst dann, wenn nichts übrigbliebe als seine prachtvolle Lage auf einem weitläufigen, dreieckigen Grasplateau, an zwei Seiten von Flüssen geschützt, die durch tiefe Schluchten fließen. Jenseits der östlichen Felsschlucht liegt das kleine, unabhängige Land Armenien – alles, was von seinem einst so großen Territorium übriggeblieben ist. Bis vor kurzem war ein Besuch dieser hart am Rand der ehemaligen Sowjetunion gelegenen Fundstätte durch Restriktionen erschwert gewesen, und alle Fotokameras hatten mehrere Meilen vor Ani abgegeben werden müssen. Zur Erinnerung an jene von Feindseligkeit und Argwohn geprägten Jahrzehnte ließ sich in einem hohen Wachtturm auf der anderen Seite von Anis schützender Schlucht das weiße Gesicht einer bewaffneten russischen Wache sehen. Von der Brücke, die einst die Kluft überspannt hatte, standen nur noch die feinen Strebepfeiler auf beiden Seiten, unter denen ein Gewirr zerbrochener Steinquader lag.

Die massive, mit hohen Türmen ausgestattete Doppelmauer, welche die exponierte Flanke von Ani sichert, ist noch fast vollständig erhalten und vermittelt einen Eindruck ungeheurer Stärke und Macht. Im Kontrast dazu steht auf der Innenmauer des Tors, durch welches Besucher die Stätte betreten, ein schön gearbeiteter Steinlöwe, so frisch, als hätte ihn der Künstler soeben fertiggestellt. Eine Moschee und rund ein halbes Dutzend Ruinen von Kirchen ist alles, was im Innern der Mauern zwischen den vielen Steinhaufen geblieben ist, ein paar verfaulte Zahnstummel in einem sonst leeren Mund. Und trotzdem ist etwas an dem von den armenischen Baumeistern ausgewählten rötlichbraunen Gestein, das die Mauerruinen und gähnenden Dächer aussehen läßt, als seien sie erst kürzlich eingestürzt und nicht schon seit langem verfallen. Der weiche, abgenützte Eindruck, den man bei über tausendjährigen Gebäuden erwartet, fehlte hier gänzlich. Selbst die Bruchstücke sind scharfkantig und schön – die Linie eines Daches, das Detail einer Nische, die noch immer erkennbaren Fragmente farbiger Fresken in der Gregor dem Illuminator geweihten Kirche, die dramatisch am Rand einer hohen Felswand thront. Eine andere Kirche, die Erlöserkirche, wurde erbaut, um einen Splitter des heiligen Kreuzes zu beherbergen, nach dem der Monarch Johannes Smbat III. seinen Sohn auf eine Pilgerreise ausgeschickt hatte. Man hatte damals bestimmt, daß die nächtlichen Andachten in der Kirche bis zur Wiederkunft Christi fortdauern sollten.

Ani muß einst zweifellos eine prachtvolle und großartige Stadt gewesen sein, und genau deshalb stimmte es mich nach einer Weile sehr traurig, wenn ich bedachte, was die Zerstörung und die lange, schändliche Vernachlässigung bewirkt hatten. Zudem regnete es, was zusätzlich dafür sorgte, daß eine Stimmung wie an einem Begräbnis herrschte, so daß es nur natürlich schien, wenn mir Verszeilen aus den Klageliedern Jeremias durch den Kopf gingen:

> Ach, wie sitzt so einsam die Stadt, einst reich an Volk! Wie ist sie zur Witwe geworden, die groß war unter den Völkern! ... Des Glücks vergaß ich und dachte: Dahin ist mein Glanz, dahin meine Hoffnung auf den Herrn.

Wie ich so dasaß und auf den *Dolmus* wartete, der mich nach Kars zurückbringen sollte, ging mir durch den Kopf, daß es gar nicht so abwegig war, im Zusammenhang mit den Wehklagen über das alte Israel an Armenien zu denken, denn beide Völker teilten eine sehr ähnliche Geschichte. Obwohl Armenien eine mächtige Nation gewesen war, deren Einfluß sich einmal vom Kaukasus bis zum Mittelmeer erstreckt hatte, mußte es wie das alte Israel ständig einen schwierigen Kurs zwischen größeren Weltmächten wie Assyrien, Persien, Rom und Byzanz steuern.

Armenien nahm im Jahr 301 als erste Nation das Christentum an, und da man dort zur selben Zeit ein Alphabet ausgeklügelt hatte, befleißigte man sich der biblischen Gelehrsamkeit so sehr, daß die armenischen Kopien schließlich als Primärquellen benutzt wurden, nachdem die griechischen und aramäischen Textoriginale verlorengegangen waren. Auch in Kunst, Musik und Architektur zeichneten sich die Armenier aus – es war ein Armenier namens Trdat gewesen, der die Kuppel der Hagia Sophia in Konstantinopel nach dem verheerenden Erdbeben im Jahr 989 wiederaufgebaut hatte.

Die Armenier mußten zäh und erfinderisch sein, um in einer Region zu überleben, die so häufig zum Schlachtfeld sich widerstreitender Kräfte in Ost und West wurde, und sie stellten ihre Anpassungsfähigkeit durch all die Jahrhunderte der verschiedensten Druckversuche und Verfolgungen immer wieder unter Beweis. In den letzten Tagen des verfallenden und korrupten Osmanischen Reichs wurden sie jedoch Opfer einer Politik des Völkermordes, die dem, was die Nazis nur gut ein Jahrzehnt später den Juden antun sollten, nur wenig nachstand. Anteilmäßig gerechnet, wirkte sie sich sogar noch verheerender aus, denn in den türkischen Pogromen wurde einer von drei Armeniern niedergemetzelt. Diese geplante Aktion fand weitgehend während des Ersten Weltkriegs statt, als die westlichen Alliierten auseinandergerissen waren und sich das breite Interesse kaum für das Schicksal eines unterjochten Volkes erwärmen ließ.

Seit den Schrecknissen der armenischen Massaker und den ebenso fürchterlichen Zwangsdeportationen, bei denen mehr als eine Million armenischer Frauen und Kinder auf den Todesmärschen und in den öden, sengenden Ebenen von Mesopotamien umkamen, hat sich das ganze wankende Gebäude des Osmanischen Reichs in Nichts aufgelöst. Die Türkei ist heute ein anderes Land unter einer völlig anderen Verfassung, doch trotzdem sind die Massaker von den Türken nie zugegeben worden. Die Beweislast Hunderter von Augenzeugen, von ausländischen Konsuln (in erster Linie vom amerikanischen Botschafter Morganthau) bis zu zahlreichen in der Osttürkei arbeitenden Missionaren, ist erdrükkend. In allen westlichen Zeitungen jener Tage wurde ausgiebig berichtet, und es gibt zahlreiche Bücher zu diesem Thema. Auch das fotografische Beweismaterial in den armenischen Archiven ist unmöglich zu widerlegen, und noch heute graben Archäologen häufig Massengräber mit armenischen Opfern aus, alle mit Schußlöchern im Hinterkopf. Dennoch läuft die offizielle türkische Politik darauf hinaus, alles abzustreiten. Es wird sogar behauptet, die Armenier seien in Wirklichkeit die Bösewichte gewesen. Eine Regierungsabteilung in Ankara verschickt an ausländische Schriftsteller eine Broschüre mit dem Titel *»Der armenische Streitfall in neun Fragen und Antworten«*, die ihnen die Augen öffnen soll. Dieses unheilvolle kleine Schriftstück ist gut aufgemacht und argumentiert überzeugend. Um seine Behauptungen zu unterstützen, verweist es sogar auf eine respektable Bibliographie internationaler Publikationen und könnte sehr überzeugend wirken, wenn der Leser nicht bereit ist, eigene, unabhängige Nachforschungen anzustellen.

Ich hatte auch das Museum in Kars besucht und mir dort die mit »Der Völkermord« betitelte Abteilung angesehen, die sich der Erklärung jener Vorkommnisse widmete und ebenfalls die Armenier als Sündenböcke hinstellte. Diese Propaganda erschien jedoch derart lächerlich und das »Beweismaterial« so durchsichtig, daß nur die Leichtgläubigsten darauf hereinfallen konnten. Erst als ich erfuhr, daß türkische Schulkinder im Rahmen des Lehrplans solchen Geschichtsverdrehungen ausgesetzt werden, erschien mir auch diese Ausstellung höchst unheilvoll.

Dieses Thema stimmte mich aus mehreren Gründen traurig, nicht zuletzt deshalb, weil ich die Türken mochte und der Meinung war, daß die Bemühungen ihrer Regierung, ihnen auf diese Weise etwas vorzumachen, sie letztlich nur herabwürdigten. Welches Land hat schließlich schon eine völlig makellose Geschichte vorzuweisen? Und wie kann ein Verständnisprozeß beginnen und eine Lektion gelernt werden, wenn man den Geschehnissen der Vergangenheit nicht ins Auge sieht, so schmerzvoll dies auch sein mag?

11

Zum Ararat

Der Regen, der in letzter Zeit ein charakteristischer Bestandteil meines Lebens geworden war, fiel reichlich auf Kars. Und obwohl sich der Himmel gerade rechtzeitig für meine Weiterreise aufklärte, war die Kanalisation entweder inexistent oder völlig defekt. Die Straßen standen mehrere Fingerbreit in flüssigem Schlamm, und Haufen von verrottenden und durchweichten Abfällen versanken im Morast, was das Radfahren zu einer gefährlichen und schmutzigen Sache machte. Das sei hier immer so, vertraute mir ein französischer Reiseleiter an. »Kars ist ein fürcherlicher Ort«, meinte er, »niemand würde hierherkommen, wenn Ani nicht wäre.« Ich konnte dieser Ansicht jedoch nicht ganz beipflichten. Am Abend zuvor war ich zwischen Regenschauern in den Seitenstraßen herumgewandert und hatte ein paar unvergeßliche Eindrücke mitgenommen, die den Schlamm und die eher deprimierenden Seiten von Kars wieder wettmachten. Da war die untersetzte Frau im langen, roten Kleid mit weißem Kopftuch und Schürze, die ihre Kuh langsam über eine alte, graue, bucklige osmanische Brücke trieb. Darüber türmte sich die dunkel vor sich hinbrütende Zitadelle auf ihrem Felswall auf, dahinter ragten zerklüftete Berge auf und unten die riesigen Pfeilerköpfe der Brücke, welche die stürmischen braunen Fluten des Flusses teilten. In den engen Gäßchen verliehen große, amorphe Haufen Mauerwerk, deren ursprünglicher Zweck schon längst in Vergessenheit geraten war, dem Wirrwarr aus niedrigen Wohnstätten und winzigen Gemüseecken, wo Stränge ungekardeter, frisch gefärbter Wolle in Grün, Blau und Rot auf den grauen Steinmauern zum Trocknen aufgehängt waren, einen Hauch von Erhabenheit.

In der Nähe der Brücke stand ein uralter, einst großartiger Hammam. Zwei verschlagen aussehende Typen winkten mich mit einem »Psst, Psst!« heran und führten mich darauf durch eine Flucht hoch gewölbter leerer Räume, eine seltsame Mischung aus Schmutz und Luxus. Die fein gearbeiteten Steinmauern waren feucht, fleckig und im Verfall begriffen, die Fußböden starrten von uraltem Dreck, doch daneben gab es mit eisblauem Wasser gefüllte Marmorbecken und marmorne Platten zum Liegen. Wir machten in einem sehr heißen, von Dampf erfüllten Raum halt, wo einer der Männer so anschaulich und sinnlich eine Massage zu mimen begann, daß ich ein sehr entschiedenes und hastiges »*Yok*« aussprechen mußte, bevor er die Kontrolle über sich verlor. Er konterte, indem er eine große Show abzog und die beleidigte Unschuld spielte, und es war gar nicht so leicht, wieder wegzukommen. Ich war mir nicht sicher, ob sie es auf meinen Körper oder nur auf Kundschaft abgesehen hatten, doch wenigstens gaben sie mir das Gefühl, willkommen zu sein, ganz im Gegensatz zu meinem Hotel.

Eine Nacht im Hotel Yilmaz reichte mir vollauf. Es war ein für diesen Landesteil einigermaßen komfortables Hotel, doch der Service war schrecklich und auf eine berechnende und untypische Weise grob. Der Franzose meinte, dies rühre daher, daß der einzige Lebenszweck in Kars darin bestanden hatte, die russische Grenze zu beobachten. Seit diese Notwendigkeit urplötzlich weggefallen war, seien die Bewohner völlig desorientiert. Ich hielt dies hingegen eher für einen Fall von Frauenverachtung und generellem männlichem Chauvinismus. Der Hoteldirektor schien Frauen eindeutig zu hassen, oder aber seine Religion verbot ihm, einer Vertreterin des anderen Geschlechts in die Augen zu schauen oder sie direkt anzusprechen. Er fixierte den Blick auf eine Stelle oben rechts von mir und richtete seine Bemerkungen ins Leere, worauf das verwöhnte Jüngelchen, das immer bei ihm war, mit einer Miene hochmütiger Herablassung das Wesentliche unseres Wortwechsels wiederholte. Es war höchst irritierend – oder ziemlich lustig, je nach meiner Laune. Ich konnte mir jedoch weder einen Reim darauf machen, weshalb der Mann diesen Job innehatte, noch fand ich seine Haltung damit vereinbar, wie er sich in die Soft-Porno-Seiten seiner Tageszeitung vertiefte.

Sobald ich den fürchterlichen Schlamm von Kars endlich hinter mir hatte, schlossen sich die weiten, grasigen Ebenen um mich wie ein Meer, bis ich über den Pasli-Paß aus ihnen hochzuklettern begann. Kurz vor dem Gipfel stürmten drei aggressiv aussehende Hirtenjungen mit geifernden, grimmigen Hunden über das unebene Gelände auf mich zu, schrien und schwangen drohend ihre Stöcke. Ich fuhr ziemlich langsam, denn meine Gedanken waren bereits bei der wohlverdienten Rast, die ich oben genießen würde. Ein erschrockener Blick, und schon war ich hoch aus dem Sattel und stampfte auf die Pedale. Keinen Augenblick zu früh! Ein schwerer Knüppel pfiff mir um die Ohren und verfehlte mich nur um Zentimeter. Hätte er mich getroffen, so hätte er mich wie den sprichwörtlichen Ochsen gefällt. Als sie die Verfolgung aufnahmen, merkte ich, wie meine Jacke vom Gepäckträger fiel, doch ich war nicht versucht, sie mir zurückzuholen. Es hatte den gleichen Effekt, wie wenn man einen tscherkessischen Sklaven hinten von einem sausenden Schlitten warf, während die Wölfe näher rückten, um die Verfolger lange genug aufzuhalten, damit man ihnen entwischen konnte. Nach der Paßhöhe hatten die drei keine Chance mehr.

Der Pasli-Paß markiert das Ende der nordöstlichen anatolischen Hochebene und den Beginn einer völlig anderen Klimazone. Den Rest meiner Reise sollte ich keinen einzigen Regentropfen mehr sehen und auch die geopferte Jacke nicht vermissen, obwohl ich dies damals natürlich noch nicht wußte. Jedenfalls war ich so dankbar, unversehrt davongekommen zu sein, daß mir eine verlorene Jacke ein geringer Verlust schien, und zum Glück hatte nichts in den Taschen gesteckt.

Ich sauste durch eine Landschaft mit zerklüfteten, erodierten braunen Hügeln hinunter. Die Abfahrt bereitete mir solches Vergnügen, daß ich den Schock des Angriffs rasch vergaß. Hier und dort lagen kleine, grüne Oasen verstreut. In manchen schnitten Männer mit denselben Sensen mit beiden Händen das Gras, wie sie nach meiner Erinnerung in den Äußeren Hebriden verwendet werden. Das langsame Drehen und Schwingen der Männerkörper bei der Handhabung dieses Geräts ist für mich einer der anmutigsten und sinnträchtigsten Bewegungsabläufe in der Landwirtschaft, und bei seinem Anblick ergriff mich plötzlich ein heftiges Gefühl von Sehnsucht nach einer sanftmütigeren Welt. Es verging jedoch rasch wieder, denn hier war alles andersartig und neu. Die kleineren Wiesen waren mit säuberlichen Reihen von Bienenstöcken bestückt. Ich sah Hunderte solcher Wiesen, jede mit einem kleinen, weißen Zelt in der Mitte. Ostanatolien ist seit jeher berühmt für seine Bienenzucht, und auf ihrem Weg durch diese Gegend labten sich auch die Zehntausend an Honig. Als ich bei Xenophon nachlas, fragte ich mich, ob die »Eingeborenen« den Honig wohl absichtlich verfälscht hatten, um die Griechen zu vergiften, oder ob er von sich aus irgendwie fermentiert hatte, denn seine Wirkung war nahezu katastrophal gewesen:

> Es gab sehr viele Bienenstöcke in diesem Teil des Landes, und alle Soldaten, die Honig aßen, schnappten über, litten an Erbrechen und Durchfall und konnten sich nicht mehr auf den Beinen halten. Wer nur wenig gegessen hatte, führte sich auf, als wäre er betrunken, doch diejenigen, die viel gegessen hatten, waren wie Verrückte. Einige starben sogar daran.

In Anbetracht dieser Textstelle war ich etwas vorsichtig mit türkischem Honig, doch als sein herrlicher Duft den Speisesaal des Yilmaz erfüllte, wehrte ich mich nicht länger. Ich kostete und fand ihn so gut, wie er roch, danach aß ich davon, sooft ich nur konnte. Er schien nie irgendeine Wirkung auf meinen geplagten Magen zu haben, weder zum Guten noch zum Schlechten.

Auf der ganzen langen Talfahrt über siebenhundertfünfzig Höhenmeter neben einem funkelnden kleinen Bach gab es diese winzigen grünen Wiesen mit ihren Reihen um Reihen von Bienenhäusern und dem kleinen, runden weißen Zelt für den Imker. Ich glaubte nicht, daß eine solche Menge Bienen in dieser Gegend mit ihren nackten, braunen Felsen genügend Pollen finden konnte, und stellte mir vor, wie sie weit weg über die großen, blumenbesäten grasigen Ebenen flogen, die ich soeben durchquert hatte.

Als ich die Talsenke erreicht hatte, war mein dringendstes Anliegen, mir etwas zu essen zu beschaffen. Ich hatte vergessen, in Kars meinen Notvorrat zu ergänzen, und war seit achtzig Kilometern an keinem Teehaus oder Dorf vorbeigekommen. Da das Nahrungsmittelangebot hier äußerst karg war, schienen mir sogar die zermantschten, von Fliegen wimmelnden Kichererbsen in einer Fleischsoße, die in dem schmutzigen kleinen Schuppen, an dem ich vorbeifuhr, als einziges auf dem Speisezettel standen, besser als gar nichts. Einen knappen Kilometer weiter fand ich eine etwas weniger deprimierend wirkende Gaststätte, was zweifelsfrei erklärte, warum ich vorher der einzige Gast gewesen war – eine weitere Ironie des Reisens! In diesem Land mit seinen riesigen Entfernungen mußte ich jedoch die erste Gelegenheit zum Nachtanken beim Schopf packen. Radfahrer können nicht von Luft leben, und ich hatte noch weitere fünfundsechzig Kilometer bis Tuzluca vor mir, dem nächsten Ort, wo ich wahrscheinlich ein Bett und weitere Erfrischungen finden würde.

Am Nachmittag senkte sich das Terrain allmählich bis auf 900 m ü. M., und es wurde zusehends heißer. Der Weg führte durch eine prächtige Landschaft. Ich befand mich jetzt im Tal des Aras, des alten Flusses Araxes, in einer Schlucht, deren Nordwände den Rand des Hochplateaus bildeten, das ich soeben hinter mir gelassen hatte. Die Straße hatte mich in einem großen Bogen nach Westen geführt und verlief nun wieder ostwärts zur russischen Grenze zurück. Doch obwohl mich die einsame Pracht des Landes verzauberte, machten die zunehmende Hitze und ein starker Gegenwind den Vorteil des leichten Gefälles mehr als wett und zehrten langsam, aber sicher an meinen Kräften, bis ich kaum noch etwas um mich herum genießen konnte. Eine Tasse Tee hätte meine Lebensgeister bestimmt wieder belebt, doch ich wagte nicht, anzuhalten und mir welchen zu brauen, denn ich wollte unbedingt vor Einbruch der Nacht in Tuzluca sein. Der Vorfall mit den Schafhirten hatte mir vor Augen geführt, daß in dieser Gegend die nötige Vorsicht geboten war.

Auf dem langen Anstieg zur Stadt hoch mußte ich mich ordentlich anstrengen. Hundertfünfzig Kilometer auf einem beladenen Fahrrad sind als Tagespensum eindeutig zu viel – ich versuche nach Möglichkeit stets, mich auf etwa hundert zu beschränken. Doch da in dieser Gegend ans Kampieren nicht zu denken war, wenn mir nicht irgend jemand seinen Schutz anbot, blieb mir kaum etwas anderes übrig, als mich ins Zeug zu legen.

Während ich das letzte steile Stück in die Außenviertel von Tuzluca hochmarschierte, begannen mich die einheimischen Kinder zu belästigen. Ein dicker Junge auf einem Fahrrad machte den Anfang. Vermutlich wollte er mir nur ein Wettrennen liefern, um sich mit seiner Kühnheit zu brüsten, aber ich war viel zu erschöpft, um ihm den Gefallen zu tun. Einige seiner Kumpel begannen mir zu folgen. Die Jungen und Mädchen kreischten vor Lachen und warfen in hohem Bogen Steine. Ein kleines Mädchen, das Wasser trug, schlich sich immer wieder an mich heran und bespritzte mich. Sobald der Hang wieder etwas flacher wurde, stieg ich auf und schüttelte sie ab. Doch dann fingen ältere, gefährlicher aussehende Jungen mit größeren Steinen etwas schwungvoller und zielsicherer an zu werfen, so daß ich, als ich ein Hinweisschild zu einem Polizeiposten unten an einer Querstraße entdeckte, diese Richtung einschlug, um dort Schutz zu suchen.

Eine stattliche Anzahl Polizisten saß unter einer schattigen Pergola in einem hübschen Garten und genoß den Spätnachmittag. Nachdem ich meine Briefe und den Zeitungsartikel vorgezeigt hatte, bot man mir einen Sitzplatz und Erfrischungen an – ein Glas Tee und mehrere Liter kaltes Wasser aus einem Schlauch, mit welchem der Garten bewässert wurde –, was wahre Wunder für mein Seelenleben wirkte. Einer der Polizisten hatte in der Schule ein bißchen Französisch gelernt. Wie er mir anvertraute, war er höchst erfreut, sich mit mir ein wenig darin zu üben, weil sich so selten eine Gelegenheit dazu bot. Ganz im Gegensatz zu den Engländern sind die Türken immer dankbar, ein paar Worte in einer Fremdsprache einbringen zu können, die sie irgendwo aufgeschnappt haben, und zeigen hinsichtlich grammatikalischer Mängel überhaupt keine Hemmungen. Dazu kommt auch eine

1. Prinzeninseln im Marmarameer

2. Der Ararat

3. Kloster Sumela in Trabzon

4. Kirche von St. Gregorius dem Illuminator in der Geisterstadt Ani

5. Moschee von Selim dem Grausamen bei Dogubayazit, dahinter die Überreste einer byzantinischen Zitadelle

6. Innenhof im Palast von Ischak Pascha

7. Der Große Felsen von Van, gekrönt von seiner Zitadelle. Die Ruinen der Stadt Van liegen rechts.

8. Kirche vom Heiligen Kreuz auf der Insel Akhtamar

9. Schloß Hosap und Brücke über den Güzelsu

10. Kurdisches Nomadenlager

11. Schafherden an der Tränke auf dem Nemrut Dagi

12. Seldschukische *Türbe* am Vansee

13. Kurdische Jungen in traditioneller Bekleidung im Hof der Großen Moschee von Diyarbakir

14. Im Dorf Hasan Keyf

15. Überreste der byzantinischen Brücke über den Tigris. Die Ruinen der alten Stadt Cepha liegen oben auf den Klippen.

16. Haran

angeborene Neugier gegenüber Ausländern. Jeder verbale Austausch mit Fremden, mag er auch noch so flüchtig sein, erhöht ihr Prestige bei ihren Freunden. Wie üblich war auch hier der Wortschatz rasch erschöpft, und bald mußten wir Zuflucht zu meinem türkischen Wörterbuch und Sprachführer nehmen.

Meine Beschwerden wegen des Steinewerfens stießen auf taube Ohren. Wären sie nicht so offensichtlich und gezielt überhört worden, hätte ich annehmen müssen, man habe mich nicht richtig verstanden. So aber blieb als einzige Erklärung, daß niemand zugeben wollte, in ihrer Stadt könne einem Reisenden so etwas passieren – und schon gar nicht einer Schriftstellerin, die von einer ihrer eigenen Zeitungen groß herausgebracht worden war. Jede Kritik an irgend etwas Türkischem bedeutet offenbar einen Gesichtsverlust, was Türken offenbar nur schwer ertragen können. Vielleicht liegt hier auch der tiefere Grund für ihre hartnäckige Weigerung, den unglückseligen Armeniern Gerechtigkeit widerfahren zu lassen. Als ich den Polizeiposten verließ, wurde ich jedoch von mindestens einem Dutzend Polizisten zum einzigen Fremdenheim der Stadt eskortiert, was mich nicht nur vor weiteren hinterhältigen Steinwürfen bewahrte, sondern mir auch einen ganz ungewohnten Empfang im Hotel bescherte, einer ziemlichen Dreckbude direkt an der Hauptstraße. Unter den wachsamen Augen eines Polizeiwachtmeisters wurden alle Hebel in Bewegung gesetzt, um ein Zimmer für mich auf Vordermann zu bringen. Wegen des Verkehrslärms wählte ich mir eines gegen hinten aus, worauf man es ausfegte und die Bettlaken durch andere ersetzte – zwar waren sie nicht sauberer als die ausgewechselten, doch die gute Absicht dahinter war unverkennbar. Für die leer von der Decke baumelnde Lampenfassung fand sich eine schwache Glühbirne, danach wurde ein Waschraum aufgeschlossen und oberflächlich ausgespritzt. Sogar der fehlende Wasserhahn wurde ersetzt, so daß ich eine willkommene und dringend nötige Dusche nehmen konnte, und zu guter Letzt hievte man Roberts komplett mit allem Gepäck die zwei Treppen hoch und stellte ihn in mein Zimmer. Ich wollte dem Faktotum, das all diese Aufgaben für mich erledigt hatte, ein Trinkgeld zustecken, doch er wies es zurück und ließ mich mit Hilfe meines Sprachführers wissen, es sei ihm eine Ehre, einer Schriftstellerin zu Diensten zu sein.

Frisch gewaschen und mit meiner sauberen Garnitur bekleidet, machte ich mich auf einem feurigen, unbepackten Roberts, der jeden kleinen, dicken Quälgeist auf seinem kleinrädrigen Fahrrad leicht abgeschüttelt hätte, auf den Weg, um Tuzluca zu erkunden. Jetzt zeigte die Stadt ein ganz anderes Gesicht. Vielleicht reichte es schon, daß man mich mit dem Polizeiwachtmeister hatte plaudern sehen, oder vielleicht hatte sich die Kunde von meinem gehobenen Status inzwischen unter der jugendlichen Mafia verbreitet, jedenfalls geriet ich in Tuzluca nicht mehr in Schwierigkeiten. Ganz im Gegenteil. Überall begegnete man mir mit einem Lächeln, lud mich zum Tee ein, und in den Gärten und Obsthainen hinten am Stadtrand schenkten mir entzückende Kinder Früchte. Hinter den Obstgärten lagen die niedrigen Klippen mit den Salzminen, für die die Stadt berühmt ist, doch sie waren zu so später Stunde bereits geschlossen.

Am folgenden Morgen verspürte ich keine Lust, länger in Tuzluca zu bleiben und die Höhlen zu besichtigen, denn heute wollte ich endlich den Agri Dagi, den Ararat, erreichen. Bei klaren Sichtverhältnissen hätte sich der Berg schon seit gestern nachmittag gezeigt, zusammen mit dem Alagoz Dagi, einem weiteren Ausläufer der majestätischen Gebirgskette, die Nordostanatolien vom Transkaukasus trennt. Die beiden hohen Gipfel – der Ararat mit rund 5160 m und der Alagoz mit 4270 m – liegen volle hundert Kilometer auseinander, ragen jedoch so hoch über ihre Umgebung hinaus, daß sie aus der Ferne wie ein Teil eines einzigen riesigen Panoramas wirken. Damit war bei diesem dunstigen Wetter natürlich nichts gewesen, und jetzt war ich schon so nahe, daß mir kleinere Gipfel die Sicht versperrten. Ich brach früh auf, um den Anstieg zum letzten Gebirgspaß, der mich vom Ararat trennte, in Angriff zu nehmen und den Hauptteil der Kletterei hinter mich zu bringen, bevor die Sonne hoch am Himmel stand.

Je weiter ostwärts ich reiste, desto klappriger wurden die uralten, abgenutzten Lastwagen. An dieser langen, steilen Steigung gerieten sie in arge Nöte. Sie kamen kaum schneller voran als ich, spien Übelkeit erregende schwarze Abgaswolken aus und brauchten eine Ewigkeit, um mich zu überholen. Trotzdem war ich froh um sie, denn in den kleinen kurdischen Dörfern, durch die ich jetzt fuhr, gewährten mir die Lkws einen gewissen Schutz vor den Horden kleiner Kinder, die es darauf angelegt zu haben schienen, einen einseitigen Krieg gegen einsame Radfahrer zu führen. Diese Dörfer waren nicht viel mehr als Ansammlungen primitiver Steinhütten beidseits der Straße, zogen sich jedoch ziemlich in die Länge, so daß ich auf dem steilen Anstieg zuweilen recht viel Zeit benötigte, um sie zu durchqueren. Noch nie zuvor, nicht einmal auf den Straßen von Südägypten, waren mir so unversöhnliche, feindselige Kinder wie diese jungen Kurden begegnet. Ich lernte die schrillen Schreie fürchten, die mir mitteilten, daß man mich erspäht hatte, begleitet von einem Hagel von Steinen, während zwei oder drei zähe, zerlumpte Jungen die Bergflanke hochstürmten, um mir den Weg abzuschneiden. Anzuhalten und freundlicher zu reagieren brachte gar nichts, außer daß mir weitere auf den Pelz rücken konnten. Ich versuchte es mit einem Lächeln, mit Grüßen, sogar mit Süßigkeiten, doch wenn sie sich gegrapscht hatten, was ich ihnen anbot, bedrohten sie mich, noch mehr herauszurücken. Alles in allem hatte ich jedoch nicht den Eindruck, daß sie es in erster Linie auf meine Großzügigkeit abgesehen hatten. Viel eher schienen sie eine tief verwurzelte Einstellung der älteren Leute widerzuspiegeln, denn kein einziger Erwachsener versuchte sie davon abzuhalten, mich anzugreifen, nicht einmal mitten in den Dörfern. Gerechterweise muß ich beifügen, daß bei solchen Gelegenheiten keine Männer anwesend waren, nur Frauen, doch diese wendeten mir regelmäßig den Rücken zu, wenn ihre Sprößlinge mit Steinen nach mir warfen.

An einer Stelle beschrieb die Straße eine Reihe großer, schlangenähnlicher Windungen quer über den Hang, deren eine ein ganzes Dorf umschloß. Am unteren Ende dieses Dorfes fuhr ich an einem hübschen kleinen Mädchen vorbei, das nicht älter als fünf sein mochte. Es hatte mich nicht kommen sehen, reagierte jedoch auf der Stelle. Es drehte sich auf dem Absatz um, rannte mit beneidenswerter Geschwindigkeit zwischen die Steinhütten hoch, packte dabei einen Stein und schleuderte mir diesen mit seiner ganzen armseligen Kraft entgegen, als ich oben um die Kurve kam. Diese betrübliche Situation machte mich sehr betroffen. Ich mußte unbedingt den Grund für diese so unkindliche Feindseligkeit herausfinden, die wohl kaum mit mir persönlich zu tun haben konnte, doch im Augenblick war Überleben oberstes Gebot.

Da ich mich dermaßen auf Ausweichstrategien konzentrieren mußte, überraschte mich der Ararat völlig unvorbereitet. Als ich einen Felsvorsprung umrundete, tauchten unvermittelt seine Gipfelhänge vor mir auf. Er schien zum Greifen nahe, in dem dunstigen Licht aber gleichzeitig unkörperlich und unwirklich. Hoch ragte er in die Wolken hinein, eine phantastische silberne Wand, mehr Traum als solider Berg. Kaum hatte ich angehalten, um dieses Wunder zu begutachten, als mir ein Lastwagenfahrer etwas zurief. Etwas weiter unten an der Straße hatte er für sein Überholmanöver zehn lange Minuten benötigt, während ich hinter ihm keuchte, nach Luft schnappte und beinahe erstickt wäre. An der ersten geeigneten Stelle hatte er angehalten und gewartet, um mir eine Mitfahrgelegenheit anzubieten, und war nun höchst verblüfft, als ich ablehnte. Jetzt, da der Berg Noahs, der Katalysator für diese lange Reise, endlich in Sicht war, hätte ich mir als allerletztes gewünscht, an ihm vorbeizusausen oder bei meiner ersten Begegnung mit ihm abgelenkt zu werden. Dessen ungeachtet wußte ich sein Anerbieten sehr zu schätzen, denn nach all den Stöcken und Steinen von seiten der Kurden wurde mir bei einem bißchen türkischer Freundlichkeit ganz warm ums Herz, und sein Angebot, mir meine Wasserflaschen aufzufüllen, war ein Geschenk des Himmels. Bei einer Temperatur von über fünfundzwanzig Grad und einer durchgehenden Steigung von mehr als fünfzehn Prozent sah ich mich gezwungen, alle paar hundert Schritte anzuhalten und etwas zu trinken, Kinder hin oder her.

Hinter der Paßhöhe schwang sich die Straße nach rechts hinunter. Hier zeigte sich der Ararat endlich in seiner vollen Größe, vom Fuß bis zum Gipfelschnee – eine ungeheure Gesteinsmasse inmitten der umliegenden flachen Ebenen, höher als der Montblanc. Doch als ich ihn das erste Mal anstarrte, lief es mir nicht kalt den Rücken hinunter wie beim Anblick der klassischen Alpengipfel oder des Himalajas. Dieser Berg hatte nichts Bedrohliches: keine Lawinenhänge, die darauf warteten, den Unvorsichtigen hinwegzufegen, keine schwindelnden Grate oder jähen Felswände, um jenen Angstschauder hervorzukitzeln und zu nähren, der zum Liebesabenteuer mit großen Berggipfeln gehört. Er mochte durchaus seine Gefahren in sich bergen, wirkte dabei aber völlig heiter und zugänglich. Sobald ich mich an seine majestätische Massigkeit gewöhnt hatte, fand ich ihn nicht einmal besonders schön. In dem stumpfen, diffusen Licht wirkte er ziemlich formlos, wie ein riesiger Fleischpudding, der nicht sauber aus seiner Backform gekippt und danach mit einem Schlag weißer Tunke übergossen worden war.

Trotz seiner Weitläufigkeit war ich schließlich an seiner Westflanke vorbei und konnte ihn nur mehr im Rückspiegel sehen, wo er, immer weiter entfernt und zusammengeschrumpft, einen eher ätherischen Anblick bot. Im rasch verblassenden Tageslicht machte ich mich an den langen, geraden Anstieg nach Dogubayazit, einer Stadt an der historischen Seidenstraße, dem Ausgangspunkt für all jene, die darauf versessen sind, Noahs Berg zu besteigen und nach der Arche zu suchen.

12

Auf Noahs Berg

Ich sah sogleich, daß mir Dogubayazit gefallen würde. Es lag hier eine gewisse Spannung in der Luft, was dieser Stadt, die an einer der ältesten Handelsrouten der Welt lag, sehr gut zu Gesicht stand. Die Stadt Dogubayazit läßt nichts von ihrer langen Ahnentafel erahnen, sondern wirkt eher wie über Nacht aus dem Boden gestampft, ganz wie eine jener trockenen, staubigen Ortschaften im Wilden Westen. Dieses Bild entspricht auch ihrer gegenwärtigen Funktion als Warenlieferant für die unzähligen Iraner, die auf der Jagd nach in ihrem eigenen Land nicht erhältlichen Konsumgütern nur fünfunddreißig Kilometer weiter östlich die Grenze überqueren. Jedes Gebäude beherbergt ein Ladengeschäft, ein Restaurant oder ein Hotel, und die Straßen sind ein einziger weitläufiger Marktplatz voller Frauen in *Ischadors,* die sich wie Schwärme schwarzer Krähen von einem Stand zum nächsten stürzen und die Luft lautstark mit ihrem schrillen Feilschen füllen. Westliche Kleider, asiatische Bekleidung, Shampoo in Vierliterflaschen, Waschmaschinen, Toaster, Videogeräte und Kameras – alles Erdenkliche wurde hier feilgeboten, einschließlich Alkohol.

Obwohl die Türkei nominell ein Säkularstaat ist, hatte mich auf meiner ganzen bisherigen Reise eine doppelte Moral bezüglich des Dämons Alkohol verfolgt. Jede Art von Alkohol, einschließlich türkischen Biers, war außer in den besseren Restaurants und den teureren Hotels, wo besonders der Raki zuweilen in Strömen floß, nur schwer erhältlich. Nur wenn man die Seitengäßchen durchkämmte, fand sich gelegentlich eine Spirituosenhandlung, auch sie zur Hauptsache mit dem feurigen, nach Anissamen riechenden Raki bestückt. Artvin mit seiner einen Schaufensterfront, die ausländische Spirituosen ausstellte, war eine seltene Ausnahme gewesen. Doch hier in Dogubayazit fanden sich Läden, die ausschließlich Dosen und Flaschen mit vertrauten westlichen Markennamen auf Lager hatten, und die Iraner nahmen sie kastenweise mit nach Hause, in ein Land, wo Alkohol unter dem strengen islamischen Gesetz ausdrücklich geächtet ist.

Dogubayazit verfügte sogar über jenen beinahe schon vergessenen Luxus in Form einer Bar, die kaltes Bier ausschenkte – die erste, die ich seit Istanbul angetroffen hatte. Ein junger Mann namens Hüseyin, der in dem Reisebüro arbeitete, wo ich mich danach erkundigte, wie ich am besten den Ararat besteigen konnte, nahm mich in eine dieser Bars mit, einen baufälligen, zuoberst hinter halsbrecherischen Treppen versteckten kleinen Raum, in dem es von Fliegen wimmelte. Wir waren die einzigen Kunden. Die Art und Weise, wie die beiden Jungen, die den Laden führten, ihre Ellbogen auf der primitiven Theke aufstützten, um uns um so bequemer anstarren und unserem Gespräch folgen zu können, ließ mich vermuten, daß Frauen selten das Lokal beehrten. Es tat mir fast etwas leid, daß wir nicht über etwas Heikleres diskutierten als darüber, wie man eine offizielle Erlaubnis erhielt, Noahs Berg zu besteigen.

Etwas mitgenommen von den Steinwürfen und den mittelmäßigen Unterkünften der letzten Tage, war ich entschlossen, mir in Dogubayazit soviel Komfort wie nur möglich zu leisten. Bei meiner Ankunft hatte ich mich daher zum »Isfahan«, dem besten Hotel der Stadt, durchgeschlagen, um wegen eines Zimmers zu verhandeln. Jedermann im Hotel, vom Manager bis hinunter zum jüngsten Küchenjungen, hatte sich an dem Handel beteiligt, was mir ein höchst vorteilhaftes Bild von den egalitären Werten der Kurden vermittelte. Ich brauchte nicht heftig zu feilschen. Die Hotelleitung zeigte sich so bezaubert von Roberts in Kombination mit meinem Zeitungsausschnitt, daß man mir für eine bescheidene Summe ein sauberes, gemütliches Zimmer mit einem Balkon anbot, von dem ich die berühmte Südwand des Ararat mit seinem weit wohlgeformteren Nachbarn, dem Kleinen Ararat, betrachten konnte. Roberts wurde in der Nähe des Empfangs in der großen Eingangshalle einquartiert, wo auch das Fernsehgerät stand und wo er von den anderen Gästen gebührend bewundert werden konnte, während ihn das Personal im Auge behielt.

Als erstes war mir aufgefallen, daß die ganze Stadt kurdisch war, als zweites, daß auch alle iranischen Käufer zu den Kurden zählten. Es fiel mir äußerst schwer, Kurden und Türken zu unterscheiden. Die türkischen Kurden sahen in meinen Augen nicht anders aus als gewöhnliche Türken, obwohl sie sich von den iranischen Kurden recht stark unterschieden. Alles war höchst verwirrlich. »Wie kann man sie bloß auseinanderhalten?« erkundigte ich mich immer wieder verzweifelt, bis ich zum Schluß kam, daß mir dies wahrscheinlich nicht gelingen würde. Die kurdischen Dorfbewohner waren zwar meist unverwechselbar, hauptsächlich bedingt durch ihre Armut, doch nach westlicher Mode gekleidete Kurden, die in den Städten lebten, sahen so ziemlich gleich aus wie alle anderen Einwohner. Selbst die Türken konnten sie nicht immer auf den ersten Blick auseinanderhalten. Jahrhundertelang hatte die Türkei offiziell darauf beharrt, daß die Kurden keine eigene Identität besäßen, sondern »Gebirgsketten« seien. Und insofern sie nicht ihre eigene Sprache sprechen und ihrer eigenen Kultur nachleben wollten oder den geringsten Grad an Autonomie beanspruchten, war es der Türkei nur recht, sie weiterhin als solche zu betrachten.

Die bloße Vorstellung einer eigenen Identität für die Kurden ist der Türkei ein Greuel. Erst unlängst, im Jahr 1979, wurde ein türkischer Ex-Minister zu zwei Jahren Gefängnis verurteilt, weil er in einer Rede zugegeben hatte, daß die Türkei sowohl von Türken als auch von Kurden bewohnt werde. Im Gegensatz zu den anderen Minderheiten – den christlichen Griechen, den Georgiern und den Armeniern – sind die Kurden Muslims, daher müßten nach türkischen Maßstäben eigentlich keine Assimilierungsprobleme auftauchen, denn trotz seines säkularen Status ist das Land hundertprozentig islamisch ausgerichtet. Für die türkische Mentalität hat eine Assimilation keinen unangenehmen Beigeschmack. Die Hälfte der Berghänge in der Osttürkei sind von einem in fetten, weißen, mehrere Fuß hohen Buchstaben eingeritzten Ausspruch

Atatürks verunstaltet, der sich sinngemäß mit »Wie ruhmreich, sagen zu dürfen: Ich bin Türke!« übersetzen läßt. Und ich zweifle nicht daran, daß es den meisten Türken völlig schleierhaft ist, wie jemand, der die Möglichkeit dazu hat, nicht von ganzem Herzen bereit sein könnte, sich ihrem Kreis anzuschließen. Die Kurden denken natürlich ganz anders über dieses Thema.

Die Grenzen von Kurdistan waren schon immer fließend gewesen. Im sechzehnten Jahrhundert wurden Kurden in einer jener Bevölkerungsumsiedlungen großen Stils, wie sie in diesem Teil der Welt von alters her allgemein üblich waren, in einst armenische Stammgebiete verfrachtet. Hinter dieser Umsiedlung stand die Vorstellung, daß eine Muslimrasse einen verläßlicheren Puffer gegen die christlichen Länder jenseits des Kaukasus abgeben würde. Als die Armenier in den achtzehnhundertneunziger Jahren und danach erneut im Jahr 1915 massakriert wurden, kooperierten die Kurden bereitwillig mit den Türken und beteiligten sich, angetrieben von fanatischen *Imams*, mit Begeisterung an dem Gemetzel, um sich mit dem Abschlachten von Ungläubigen religiöse Verdienste zu erwerben.

Daß die Kurden über vier Länder verteilt sind – den Iran, Irak, die ehemalige Sowjetunion und die Türkei –, war ihrer Autonomie nicht eben förderlich. Selbst ihre Sprache hat sich so weit auseinanderentwickelt, daß Kurden des einen Landes mit Kurden aus einem anderen oft nicht mehr kommunizieren können, ohne eine dritte Sprache zu verwenden. Da die gebirgigen Grenzen, in erster Linie jene zwischen dem Iran und der Türkei, erst 1913 endgültig festgelegt wurden, war es den Kurden bis zu einem gewissen Grad gelungen, ein Land gegen das andere auszuspielen. Die Versuche der Osmanen, ihre Herrschaft über die nach Unabhängigkeit strebenden Kurden zu konsolidieren, führten seit Mitte des neunzehnten Jahrhunderts immer wieder zu größeren Aufständen. Nachdem im Jahr 1924 das Kalifat abgeschafft worden war, waren nun die Kurden an der Reihe, »befriedet« zu werden. Man rechnet allgemein damit, daß eine Viertelmillion Kurden getötet und eine weitere Million oder mehr in andere Landesteile der Türkei deportiert wurden. Gleichzeitig wurden sämtliche kurdischen Verbände, Publikationen und Schulen aufgelöst und verboten. Keine dieser Maßnahmen konnte jedoch den kurdischen Widerstand gegen die »Türkisierung« schwächen. Die heutige Lage ist so unstabil wie eh und je, vielleicht sogar noch schlimmer. Die plumpen Reaktionen der türkischen Regierung auf die aufkeimenden Unruhen der letzten zehn Jahre erschöpften sich im Anordnen von Ausgangssperren, im Verbot, die kurdische Sprache zu verwenden, in weiteren Zwangsumsiedlungen und im Beschneiden der Bewegungsfreiheit, was eine zunehmende Unterstützung der Guerillaaktivitäten der PKK zur Folge hatte. Wäre Xenophon hiergewesen, hätte er ein solches Resultat leicht voraussagen können, denn auf ihrem ganzen Marsch von Persien fanden die Zehntausend kein anderes Herrschaftsgebiet vor, wo ihnen die »Eingeborenen« so unversöhnlich feindlich gegenübertraten wie in Kurdistan.

Es wäre aufs gleiche herausgekommen, wenn ich mich nicht schon eingehend über die Situation der Kurden informiert hätte, bevor ich aus England abreiste, denn schon nach einer Stunde hatte man mich über alle wichtigen Punkte ins Bild gesetzt. Dogubayazit war voller Leute, die mich unbedingt aufklären und meine Unterstützung für ihre Sprache gewinnen wollten. Meines Briefes in kurdischer Sprache, der erläuterte, daß ich ein Buch über meine Reise schreiben würde und mir sehr an den Ansichten der Leute gelegen sei, bedurfte es in keiner Weise, denn ich mußte sie mir ohnehin anhören, ob ich wollte oder nicht. Wie bei den meisten Minderheiten, die unter einem repressiven Regime leiden, waren alle Kurden darauf bedacht, sich jeden Westler vorzuknöpfen, um ihre Klagen vorzubringen, obwohl ich bisher nirgendwo ein Volk angetroffen hatte, das diesem Anliegen mit solcher Leidenschaft frönte. In Cafés, in der Hotelhalle und über Ladentheken hinweg erzählten sie mir ihre Geschichten, oft ohne jede Präambel. Manche klangen schrecklich; so etwa die Berichte über Einkerkerungen im berüchtigten Gefängnis von Diyarbakir, wo Unterernährung, Folter und häufige Schläge von seiten der militärischen Wachen eine Überlebenschance von weniger als fünfzig Prozent garantierte. Ich sprach mit einem Kurden, der fünf Jahre in diesem Gefängnis überlebt hatte, einem sehr sanften und eindrücklichen Mann. Er war Schriftsteller gewesen (weshalb er auch eingekerkert wurde) und nur deshalb freigelassen worden, weil eine britische Gruppe von Amnesty International seinen Fall untersuchte und dem Gefängnis von Diyarbakir sogar einen Besuch abstattete. Man entließ ihn mit der Auflage, nie wieder zu schreiben. Wie er behauptete, stand er seither unter ständiger Überwachung und ging sogar schon ein Risiko ein, wenn er sich mit mir unterhielt.

Was mir die meisten Kurden jedoch mitteilen wollten, betraf die tägliche Anhäufung kleiner Kränkungen, jene Maßnahmen also, die wie Wasser, das auf einen Stein tropft, langsam, aber sicher die kulturelle Identität eines Volkes aushöhlen: die Festnahmen auf der Straße, weil man kurdisch sprach; die willkürlichen Hausdurchsuchungen und die Konfiskation von allem, was entfernt subversiv aussah, wie etwa die Musikkassetten eines populären kurdischen Sängers; als letzter in der Hackordnung zu stehen, wenn es um einen Job ging; keine oder bestenfalls minderwertige Schulen zu haben und ohne Hoffnung auf eine Wende zum Besseren zu leben.

Vor diesem Hintergrund begann ich die Feindschaft, der ich beim Fahren durch kurdische Dörfer begegnet war, immer besser zu verstehen. Rund um Dogubayazit wurden sie von zwangsumgesiedelten Menschen bewohnt, die früher vielfach ein Nomadenleben geführt hatten. Kein einziges Kind besucht die Schule, teils weil ihre Eltern nicht wollen, daß sie in Türkisch unterrichtet werden, teils aber auch, weil die PKK dagegen ist. Für Kurden, die in den Städten wohnen, gilt dieses Embargo nicht. Sie können sogar Englisch lernen, was ihnen ermöglicht, Reisenden von ihrem Kummer zu berichten. Die Guerillaarmee der PKK lebt versteckt in den Bergen und muß sich auf die bedingungslose Unterstützung und Loyalität aller kurdischen Dorfbewohner bezüglich Nahrungslieferung und allgemeiner Verbindungen verlassen können, und man glaubt dort, daß die türkischen Dorfschulen für die Indoktrinierung der Jugend mißbraucht würden. Das Wissen, daß ihnen jegliche Art von Erziehung und alle Hoffnung auf eine bessere Zukunft verwehrt ist, muß für diese Kinder und Jugendlichen eine düstere Perspektive abgeben und ein akutes Gefühl von Frustration und Hoffnungslosigkeit hervorrufen. Ich hatte richtig vermutet, daß mich die Kinder nicht eigentlich deshalb angegriffen hatten, weil sie auf Almosen hofften oder vielleicht sogar glaubten, ich sei Türkin, sondern weil ich die Privilegien und Freiheiten verkörperte, die man ihnen vorenthielt. Jeder und alles, was nicht kurdisch war, was ihre Mühsal nicht teilte, war der »Feind«. Sie warfen mit Stöcken und Steinen, weil das die einzige Art war, wie sie ihrer Wut Luft machen konnten – zum Pech für eine Reisende wie mich, die so langsam vorwärtskam.

Die acht von der PKK auf dem Nemrut Dagi gekidnappten Deutschen wurden noch immer gefangengehalten, und die Frage der persönlichen Sicherheit für Touristen in der Osttürkei war damit bedrohlich aktuell geworden. Jeder Kurde, mit dem ich über den Vorfall sprach, meinte, die Entführung von Westlern sei eine vollkommen gerechtfertigte Methode, um die Aufmerksamkeit auf das Kurdenproblem zu lenken. Kein Einwand meinerseits, daß sich dies kontraproduktiv auswirken könnte, änderte ihre Einstellung. Sie rechtfertigten ihre Ansicht damit, daß Touristen in den kurdischen Gebieten zwar willkommen seien, aber zuerst bei den Kurden selbst um Erlaubnis nachsuchen sollten. Wenn ich darauf hinwies, daß bis jetzt noch keine kurdischen Botschaften oder Konsulate existierten, wo solche Visa ausgestellt werden könnten, erwiderten sie nur: »Richtig, genau darum geht es ja.«

Die Kurden sind sehr fruchtbar. Ältere Männer haben oft die vier Frauen, die ihnen der Koran erlaubt, daher können ihre Familien enorm groß sein. Sie waren der in meinem Geschichtsatlas mit »Kurdistan« bezeichneten Gegend seit langem entwachsen und bildeten zahlenmäßig in vielen Gebieten der Osttürkei den Hauptanteil der Bevölkerung. Ihre Autonomieforderungen betrafen ein sehr weitläufiges Gebiet, das etwa ein Drittel der Landmasse der heutigen Türkei ausmacht, was nichts anderes hieß, als daß ich in den Augen der Kurden den Rest meiner Reise in Kurdistan herumfahren und jede Stadt eine vorwiegend kurdische Einwohnerschaft aufweisen würde. Falls man mich entführte, blieb mir nur die Hoffnung, daß der zweizeilige Brief, den mir das Kurdische Kulturbüro in London ausgehändigt hatte, so gut wie ein offizielles Visum angesehen würde. Dieser Brief hatte tatsächlich eine Wirkung auf die Leute, denen ich ihn vorwies: Da die kurdische Sprache geächtet war, glaubten viele Kurden, ich würde eine Festnahme riskieren, wenn ich ihn auf mir trug. Sie hielten mich nicht nur für sehr mutig, sondern glaubten auch, ich hätte für ihre Seite Partei ergriffen.

In Wahrheit war ich jedoch um so weniger auf irgend jemandes Seite, je mehr Einzelheiten ich erfuhr, und ergriff für keine Sache Partei, nur für jenes flüchtige Konzept von Gerechtigkeit. Während ich mich unmißverständlich gegen jede Form von Unterdrückung aussprach, sei dies nun ein kultureller Genozid oder die Entführung von Touristen, erschien mir das Kurdenproblem insgesamt so verzwickt wie jenes von Nordirland. Wenn meine Sympathie eher den Kurden gehörte, so vor allem deshalb, weil es unmöglich war, sie in ihrer gegenwärtigen unerträglichen Situation nicht zu bemitleiden, doch in bezug auf die Frage, wer welche Teile der Türkei kontrollieren sollte, konnte ich mir keine Meinung bilden.

Die meisten Gäste in meinem Hotel waren iranische Kurden, die sich von den türkischen weitgehend unterschieden. Alle Frauen waren bis zu den Augen in voluminöse schwarze *Tschadors* eingemummt, und wenn die Schleier der älteren Frauen etwas gelüftet wurden, damit sie essen konnten, sah ich, daß Unterlippe und Kinn mit blauen Tätowierungen bedeckt waren. Die Männer und Jungen trugen gewöhnliche westliche Bekleidung und sahen hart und nüchtern aus, vor allem die kleinen Jungen mit ihren rasierten oder kurzgeschorenen Köpfen. Ganz im Gegensatz dazu waren die kleinen Mädchen meist wie Weihnachtsengel herausgeputzt und trugen weiße, mit Krausen besetzte Partykleidchen, breite Bänder im Haar und eine Unmenge Glitterschmuck um Hals und Handgelenke. Ich fragte mich, ob dies wohl eine Kompensation dafür war, daß sie, sobald sie heranreiften, die *Purdah* annehmen und sich wie schwarze Krähen kleiden mußten. Die Väter waren ganz vernarrt in ihre Töchter in ihrem hübschen Putz und knuddelten und liebkosten sie ständig, sehr zum Leidwesen der armen, überlasteten und schmucklosen Mütter, was zur Folge hatte, daß die kleinen Mädchen weit mehr von deren freigebig ausgeteilten Klapsen und Zwicken einstecken mußten als die Jungen. Jeder Familienclan schien mindestens fünf kleine, nur durch die obligaten neun Monate getrennte Kinder aufzuweisen, und die Disziplin wurde meist sehr willkürlich und handfest gehandhabt.

Den ganzen Tag bis abends spät kauften diese Familien ein und gönnten sich nur für ausgedehnte Mahlzeiten in überfüllten Restaurants eine Rast. Eines Tages aß ich in einem leeren Speisesaal zu Mittag, dessen gut hundert Plätze sich in Sekundenschnelle mit einer Horde kleiner iranischer Kurden in Begleitung ihrer Eltern auffüllten. Von nun an blieb der Lärmpegel auf einem konstanten Fortissimo, denn alles schrie, kreischte und brüllte um die Aufmerksamkeit der Kellner. Die Einstellung des Besitzers und der Kellner zu ihren Kunden war eine eigenartige Mischung aus Stolz und Verdruß. »Unsere iranischen Kurden«, kündigten sie mir stolz an, und vermutlich stellten sie mich als »unser englischer Gast« vor, denn alle lächelten und nickten in meine Richtung. Darauf machten sich die Kellner daran, den kleineren Kurden, die sich rings um die Tische austobten, Kopfnüsse zu verteilen und ihnen gewaltsam den Po auf einen Stuhl zu drücken, während Mütter herumhasteten und sie wieder in ihre richtigen Familien brachten. Selbst als das Essen kam, wurde der Lärm nicht leiser. War etwas nicht in Ordnung oder hatte sich eine Bestellung verzögert, ließen Erwachsene wie Kinder ein Gebrüll los, bis sich die Sache erledigt hatte oder ein Klaps das Kind zum Schweigen brachte, falls es nicht nur noch lauter schrie. Obwohl mich solche Zusammenkünfte faszinierten, fand ich es im großen und ganzen angenehmer, zu einer anderen Zeit zu essen.

Etwa um zehn Uhr abends trollten sich die erschöpften Käufer, ihre kleinsten Kinder wie feuchte Lappen über die Schultern drapiert und mit drei oder vier weiteren kleinen, wimmernden und widerspenstigen Kerlchen im Schlepptau, zurück ins Hotel. Doch statt sich in ihre Zimmer zu begeben und erleichtert ins Bett zu sinken, plumpsten die Erwachsenen vor den Fernseher in der Hotelhalle und setzten die Kleinkinder sorgfältig auf Stühle, damit sie ebenfalls glotzen konnten. Da sich die Kinder in einem Zustand totaler Rebellion befanden und vor Erschöpfung fast von den Stühlen kippten, hagelte es mehr Klapse denn je, und ihr Schluchzen und Jammern übertönte allen übrigen Lärm. Erst um Mitternacht, wenn die Metallgitter der Ladengeschäfte endlich herunterrasselten und der Betrieb ruhte, kam die ganze Horde trampelnd und trompetend die Treppe hoch.

Mein Balkon im »Isfahan« entpuppte sich als willkommener Zufluchtsort, wohin ich zuweilen den hitzigen Argumenten und den zänkischen Kindern entrinnen und mit einem erquickenden Dämmerschoppen die heitere Masse des Ararat betrachten konnte. Das Auffüllen meines Whiskyvorrats hatte mir ebenfalls eine gewisse Erleichterung verschafft, denn ich tat dies, bevor ich über die lokalen Bräuche ausreichend ins Bild gesetzt wurde. Niemand in Dogubayazit (und schon gar nicht eine Frau) betrat je ein Spirituosengeschäft. Wie ich später herausfand, bestand die Methode darin, mit dem Wagen vorzufahren und mit laufendem Motor und heruntergezogenen Rouleaus am Randstein zu warten. Dann sauste ein Jüngling aus dem Laden, um mit gedämpfter Stimme die Bestellung aufzunehmen, worauf der Fahrer um den Häuserblock kurvte, bis er auf ein diskretes Zeichen hin wieder kurz anhielt und ihm hastig neutral aussehende Schachteln in den Kofferraum geschoben wurden. Da solche Güter im Iran als Schmuggelware gelten, hätten leicht iranische Agenten auf der Lauer liegen können, um sich die Kennzeichen zu notieren. Doch da ich mir diesbezüglich keine solchen Sorgen machen und auch nicht kompliziert mein Gewissen erforschen mußte, ob ich Alkohol trinken dürfe, hatte ich mir nichts dabei gedacht, als ich ganz offen in ein Geschäft schlenderte und fragte, welche Whiskysorten sie auf Lager hätten. Der Besitzer war von meiner Kühnheit so geschockt, daß ich anfänglich glaubte, er habe einen Herzanfall. Nachdem er sich soweit erholt hatte, daß er wieder sprechen konnte, stritt er kategorisch ab, so etwas zu führen. Als ich verblüfft auf die Flaschen in den Schaufenstern deutete, bewies er mir, daß alle nur Attrappen waren. Ich ließ mich jedoch nicht so leicht beirren, und um mich loszuwerden, schickte er seinen Laufburschen aus, der zu irgendeinem versteckten Warenlager rennen mußte. Nach seiner Rückkehr überreichte man mir eine gut eingewickelte Flasche in einer Plastiktüte. Der Ausdruck auf dem Gesicht des Ladenbesitzers überzeugte mich, daß es besser war, zu bezahlen, was er verlangte, und erst später nachzusehen, was ich da erworben hatte. Es erwies sich als eine bekannte Marke, zwar nicht mein Lieblingswhisky, aber durchaus akzeptabel und zudem billiger als in England.

Wenn ich auf meinem Balkon saß und von dem Ausblick auf den Ararat genug hatte, konnte ich mich in die andere Richtung drehen, wo kahle, ockerfarbige Klippen einen dramatisch gezackten Hintergrund bildeten. Sie waren die Verteidigungsbollwerke der fruchtbaren Ebenen rund um den Ararat, und in den vielen Überresten von Festungen, deren früheste bis in urartische Zeiten ums Jahr 1000 v. Chr. zurückreicht, war hier die lange Geschichte von Dogubayazit aufgezeichnet. Im Laufe der Jahrhunderte hatten Byzantiner, Seldschuken und andere Völker ihren Beitrag geleistet. Der osmanische Sultan Selim der Grausame hielt hier seine Truppen in Garnison, als er gegen die Perser kämpfte. Möglicherweise ließ er die feine, kleine Moschee, die noch heute unversehrt in der Nähe der zerfallenen Zitadelle steht, zur Feier seines entscheidenden Sieges in der Schlacht von Çaldiran im Jahr 1514 errichten. Das späteste und berühmteste dieser Bollwerke, der befestigte Palast von Ischak Pascha aus dem achtzehnten Jahrhundert, war etwas vom Entzückendsten in Dogubayazit und soll seinerzeit so prunkvoll gewesen sein, daß er sich sogar mit dem Topkapi-Palast des Sultans in Istanbul messen konnte.

Der Anstieg zum Ischak-Pascha-Palast war außergewöhnlich steil. Ich merkte, wie fit ich wieder war, denn ich schaffte es, den ganzen Weg auf einem unbeladenen Roberts hochzufahren. Eigentlich hatte ich ihn nur mitgenommen, um auf dem Rückweg die fünf Kilometer im Freilauf hinunterzusausen, doch nachdem ein Armeeoffizier es sich nicht verkneifen konnte, mir mitzuteilen, es sei unmöglich, mit dem Rad hier hochzukommen, und mich dabei höhnisch angrinste, fühlte ich mich verpflichtet, ihm das Gegenteil zu beweisen. Ich war früh am Morgen aufgebrochen, um der glühenden Hitze des Tages zu entgehen, und begegnete der türkischen Armee auf ihrem Morgenlauf. In diesen Grenzregionen verfügte jede Stadt über eine große Militärkaserne. Die Soldaten waren aus leicht ersichtlichen Gründen durchweg Türken – die kurdischen Rekruten, die nicht in die Berge geflohen waren, um sich der PKK anzuschließen, mußten ihren Dienst in der Westtürkei leisten. Die unzähligen jungen Wehrmänner, die mir entgegenkamen, alle uniform kahlgeschoren und nackt bis zur Hüfte, trugen schwere Militärstiefel und lange, dicke Hosen und waren schweißgebadet, da sie bereits ein gutes Stück die Klippen hochgelaufen waren. Jetzt rannten sie in enger Formation mitsamt ihren Fahnen und Bannern wieder herunter und sangen dabei rhythmische Slogans. Das Donnern von mehreren hundert schweren Stiefeln auf dem Asphalt, der laute Sprechchor und der überwältigende Geruch all dieser Leiber flößten mir Angst ein. Ich erinnerte mich an Xenophons Beschreibung, wie die Zehntausend die Schlachthymne anstimmten, wenn sie sich dem Feind auf den Hügeln entgegenwarfen, und merkte plötzlich, daß sich die Kriegsführung gar nicht so sehr geändert hat. Es war einer der türkischen Offiziere gewesen, die neben ihren Männern einherrannten und sie ermahnten, noch lauter zu brüllen, der mir die bissige Bemerkung zuwarf, auf die hin ich den Hügel in Angriff nahm.

Der Palast von Ischak Pascha lohnte die Mühe. Er wurde gegen Ende des achtzehnten Jahrhunderts von einer Dynastie Feudalherren als ein Horst gebaut, von dem aus sie den lukrativen Handel auf der Seidenstraße kontrollieren konnten. Ob diese feudalen Herrscher, die zu jener Zeit praktisch unabhängig von ihren osmanischen Oberherren über Ostanatolien und den Transkaukasus regierten, Armenier, Georgier, Kurden oder sogar eine Verschmelzung aus allen drei Völkern gewesen waren, bleibt im dunkeln, und die Fachleute sind darüber geteilter Meinung. Aus diesem herrlich eklektischen Palast, der, halb Festung, halb Lustschloß, ungeniert Anleihen bei seldschukischen, armenischen, georgischen, osmanischen und persischen Stilrichtungen machte und dabei ein völlig originelles und sehr ansprechendes Gepräge erhielt, läßt sich die Herkunft jener Herrscher jedenfalls in keiner Weise erschließen. Dank des sagenhaften Reichtums aus dem Tributsystem für die Karawanen waren keine Kosten gescheut worden. Der Palast wies Zentralheizung, fließendes Wasser und ein Kanalisationssystem auf, was in dieser Gegend sogar heutzutage eine Seltenheit ist.

Obwohl er seiner Verzierungen längst beraubt war (die vergoldeten Eingangstüren zum Haupthof wurden 1917 ins Ermitage-Museum in St. Petersburg weggebracht) und sich in halb verfallenem Zustand befand, hatte sich der Ischak-Pascha-Palast einen Hauch von Luxus und Eleganz bewahrt. Es war an sich schon bemerkenswert, in einer so kompromißlosen Umgebung ein gewichtiges Bauwerk anzutreffen, doch ein Palast mit dreihundertsechsundsechzig reich ausgestatteten Zimmern inmitten dieser Einöde mit ihren kahlen, phantastischen Klippen und Felstrümmern grenzte an ein Wunder. Die Moschee mit ihrem kühlen, marmornen, diffus beleuchteten Innenraum voller sanft gurrender Tauben war für mich der lieblichste Platz in dem ganzen Gebäudekomplex.

In gewissem Sinn waren die Tauben (beziehungsweise ihr Ausbleiben) für meinen verlängerten Aufenthalt in Dogubayazit verantwortlich. Wie Noah wartete ich auf ein Zeichen – in meinem Fall nicht auf einen Ölzweig, der mir sagte, daß es sicher sei, den Berg hinunterzuklettern, sondern auf die Erlaubnis, ihn zu besteigen. Obwohl der ganze Ararat offiziell als Militärzone galt, war es nicht schwierig, eine Genehmigung zu erhalten und zum Gipfel begleitet zu werden, doch es dauerte in der Regel rund sechs Wochen, was in meinem Fall natürlich viel zu lang war. Mein Freund Hüseyin versuchte, die Prozedur abzukürzen, und wandte sich direkt an seine Kumpanen unter dem hiesigen Militär. Wenn ich früh am Morgen auf meinem Balkon saß, der Ararat wie die Andeutung einer weiten, blassen Mauer vor mir, mit silbernen Wolken, die um den Gipfel hingen, fühlte ich mich herausgefordert. Er lockte, wie es alle großen Berge tun. Ich wollte ihn um seiner selbst willen besteigen, allein deshalb, weil er da war. Sobald sich jedoch am Spätnachmittag für etwa eine Stunde der Dunst leicht lichtete und der Berg zusammen mit dem perfekten Kegel des Kleinen Ararat an Substanz gewann und sich von den flachen Ebenen ringsum abhob, war ich nicht mehr so inspiriert, denn dann wirkte er eher wie ein riesiger Felsklumpen. Und da ich wußte, daß in dieser dunstigen Jahreszeit keine Möglichkeit bestand, denselben weitläufigen Ausblick in die Ferne zu genießen, wie ihn Bryce beschrieben hatte, spürte ich auf einmal, daß es mir nicht das Herz gebrochen hätte, wenn die Bewilligung abgelehnt worden wäre.

Genau als ich diesen Grad an philosophischer Distanz von meinem Vorhaben gewonnen hatte, erschien Hüseyin und teilte mir mit, daß mit dem Militär ein Kompromiß ausgehandelt worden sei und ich morgen mit einer Gruppe französischer und deutscher Bergsteiger bis zur Hälfte des Gipfels mit hochgehen dürfe.

An den tieferen Berghängen lagen ein, zwei Kurdendörfer mit freundlichen kurdischen Bewohnern, die ihre Gärten und Obsthaine bestellten. Sie hatten sich an Touristen gewöhnt, denn die Adventisten des Siebenten Tages besuchen den Ararat häufig in großer Zahl, um die Wiederkunft Christi hier abzuwarten und unterdessen die Hänge nach Überresten der Arche abzusuchen. Erst kürzlich begannen unter anderem auch amerikanische Astronauten, nach der Arche zu forschen, und zur Zeit scheint ein wahres Wettrennen im Gang zu sein, wer sie als erster entdeckt. Ein armenischer Mönch brach im vierten Jahrhundert mit dem gleichen Ziel auf, doch als er beinahe den Gipfel erreicht hatte, schlief er ein und träumte, daß ihm ein Engel erschien und ihm sagte, es sei unziemlich, nach dem Nachweis eines für die Neuerschaffung der Menschheit so zukunftsträchtigen Ereignisses zu forschen. Als kleinen Trost ließ er ein Holzstück der Arche neben ihm zurück, damit er es beim Aufwachen fand. Die Armenier hatten darauf richtigerweise die Suche eingestellt und sich damit begnügt, auf dem Berg ein Kloster zu bauen, welches die Relique aufnehmen sollte. Beides wurde im folgenden bei einem Erdbeben zerstört.

Inzwischen war ich selbst bis zur Hälfte hochmarschiert, zu einer Stelle, wo der in keiner Aufstiegsphase besonders ansprechende Berg schließlich in unwirtliche Trümmerfelder übergeht, in denen man sich leicht den Knöchel verstaucht und das Vorwärtskommen mühsam ist, und ich konnte den gesunden Menschenverstand der Armenier nur bewundern. Hätte ich die Erlaubnis gehabt, wäre ich sicher bis zum Gipfel hochgestiegen, doch ich war nicht wirklich enttäuscht, daß mir dies verwehrt war. Man braucht den Ararat nicht einmal bis zu diesem Punkt zu besteigen, um zu erkennen, auf welche Weise er seinen Platz in der Legende von Noah einnahm. Hoch ragt er aus den weiten, flachen Ebenen heraus – wo sonst hätte die Arche denn stranden können? Weit faszinierender ist die Legende selbst, denn im Kern der meisten Kulturen und Glaubenssysteme steckt irgendeine Geschichte von einer großen Überschwemmung. Die Pyramiden der alten Ägypter beispielsweise waren Symbole des heiligen Berges, der sich über die urzeitlichen Wasser des Chaos erhob. Irgendwo im kollektiven Bewußtsein des Menschen muß die Erinnerung an ein umwälzendes Ereignis begraben liegen. Daß er es überlebte, ist der Grund für seinen Glauben an eine gnädige Gottheit und an sein eigenes Geschick, das ihn zu einer Einheit mit diesem göttlichen Wesen führt, wie immer er es sich auch vorstellen mag. In diesem Sinnzusammenhang hatte ich auf dem Ararat das deutliche Gefühl, hier oben am Beginn einer langen Reise der Menschheit zu stehen. Auch ohne den herrlichen Rundblick, den Bryce genossen hatte, schien mir die Vorstellung nur natürlich, wie sich die Söhne Noahs von dieser Stelle nach Norden, Süden, Osten und Westen ausgebreitet hatten. Beim Lesen von Whitmans »Passage to India« auf meinem Balkon, während ich zum letzten Mal das tägliche Drama der den Gipfelschnee des Ararat vergoldenden Sonne betrachtete, verspürte ich erneut, wie genau der Dichter die Stimmung dieser Wiege der Menschheit eingefangen hatte:

> Von den Gärten Asiens heruntersteigend, strahlenförmig ...
> ihre zahlreichen Nachkommen im Gefolge,
> wandernd, sehnsüchtig, neugierig, rastlos erkundend ...

13

Nach Süden zum Vansee

Die »Kurzstrecke« nach Van, wie die Straße genannt wurde, schmiegt sich eng an die iranische Grenze. Sie war erst kürzlich für den zivilen Verkehr freigegeben worden und berüchtigt für die Wildheit der Dörfer, die an der Strecke lagen. Meine Freunde in Dogubayazit, die Bescheid wußten, warnten mich davor, die Strecke auf dem Fahrrad zurückzulegen, doch statt mir dies klipp und klar zu sagen, beließen sie es bei Andeutungen und empfahlen mir, zumindest bis zur Paßhöhe zwischen den beiden Städten einen *Dolmus* zu nehmen. Die Liebenswürdigkeit der Kurden von Dogubayazit hatte mich in einer falschen Sicherheit gewiegt, so daß ich überhörte, was sie mir im Grunde mitzuteilen versuchten, und mich wohlgemut mit Roberts auf den Weg machte. Nach ein paar Tagen Rast brannte ich geradezu darauf, wieder durch gebirgiges Gelände zu radeln.

Die Belästigungen begannen im selben Moment, als ich von der iranischen Hauptverkehrsstraße abbog und auf dem engen Sträßchen in südlicher Richtung zum Sattel des Tendürek Dagi weiterfuhr. Zwei brutal aussehende Jugendliche banden einen knurrenden Hund los und hetzten ihn gezielt auf mich. Der Dazer war augenblicklich in meiner Hand. Sobald ich auf den Knopf drückte, machte das Vieh halt und wich zurück, unsicher, was es als nächstes tun sollte. Die Jungen sahen sogar noch verdutzter aus. Sie legten ihn wieder an die Leine, murmelten auf kurdisch ein paar Verwünschungen und trollten sich. Ich war so erbost über diesen feigen Angriff, daß ich im Nu abgestiegen war und die Verfolgung aufnehmen wollte, als der erste Stein aus den Händen kleinerer Jungen auf die Straße schlug. Bevor ich jedoch überstürzt handeln konnte, tauchten zwei Männer auf, die beide ebenso wütend über das Geschehen zu sein schienen wie ich. Einer setzte den Jungen nach und warf mit Steinen nach ihnen, als er sie nicht zum Stillstehen bringen konnte, während der andere bei mir stehenblieb und stillvergnügt über die Schimpftirade seines Gefährten in sich hineinlachte. »Diese Leute sind keine Menschen, das sind Hunde«, sagte der Möchtegern-Rächer bei seiner Rückkehr. Ich konnte nicht herausfinden, ob er nun Türke oder Kurde war.

Dies war das einzige Mal während des langen Vormittags, daß mir jemand zu Hilfe kam. In einem Dorf wurden gleichzeitig zwei riesige, furchteinflößende Biester auf mich gehetzt. Wiederum schaffte es der Dog Dazer, daß sie zurückwichen, doch erst, als ich schon glaubte, mein letztes Stündlein habe geschlagen. Überall schleuderten Jungen, Mädchen, Frauen und zuweilen sogar Männer ihr Sortiment Stöcke und Steine. Die ständige Angst vor einem Angriff kam meinem Rhythmus beim Pedalen in die Quere, machte den strapaziösen Anstieg zum Paß noch mühevoller, als eigentlich nötig gewesen wäre, und gab mir wenig Gelegenheit, die Landschaft in mich aufzunehmen. Als einziges registrierte ich, daß gerade Erntezeit war, zwischen felsigen Hügelchen kleine Kornfelder lagen und sich dahinter kahle Hügel und Berge erhoben. Zur Hauptsache wurde Gras angesät. Die Felder waren voller Leute, die es mähten, zusammenrechten und die enormen Mengen zusammentrugen, die benötigt wurden, um die unzähligen Schaf- und Ziegenherden, das Rindvieh und die Pferde durchzubringen. In den Dörfern gab es mehr Heuhaufen als Häuser. Es schien sich um ein ökonomisches System zu handeln, das ausschließlich auf Viehwirtschaft gründete. Uralte, klapprige, gefährlich hoch mit Heu angehäufte Lastwagen, deren Ladung sich oft dramatisch zur Seite neigte, überholten mich den ganzen Morgen, während ich mich vorwärtskämpfte und es mir immer schwerer fiel, meine Peiniger, die mir den Aufstieg so zur Hölle machten, nicht zu hassen.

Hinter der Paßhöhe hatte ich eine Weile Ruhe. Ich ließ Roberts gewähren, und die potentiellen Aggressoren zerstoben vor mir.

Obwohl ich mich nach diesen morgendlichen Begegnungen fix und fertig fühlte, war ich erstaunlicherweise bis jetzt ohne Beulen weggekommen. Wenn sich die Türkei je der World Cricket League anschließen sollte, werden wir Engländer wohl kaum etwas zu befürchten haben – wenigstens dann nicht, wenn auf ihrer Seite ein gerechter Anteil an Kurden mitwirkt, denn sie sind lausige Werfer.

Ein plötzlicher Ruf drang in meine Tagträumereien. Ich sah, wie ein junger Mann aus einem Kleinbus sprang und mir frenetisch zuwinkte. Da ich weitere Belästigungen befürchtete, brauchte ich eine Weile, bis ich Murat wiedererkannte, einen jungen Mann, den ich im Touristenbüro im fernen Trabzon getroffen hatte. Nach all den Anzeichen von Aggressivität war es eine wahre Wohltat, daß mich jemand umarmte, meine Hand kräftig schüttelte und viel Wesens um mich machte, obwohl unsere Bekanntschaft nur sehr flüchtig gewesen war. Eines Tages hatte ich das Touristenbüro aufgesucht, um mich dort zu erkundigen, wo man hier in einem freundlichen Straßencafé ein Bier trinken könne, da alle Lokale, die ich in Trabzon fand, nur Mineralwasser und Tee ausschenkten. Die pummelige Angestellte hatte mich hochmütig durch dicke Schwaden Zigarettenrauch gemustert und mich belehrt, daß »Damen in der Türkei kein Bier trinken«, worauf sich Murat, der dort herumhing und auf Kundschaft wartete, entschloß, die Ehre seiner Heimatstadt zu wahren und mich in eine heruntergekommene und etwas anrüchige Bar unten am Hafen mitzunehmen, wo kühles Bier in Strömen floß.

Wie viele Türken arbeitete Murat extrem hart für den bloßen Lebensunterhalt. Er sprach ein paar ausgefallene Brocken mehrerer Fremdsprachen und versuchte ein Reiseunternehmen aufzuziehen, das sich darauf spezialisierte, kleine Gruppen Touristen auf Blitztouren im Kleinbus durch Ostanatolien zu führen. Das Geschäft schien eindeutig anzuziehen, denn Murat sah schrecklich aus. »Nicht schlafen zehn Tage«, verkündete er mir stolz. Offensichtlich hatte er kurz nacheinander zwei Fünftagesausflüge hinter sich gebracht. Er war bis zu vierzehn Stunden am Stück gefahren und hatte in der Nacht, wenn seine Passagiere ein paar wenige

Stunden Schlaf ergatterten, sein zerbeultes Fahrzeug gewartet, was wohl nicht sehr erfreulich gewesen war. »Nein, nein!« wandte er ein. »Sie lieben sehr. *Çok Gezel!* Nur wollen schwimmen und Bier wie Sie, dann alle okay, sehr froh.« Er drängte mich, ihnen rasch zu einem Restaurant bei einem berühmten Wasserfall zu folgen, wohin er seine Kunden für das tägliche Bad brachte.

Ich beeilte mich, denn es interessierte mich zu erfahren, was Murats Passagiere von einer Osttürkei hielten, die sie kurz durch die Scheiben eines schnell fahrenden Kleinbusses erspäht hatten. Doch da zwischen mir und den Wasserfällen von Muradhiye ein weiterer Paß lag, erreichte ich sie erst mehrere Stunden später, als sich Murat und seine Wirbelwind-Reisegesellschaft schon wieder auf ihrem nächsten Vierzehnstundentrip befanden.

Seit ich den zweiten Paß überquert hatte, war die Landschaft leerer und ländlich-idyllischer geworden. Ein Fluß, der von den Bergeshöhen herabkam, floß neben der Straße dahin und verlief zuweilen in engen Schluchten, wo kühne Jungen bäuchlings auf selbstgebauten Binsenflößen durch die Miniaturstromschnellen ritten – meiner Ansicht nach eine weit sinnvollere Freizeitbeschäftigung, als Touristen zu piesacken. An anderen Stellen wurde er langsamer und schlängelte sich in weiten, gemächlichen Mäanderlinien durch Wiesen, deren Gras auf einmal sehr grün und samten wie ein irischer Rasen schien. Jetzt, da mich keiner mehr mit Steinen bewarf, hatte der Tag ein völlig neues Gesicht bekommen. Der gräßliche Knoten in meiner Magengrube, der sich den ganzen Morgen zusammengezogen hatte, begann sich zu lösen. Ich konnte wieder würdigen, was ich erblickte, und verspürte ein Gefühl von Harmonie mit meiner Umwelt, so daß ich bald fröhlich, wenn auch nicht sehr melodisch zu singen begann. In dieser gelösten Stimmung erreichte ich die Stelle, wo der Fluß sich unversehens über ein breites Felsband ergoß und wie ein Vorhang kaskadenartig in einen zwölf Meter weiter unten liegenden Teich hinabstürzte. Dahinter lag die Holzhütte eines Restaurants mit einer baufälligen Terrasse, die Aussicht auf die Szenerie gewährte. Eine schwankende Brücke aus Planken führte quer durch die Schlucht zu ihr hin.

Murat hatte Abdullah, den Chef des Restaurants, auf meine baldige Ankunft vorbereitet, und so wurde mir eine fröhliche Begrüßung zuteil. In Minutenschnelle war Roberts in einem Lagerraum verstaut, während ich vor einem willkommenen späten Mittagessen aus Reis mit gedämpften Eierfrüchten, Tomaten und Zwiebeln an einer Joghurtsoße saß. Im Wasserbecken unten spielten Jungen in der wirbelnden Strömung und tauchten wie geschmeidige Fischotter unter den Kaskaden hin und her. Ich freute mich schon, hier ebenfalls herumzuschwimmen. Heute waren keine Berge mehr zu erklettern, keine Steine und bissigen Hunde warteten, und der Tag gehörte mir ganz allein. Es war ausgehandelt worden, daß ich diese Nacht auf der blumenübersäten Wiese neben den Fällen kampieren dürfe, denn der Platz wurde von einem Nachtwächter abpatrouilliert und war deshalb relativ sicher.

Zufällig war heute mein Geburtstag. Sobald Abdullah dies hörte, schlug er gleich eine Party vor. Als man mich kommen und mitmachen hieß, war ich in meinem Zelt eingeschlafen, erschöpft vom Kampf mit den Wasserwirbeln im Teich und vom Aufstellen des Lagers unter Mithilfe von Abdullahs fünf lebhaften Kindern, die ein Teppichlager auf dem Gelände als ihre Sommerresidenz benutzten.

Das Restaurant war im Grunde nicht viel mehr als eine hölzerne Pfadfinderhütte mit kahlen Fußböden, abgewetzten Brettertischen unter fleckigen Tischtüchern und wackligen Stühlen. Ein paar zerrissene Plakate hingen lose an den Wänden, und mehrere fehlende Fensterscheiben waren mit Pappe verklebt. Trotzdem lag etwas Erwartungsvolles und Festliches in der Luft, das ebenso von Abdullahs fröhlicher Miene wie von greifbareren Dingen herrührte. Ich hatte ihnen in bezug auf das Essen *Carte blanche* gegeben und bekam etwas auf den Teller, was Abdullah stolz als »spezielles Geburtstagskebab« ankündigte. Ich kann nicht sagen, daß es anders geschmeckt hätte als die vielen hundert anderen Kebabs, die ich bereits in der Türkei verdrückt hatte (mit einfachen, grillierten Lammfleischstücken sind nicht viele Variationen möglich), doch da sich der Koch erwartungsvoll in der Nähe aufhielt, mußte ich natürlich verkünden, es schmecke köstlich. Abdullah empfahl mir, eine Flasche eines dunklen Rotweins der Sorte Hasnet Geceleri dazu zu kosten. Zum Glück halfen er und der Koch mir beim Trinken, denn der ziemlich trübe Wein hätte mich vermutlich melancholisch gestimmt, wenn ich ihn allein hätte trinken müssen. Die zweite Flasche dünkte mich schon nicht mehr ganz so schwer – türkischer Wein ist berüchtigt für seine Inkonsistenz. Der Koch fand dies den richtigen Moment, um mir sein *Pièce de résistance* aufzutischen, einen dreilagigen angeblichen »Geburtstagskuchen«, aus Früchten, Weingläsern und Zahnstochern kreiert und mit einer ausgehöhlten Melone gekrönt, die wie eine Halloween-Laterne zu einem Gesicht eingeschnitten war. Halb mit Öl gefüllte Metalldeckel von Rakiflaschen, in denen Dochte schwammen, hielten als Kerzen her. In Wahrheit sah es ziemlich scheußlich aus, war aber höchst erfinderisch konstruiert und hatte sicherlich mehrere Stunden in Anspruch genommen. Nach all der Feindseligkeit heute morgen war ich von soviel Freundlichkeit derart gerührt, daß ich nur mit Mühe ein paar Tränen zurückhalten konnte. Statt dessen bestellte ich noch eine Flasche Wein, um den Kuchen zu feiern, doch da unsere Anzahl inzwischen auf mysteriöse Weise zugenommen hatte, brauchte es weitere Flaschen, um alle Gläser zu füllen.

Danach begann die Party langsam in Schwung zu kommen. Der rundliche Abdullah wurde vom spindeldürren Nachtwächter, der mindestens achtzig gewesen sein muß, um die Hüfte gefaßt, und dann begannen sie ein kleines, schickliches Tänzchen, ein paar Schritte nach rechts, dann einige nach links, wobei sie anmutig ihre Taschentücher zwischen Daumen und Zeigefinger der freien Hand herumwedelten. Andere fielen ein, bis sich eine Linie quer durch die Hütte zog. Ich wurde als einzige sitzen gelassen und klatschte im Rhythmus mit. Musik gab es keine, nur das, was sie selbst mit Klatschen und Singen produzierten. Das alles glich von fern einem griechischen Tanz, nur etwas langsamer. Die Schritte waren jedoch sehr kompliziert, und nur wenige konnten sich mit der Fertigkeit des alten Nachtwächters messen. Schließlich trickste ein Doppelschleifer mit Hopser auch Abdullah aus; er strauchelte, und die ganze Reihe ging wie Kegel zu Boden und konnte sich vor Lachen nicht mehr halten. Der Nachtwächter tanzte mit einem verzückten Lächeln im Gesicht allein weiter. Wir anderen saßen herum und schauten ihm zu, während die Luft in der Hütte blau von Zigarettenrauch wurde. Die ganze Zeit über trafen weitere Männer ein, noch mehr Weinflaschen wurden entkorkt und machten die Runde. Es war zwar schade, eine so gesellige Party zu verlassen, doch ich hielt es für besser, meine Rechnung zu verlangen, solange ich noch bei Kasse war, denn der Wein floß die Kehlen hinunter, als wäre er Wasser. Nachdem ich den im Hinblick auf die geschluckte Menge an Getränken sehr bescheidenen Betrag beglichen hatte, ließ man mir eine letzte Höflichkeit zukommen: Der bejahrte Nachtwächter, der zwischen den Tänzen mindestens doppelt soviel Wein wie die anderen runtergekippt hatte, eskortierte mich würdevoll und ritterlich durch die Wiese zu meinem Zelt und erhellte mir mit einer nicht funktionierenden Fackel symbolisch den Weg.

Es brauchte keine Fackeln. Der Himmel war klar und mit Sternen übersät, und die Milchstraße zog sich wie ein breiter Strom über mir hin, der immer mehr Tiefe gewann, je länger ich zu ihm hochstarrte. Es hätte mir nichts ausgemacht, alle meine Geburtstage so zu verbringen, an einem Ort, wo Wasser über Felsen herabrauschte und kein Lichtdunst aus den Städten die Herrlichkeit des Nachthimmels verbarg. Es war ein bewegter Tag gewesen, ein Tag voller Kontraste, der mit einem Frühstück neben dem Berg Noahs begann, sich von freundlichen Abschiedsgrüßen über erbärmliche Animositäten zu einem unbeschwerten Gelage hinzog und schließlich in jenem Zustand endete, den Walt Whitman so adäquat als »schwangere spirituelle Dunkelheit« beschrieben hatte. Alleine in dieser Dunkelheit, in einem so altehrwürdigen und bedeutsamen Teil der Welt, erschien mir die Vorstellung eines »unergründlichen Ziels«, einer »versteckten prophetischen Absicht« sehr wirklichkeitsnah. Wie ich so dalag, eingemummelt in meinen Schlafsack, und auf das schwache Seufzen des Windes hinter dem Donnern der Wasserfälle horchte, war mein letzter Gedanke, wie recht doch die alten Israeliten mit ihrer Vorstellung gehabt hatten, wir Menschen seien dazu bestimmt, »in Zelten zu wohnen«.

Es war ein schönes Erwachen in der frischen, trockenen Morgendämmerung. Kein Tautropfen lag auf dem Gras, der nackte Füße hätte frösteln lassen. Ich kann mir keinen lieblicheren Tagesbeginn vorstellen, als unter dem Vorhang jener Kaskaden herumzuschwimmen, während die Sonne sich über die östlichen Berge erhebt und in jedem einzelnen Wassertropfen spiegelt. Abdullah und seine Familie schliefen noch, als ich wegfuhr. Das ganze Land schien noch zu schlafen, denn auf der langen Abfahrt zu den Ebenen von Van ließ sich keine Menschenseele blicken. Die Straße wurde immer schlechter und war voller Schlaglöcher, die ich vorsichtig umrundete, damit ich mir kein Rad beschädigte. Ich kann die meisten kleineren Reparaturen an einem Fahrrad recht gut selbst ausführen, zweifle jedoch an meinen Fähigkeiten, eine zerbrochene Speiche zu ersetzen oder eine verbogene Felge zu richten. Als ich endlich einen Moment lang von der Straße aufblicken konnte, lag der Vansee in voller Größe vor mir. Er sah so hinreißend aus, daß ich anhalten mußte und meinen Blick nicht von ihm abwenden konnte.

Der Seespiegel ließ sich am ehesten mit einer jener viktorianischen Broschen aus mit Kristallglas bedeckten Schmetterlingsflügeln vergleichen, in denen ein tiefes, irisierendes Blau mit einer Fülle opalisierender Zwischentöne ins Saphirblau und Türkis übergeht. Die riesige Wasserfläche ist mehr als sechsmal so groß wie der Genfer See. Wäre ein früher Forscher zufällig auf sie gestoßen, hätte er sie leicht für das Meer halten können. Ein weiterer mächtiger und geisterhafter Berg, der Süphan Dagi, nur wenig niedriger als der Ararat, spiegelte nahe beim Nordufer seinen Gipfelschnee im See.

Nicht weit vom Strand stand ein kleiner Kiefernhain, in dessen Schatten ich anhielt, um Tee zu brauen und die Szenerie voll auszukosten. Ein Wagen mit einer iranischen Familie hielt ebenfalls unter den Bäumen an: Vater, Mutter, im üblichen schwarzen *Tschador*, zwei Kinder im Teenageralter, das Mädchen noch nicht in *Purdah*, aber doch schon in lange Röcke und Kopftuch eingehüllt. Sehr schnell hatten sie ein Feuer entfacht und ein Frühstück aus in Chapattis eingerolltem Rührei zubereitet, zu dem sie mich freundlich einluden. Ich ließ mich nicht lange bitten, denn wie gewöhnlich hatte ich einen Bärenhunger, da seit meinem kärglichen Morgenmahl aus Kaffee und getrockneten Aprikosen mehrere Stunden verstrichen waren. Sie aßen rohe Zwiebeln zu den Eiern, was sehr gut zusammenpaßte. Anschließend teilten wir uns meine restlichen Aprikosen. Die Kinder konnten ein paar Brokken Englisch, Standardfragen wie »Sind Sie verheiratet?«, »Haben Sie Kinder?« oder »Sind Sie Amerikanerin?«, woraus sich aber kein richtiges Gespräch entwickeln konnte, weil sie meine Antworten nicht verstanden. Doch die Mutter, die nur mit ihren Händen und ihrem expressiven Gesichtsausdruck sprach, beschrieb mir einen schrecklichen Verkehrsunfall, den sie früh am Morgen auf dem Weg von Dogubayazit miterlebt hatten. Ein Reisebus war in einer Kurve von der Straße abgekommen und den Berghang hinuntergerollt, wobei sämtliche zweiundfünfzig Kurden an Bord getötet wurden. Als ich den Bericht in Van nochmals hörte, diesmal in Worten, entsprach er jenem der Frau aufs Haar. Der einzige Zusatz war die Bemerkung, daß solche Vorkommnisse in diesen Gegenden nicht unüblich seien, weil die Iraner und Kurden unter anderem sehr waghalsige und geschwindigkeitssüchtige Fahrer seien und dazu neigten, in ihren alten, schlecht gewarteten Vehikeln die ganze Nacht durchzufahren – ein Eindruck, der sich meiner Ansicht nach auf viele Fahrer in der Osttürkei übertragen ließ.

Die nur fünfundachtzig Kilometer lange Fahrt nach Van war beschwerlicher als erwartet. Die Straße führte über lange Strekken hinauf und hinunter und überquerte unter anderem einen 1800 m hohen Ausläufer eines der großen Berggipfel, die den Vansee umringen. Ein heißer, unablässig wehender Wind hinderte mich am Vorwärtskommen und schickte wirbelnde Staubwolken über den trockenen Erdboden. Nur aus der Ferne und stets nur für kurze Zeit war das herrliche Blau des Sees in Sicht, denn die Straße verlief meistens tief im Inland.

Am Mittag lagen noch immer etwa dreißig Kilometer vor mir.

Als ich zu einem isoliert gelegenen Café kam, hielt ich an, um etwas zu essen. Es war ein Rasthaus für Fernfahrer, kaum mehr als ein kleiner Speisegarten neben einem erschreckend schmutzigen Schuppen, der als Küche diente. Auch hier wählte ich wieder Kebabs, denn frisch vom Grill waren sie sicherer als Schmorfleisch, das vielleicht schon stunden- oder sogar tagelang herumgestanden hatte.

Es war inzwischen Mittag und damit Zeit zum Gebet. Jeder ankommende Fahrer wusch sich als erstes in dem nur ein paar Schritte von meinem Tisch entfernten lehmigen kleinen Bach im Garten, was sehr prosaisch, aber dafür gründlich geschah. Hände und Arme wurden bis kurz über die Ellbogen gerieben und abgespült, darauf die Schuhe ausgezogen, um Füße und Beine bis zum Knie zu säubern. Niemand trug Socken, und die Schuhe waren hinten abgetreten, so daß man um so leichter hinaus- und hineinschlüpfen konnte. Danach spülten sie sich gründlich den Mund aus, und am Ende drehten sie sich um, um sich diskret die intimeren Körperteile zu waschen. Ein Brett wurde unter einem Baum hervorgeholt und auf die Erde gelegt. Einer nach dem anderen stellte sich darauf und machte seine Verbeugungen, indem er niederkniete, mit der Stirn den Boden berührte und zwischen den Bewegungen kurz in stiller Andacht verharrte. Wie immer fand ich das einfache Ritual viel eindrücklicher, wenn es wie hier ganz unbefangen in aller Öffentlichkeit und in einer ungeheiligten Umgebung durchgeführt wurde statt unisono in einer Moschee. Ich dachte bei mir, daß das Christentum vielleicht besser mit dem Islam mithalten könnte, der zur Zeit von allen Glaubensbekenntnissen den größten Zuwachs verzeichnet, sofern es sich diese Form des öffentlichen Betens zu eigen machen und seine komplizierteren und ergreifenden Rituale vor aller Augen ausführen würde.

Je näher ich Van kam, desto grüner wuchs das Gras auf den lieblichen Feldern, die sich zu dem in der Ferne schimmernden See hinunterzogen. Diese fruchtbare Gegend rund um den Vansee war einst das Zentrum der urartischen Kultur gewesen. Die Gelehrten hatten praktisch nichts über dieses Volk gewußt, bis

Archäologen im letzten Jahrhundert viele seiner Städte und Festungen ausgruben, seine Keilschrift entzifferten und sich allmählich ein Bild herauskristallisierte, wie bedeutend es zu seiner Zeit gewesen sein mußte. Ein paarmal wird es in der Bibel erwähnt – in der Schöpfungsgeschichte ist das Wort »Ararat« eine Verfälschung von »Urartu« und wurde in der lateinischen Version zu Armenien. Die Urarter tauchen erstmals im neunten vorchristlichen Jahrhundert in der Geschichte auf, und zwar in den Annalen des assyrischen Königs Schalmaneser III. Geschwächt durch ständige Kriege und innere Unruhen, war Assyrien unfähig, den raschen Aufstieg der Urarter zur Macht aufzuhalten, und schon ums Jahr 800 v. Chr. war Urartu unter seinem bedeutenden König Menua der größte und mächtigste Staat im westlichen Asien. Wie die Inschriften auf den ausgegrabenen Bauwerken bezeugen, ließ Menua in jener Gegend, wo die Legende den Garten Eden ansiedelt, Tempel, Städte, Paläste und Festungsanlagen errichten und konstruierte Hunderte von Kilometern Kanäle, Aquädukte und Bewässerungssysteme für »seine Gärten, seine Obsthaine und seine Weinberge«.

Die Herkunft der Urarter ist ungewiß. Man nimmt an, daß sie nicht ganz so kriegerisch wie die Assyrer gewesen waren, doch vermutlich stimmt das nur teilweise, denn wann immer in jenem biblischen »Mittelpunkt der Welt« eine Volksrasse an die Macht kam, bewerkstelligte sie dies ausschließlich dadurch, daß sie eine andere verdrängte. Obwohl das auf praktisch jedes Gebiet zutraf, das Noahs Söhne erreichten, scheint das Zuschlagen und Vertreiben in dieser Region extremer gewesen zu sein und länger gedauert zu haben als sonstwo, und es gibt nicht viele Anzeichen, die darauf hindeuten, daß es bald zu Ende gehen wird.

Unter Menuas Sohn Argistis I. blühte Urartu auf, bis sich seine Grenzen vom Kaukasus bis zum Mittelmeer erstreckten. Die Blütezeit dauerte jedoch nur kurz an, denn während der Regierungszeit von Argistis' Sohn Sarduris II. (764–735 v. Chr.) gewannen die Assyrer unter Tiglath Pileser III. erneut an Einfluß und zerstörten die Ländereien der Urarter ebenso wie die meisten anderen Länder im Nahen Osten. In den assyrischen Annalen für das

Jahr 735 v. Chr. erscheint ein Bericht über diesen Feldzug gegen die Urarter:

> Ich schloß Sarduris von Urartu in Turuschpa (dem Großen Felsen von Van), seiner Hauptstadt, ein. Ich begann ein großes Schlachten vor seinen Toren, und der Stadt gegenüber stellte ich ein Bildnis meiner Königswürde auf.

Es war für die Könige zu jener Zeit nichts Ungewöhnliches, sich mit solchen Taten zu brüsten. Im Flachrelief geschnittene assyrische Gedenktafeln, von denen das Britische Museum massenhaft Exemplare aufweist, zeigen, daß die Assyrer ihren Gefangenen Schreckliches zufügten, ganze Städte einäscherten und plünderten, Völker in die Sklaverei wegführten, aus Käfigen befreite Löwen abschlachteten und sich im Grunde ganz ähnlich aufführten wie moderne Staaten, nur daß in jenen Tagen noch nicht diese Doppelmoral herrschte. Eroberung und Macht war alles, worauf es ankam, und keiner versuchte, nackte Aggressionen unter irgendeinem Deckmantel zu verbergen. Die Assyrer waren stolz auf ihre Heldentaten und schmückten ihre Paläste mit bildlichen Darstellungen, über und über mit Inschriften in Keilschrift bedeckt, damit sie sich noch ausführlicher über ihre Tapferkeit auslassen konnte.

Die nächsten hundert Jahre kämpften die Urarter darum, ihr Land gegen die Einfälle der Assyrer zu verteidigen. In diesem Dauerkrieg wurden beide Staaten so sehr geschwächt, daß sie sich den Angriffen neuer Eroberer ausgesetzt sahen. Die Meder ergriffen die günstige Gelegenheit, schlugen das assyrische Reich im Jahr 612 v. Chr. bei Ninive und nahmen etwas später auch Urartu ein. Die letzten urartischen Zeugnisse werden um 590 v. Chr. datiert. Alles spricht dafür, daß dieses Volk damals mit Feuer und Schwert ausgerottet wurde.

Irgendwann im vierten vorchristlichen Jahrhundert nahmen die Armenier die urartischen Länder in Besitz. Von Anfang an wurde Van eine ihrer prominentesten Städte und blieb es durch die klassische und die byzantinische Periode, bis Sennacherib-Johannes, der letzte König von Van, im Jahr 1201 sein Königreich den Byzantinern abtrat, die es nur fünfzig Jahre später an die seldschukischen Türken verloren. Van behielt jedoch seine Bedeutung bis ins heutige Jahrhundert bei. Bis zum Ersten Weltkrieg war seine Einwohnerschaft zur Hauptsache armenisch, und als damals die Massaker an den Armeniern und die Deportationen ihren Höhepunkt erreichten, zählte Van zu den Orten, wo die Armenier Widerstand leisteten. Im Verlauf der Kämpfe wurde die aus vielen Schichten bestehende, seit dreitausend Jahren ständig bewohnte Stadt vollkommen zerstört und ihre gesamte Bevölkerung getötet oder in die Flucht gejagt.

Als ich in Van einfuhr, erhaschte ich von fern einen Blick auf den Großen Felsen von Van, auf dessen Kuppe die ursprüngliche Siedlung gegründet worden war. Die alte Stadt Van auf der Ebene unter dem Felsen wurde nach ihrer Zerstörung nicht mehr neu aufgebaut. Das moderne Van liegt drei Kilometer im Inland, eine triste, nüchterne Stadt mit grauen, modernen Bauten und geraden, staubigen Straßen. Dort finden sich ein paar komfortable Hotels, eine Unmenge billige, klinisch-nüchtern mit Neonröhren beleuchtete Restaurants und eine unverhältnismäßig große Anzahl Teppichgeschäfte, die verzweifelt auf Kundschaft warten. Van lag früher einmal an der Hauptroute nach Iran. Die Ost-West-Eisenbahn kam hier durch, und ein Fährdienst über den See verband die beiden Kopfbahnhöfe. Weil die Leute es heute jedoch vorziehen, mit dem Auto oder im Bus zu reisen, hat die alte Seidenstraße in ihrem neuen Gewand als »Iranischer Highway« das Privileg von Vans blühendem Handel mit Asien der Stadt Dogubayazit abgetreten. Solange sich noch westliche Touristen einfanden, spürte Van davon nicht allzuviel, doch der Krieg in Irak, die Entführungen der PKK und der Zwist in Jugoslawien, der die Landroute nach Europa blockierte, hatten die meisten potentiellen Besucher abgeschreckt. Der Ort schien sich in einem Wachstumsstillstand zu befinden. Die ungeteerten, staubigen Straßen waren von hohen Gehsteigen aus Marmor oder Terrazzo gesäumt, die im vergeblichen Versuch, sie sauberzuhalten, ständig abgespritzt wurden. In modernen Schaufensterkonstruktionen aus Aluminium lagen teure Konsumgüter wie Schmuckstücke, Bekleidung und Teppiche zur Auswahl. Die Hotels waren besser ausgestattet, als ich es inzwischen gewohnt war, und es gab sogar Fahrstühle, die funktionierten. Wie ich zu meinem Vorteil entdeckte, waren sie zudem leer, und so konnte ich mehr oder weniger meine Bedingungen stellen. Ob die unterbrochene Prosperität auch das politische Klima beeinflußt hatte oder ob die große Zahl von Spionen, Regierungsagenten und Polizisten in Zivil, die angeblich dort lauerten, daran schuld war, ließ sich nicht ermitteln, doch Van war die einzige Stadt im Osten, wo ich weder militante Kurden antraf noch irgend jemand darauf bedacht war, mir etwas über die türkische Perfidie zu berichten. Es war auch die einzige Stadt in der Osttürkei, wo Ladeninhaber und Hoteliers den Wunsch äußerten, die PKK möge doch zugunsten des profitablen Touristengeschäfts damit aufhören, weitere Schwierigkeiten zu machen. Nach all dem turbulenten Durcheinander von Meinungen, das mich in den vergangenen Wochen umwirbelt hatte, erschien mir diese politische Atempause fast ebenso bemerkenswert wie die Wunder, derentwegen ich hierhergekommen war.

14

Katzen und Könige

Wie ich bald entdeckte, besaß Van mehr Charme, als seine tristen Straßen anfänglich vermuten ließen. Zwei besonders faszinierende Ruhmesblätter waren eine Flut schwerer, schwarzer Dreiräder und eine einzigartige Rasse von Katzen. Die Einwohner von Van haßten die einen und liebten die anderen, und schon bald teilte ich ihre diesbezügliche Auffassung. Zwar hätte ich von mir erwarten können, mich mit jeder Form von unmotorisiertem Transport solidarisch zu fühlen, da dieses Phänomen in der an Komfort orientierten Türkei leider so selten ist, doch mit den Dreiradfahrern von Van konnte ich mich beim besten Willen nicht anfreunden. Es war ein merkwürdig widerwärtiger Haufen, den allerschlimmsten Fahrrad-Eilboten von London nicht unähnlich. Sie fuhren herum, als hätte sich alles gegen sie verschworen, fauchten und schnitten Grimassen und erweckten insgesamt den Eindruck, daß sie gegen die Welt im allgemeinen und die Person, auf die sie lossteuerten, im besonderen einen tiefen Haß empfanden. Ihre Vehikel hatten vorn zwei Räder mit einem geräumigen Korb dazwischen. Mit mehreren zentnerschweren Säcken voller Gemüse beladen, gaben sie wirksame und eindrückliche Rammböcke ab. Es war auch nicht unüblich, zwei fette lebende Schafe mit zusammengeschnürten Füßen Seite an Seite hineingequetscht zu sehen, die Köpfe hochgereckt und entrüstet blökend oder mutlos über den Korbrand hängend, als ahnten sie bereits ihren Tod voraus. Es mußte ein hartes Stück Arbeit sein, eine solche Ladung die geringste Steigung hochzuspedieren, und dort bildeten sie auch keine Gefahr, doch auf den flachen Strecken entwickelten sie ein ziemlich rasantes Tempo, und bergab wurden sie zu tödlichen Molochen mit völlig unzureichenden Bremsen, sofern nicht ein gegen den Reifen gestemmter Fuß mithalf. Es war gar keine Frage, daß die Dreiradfahrer den ihnen weit überlegenen Roberts nicht ausstehen konnten, und wenn ich nicht stets umsichtig einen großen Bogen um sie gemacht hätte, wären sie sicher entzückt gewesen, uns beide niederzumähen.

Vans Katzen dagegen sind köstlich, obwohl ihre Zahl leider im gleichen Maß zurückgeht, wie sich die Dreiräder vermehren – ein Umstand, der zu der Annahme verleitet, dies stehe in einem unglückseligen Zusammenhang. Diese Katzen weisen ein einzigartiges Wesensmerkmal auf: Ihr eines Auge ist hellblau, das andere hingegen von einem prächtigen Goldgrün. Eine solche nüchterne Feststellung trägt jedoch wenig dazu bei, ihre außergewöhnliche Anziehungskraft zu erklären. Die Katzen von Van haben nichts von der Hochmütigkeit der Perserkatzen oder von der lauten Beharrlichkeit der Siamesen. Sie sehen aus wie irgendein gewöhnliches flaumweiches Kätzchen. Ihr Fell ist völlig weiß, aber sonst keineswegs auffällig. Erst wenn sie einem direkt in die Augen schauen und man merkt, wie der eigene Blick etwas zu verschwimmen anfängt, beginnt man ihre seltsame Schönheit zu würdigen. Durch das Aufheben der Symmetrie verleihen die grundverschiedenen Augen Vans Katzen eine Faszination, die jener der späten Portraits von Picasso ähnelt. Mit ihrem unheimlichen Gesichtsausdruck, der an zwei getrennte Hirnhälften gemahnt, geht ein überaus charmantes, zutrauliches, verspieltes und furchtloses Wesen einher. Sie sollen unerschrockene Schwimmer sein, und obwohl ich niemanden antraf, der dies aus eigener Erfahrung bestätigen konnte, gab die Vorstellung, wie sie sich gleich kleinen, weißen Ottern in den herrlich blauen Wassern des Vansees tummelten, meiner Vision vom Garten Eden neuen Auftrieb.

Van ist ein bedeutendes Zentrum für die als »Kilim« bekannten bunten Teppiche. Mit Schafen läßt sich wenig mehr anstellen, als sie zu verspeisen oder ihr Fell in Teppiche zu verwandeln, und da die riesigen Schafherden das Hauptmerkmal von Ostanatolien sind, werden hier Kilims in großer Zahl produziert, in den Dörfern vielfach noch von Hand. Teppichgeschäfte sind genau der richtige

Ort, um Bekanntschaft mit Vans Katzen zu schließen, denn die gerissenen Besitzer halten sich meist mehrere, um Kunden anzulocken. Mein ganz besonderer Favorit stand unter der Obhut eines jungen Mannes namens Osman, dessen Laden nahe beim Hotel lag. Osman studierte im Winter Ingenieurwesen in Erzerum und arbeitete wie die meisten kurdischen Studenten den ganzen Sommer, um seinen Kursus bezahlen zu können. Außerdem lernte er Englisch, so daß ihm meine Besuche bei der gegenwärtigen Touristenflaute eine willkommene Gelegenheit zum Üben boten.

Wenn ich der Katzen von Van überdrüssig wurde, konnte ich die braunen Hennen aufsuchen, die in dem üppig wuchernden Gras zwischen den Reihen urartischer Stelen im Museumsgarten herumscharrten. Diese Freilandhühner hatten überall Zutritt. Sie wurden von einem heiseren Hahn mit glänzendem Gefieder von seinem Aussichtspunkt auf dem krönenden Turban eines feinen osmanischen Grabsteins in Schach gehalten. Der einzige Fleck, der ihnen verboten war, lag hinter einem großen urartischen Steinblock, in den eine Göttin gehauen war, die einen Granatapfel und einen Dreizack trug. Dieser schattige Winkel war für den Museumsdirektor reserviert und mit einem fluoreszierenden modernen Teppich ausgelegt, auf dem er in der größten Tageshitze sein Nickerchen machte. Ich besuchte das Museum fast jeden Tag, zuweilen nur der trauten Atmosphäre seines Gartens wegen, der nach den ständigen Scharmützeln mit den Dreiradfahrern äußerst friedvoll wirkte. Doch hauptsächlich kam ich hierher, um mir im Museum die Sammlung von urartischem Schmuck anzuschauen. Die schönen Bernstein- und Glasperlen, die goldenen Brustharnische und die Gürtel aus Bronze faszinierten mich besonders. Zusammen mit den vereinzelten Töpfen und den zylinderförmigen Siegeln mit ihren winzigen Piktogrammen waren sie auch sehr hilfreich beim Versuch, mir ein Bild von der längst verschwundenen Rasse von Urartu zu machen.

Eine weitere Attraktion von Van waren die verlockenden Konditoreien, deren Schaufenster mit großen, runden Metalltabletts voller von Honig triefender und mit Mandeln oder Pistazien gefüllter Blätterteig-Vierecke ausgelegt waren. Ich war von all den Klettertouren und dem fortwährenden Durchfall derart abgemagert, daß ich glaubte, mich ungestraft mit Kalorien vollstopfen zu dürfen. Dieses Gebäck war für meinen ungewohnten Gaumen jedoch so sättigend und zuckersüß, daß ich nie soviel hinunterbrachte, wie ich zuvor mit den Augen verschlang, und mich mit halben Portionen begnügen mußte, während die Einheimischen rund um mich herum eine zweite oder sogar dritte verdrückten.

Ich fand auch ein ausgezeichnetes Restaurant, in dem ich langsam auf den Geschmack kam, wieviel Interessanteres die türkische Küche zu bieten hatte als immer nur Kebabs und gedämpfte Eierfrüchte. Der Trick bestand darin, nur *Metzes* zu essen und sich nicht um den Hauptgang zu kümmern. In diesem speziellen Lokal, wo sich die gelegentlichen ausländischen Reisegruppen verpflegten, zählte ich fünfzig verschiedene *Metzes*, von Taramasalata bis zu marinierten Pilzen, drei verschiedene Arten pürierte Auberginen, vielfältig zubereitete Bohnengerichte, Kartoffeln in Joghurt und Minze, Oliven, Fisch und kalte gefüllte Paprikas. Dies alles war als Buffet angerichtet, so daß man von jedem ein Häppchen zusammenstellen konnte. Die Gäste aßen in einem staubigen, weniger grell als die meisten Gaststuben beleuchteten Garten unter Bäumen, die ihr Laub zu verlieren begannen, so daß sich oft eine zusätzliche Würze in den *Metzes* fand. Über den Bäumen tauchten hinter bronzefarbenen Wolken der Mond und die Sterne auf und verschwanden wieder, was der ganzen Szenerie einen Hauch von Grandezza verlieh.

Alle türkischen Gärten müssen ein Wasserspiel haben, und sei es nur ein Eisenrohr, aus dem ein ständiges Rinnsal auf den Boden tröpfelt. Auch dieser Garten hier bildete keine Ausnahme. Die Tische waren um einen großen, häßlichen, enteneierblau gestrichenen Brunnen gruppiert, in welchen aus einem zerbrochenen Speirohr Wasser spritzte, anscheinend allein zu dem Zweck, das ausgezeichnete Bier kühl zu halten. Wenn man keine unerwünschte Dusche abbekommen wollte, war es ratsam, gegen den Wind zu sitzen. Der Ort schien mir typisch für den speziellen Charme der Türkei: Schönes Hand in Hand mit Banalem, Erhabenes Seite an Seite mit Lächerlichem. Das Restaurant prunkte mit einem Plüschinterieur mit Neonlüstern, Samtvorhängen, hier und dort sogar mit Vergoldetem. Hier dinierten die wohlhabenden Einheimischen, unterhalten von einem beleibten Sänger mit einem dreiköpfigen, ausschließlich männlichen Hilfstrupp. Er sang zur üblichen dröhnenden Verstärkung, unterstrich jedes Gefühl mit betonter Gestik und ließ leidenschaftliche, herzzerbrechende Liebeslieder auf seine wie gewohnt ausschließlich männliche Klientel verströmen. Die Gäste saßen alle so, daß sie zur Bühne blickten, und schauten aufmerksam zu, während sie ihre Kebabs verschlangen und ein Glas Raki ums andere kippten. Nur sehr selten sah man Frauen nach Einbruch der Dunkelheit, und mit Sicherheit aßen sie nie auswärts oder spielten Tricktrack. Obwohl ich mich inzwischen in der Osttürkei an die Abwesenheit von Frauen an öffentlichen Orten gewöhnt hatte, wirkte diese Szene voller schwermütiger maskuliner Festlichkeit etwas farcenhaft auf mich.

Van war so lärmig wie die meisten Städte in der Türkei. Die Männer spielten Tricktrack oder sahen in den Cafés im Freien unter den Hotelfenstern bis spät in die Nacht fern, und wie immer wetteiferte ein Übermaß an Muezzinrufen ab Tonkonserve darum, möglichst jeden vor der Morgendämmerung zu wecken, so daß kaum an mehr als drei oder vier Stunden ununterbrochenen Schlaf zu denken war. Doch die vielen Entschädigungen wogen solche Nachteile bei weitem auf. Das einzige, was ich anfänglich unerträglich fand, war die Beleuchtung in meinem Hotelzimmer. Es entbehrte nicht einer gewissen Ironie, daß es nur mit zwei winzigen Fünfundzwanzig-Watt-Glühbirnen bestückt war, deren grüne Bemalung das Schummerlicht noch mehr dämpfte, während man alle Restaurants, Ladengeschäfte und Hotelhallen mit harten, grellen Neonstreifen ausgestattet hatte. Wie ich herausfand, konnte die Beleuchtung in den anderen Hotelzimmern durchaus auch rot oder sogar blau sein. Jemand verriet mir, dies habe mit den sexuellen Phantasien der türkischen Männer zu tun. Damit hatte ich allerdings nichts im Sinn, und so nahm ich schließlich die Sache selbst in die Hand und unternahm auf den

Treppenabsätzen und in den Toiletten Raubzüge nach helleren, ungefärbten Glühbirnen. Erst dann war es mir möglich, meine Notizen zu ergänzen oder den Weg ins Bad zu finden, ohne über die Möbel zu stolpern. Nachdem das Lichtproblem gelöst war, sprach nichts mehr dagegen, noch etwas länger in Van zu verweilen.

Der eigentliche Grund, nicht gleich weiterzufahren, war der Große Felsen von Van. Ein einziger Besuch reichte nicht für ein so außergewöhnliches und bedeutsames Monument, denn alle die sichtbaren Zeugnisse seiner dreitausendjährigen Geschichte ließen sich in so kurzer Zeit unmöglich gebührend würdigen. Es war kaum zu glauben, daß etwas so prächtig Situiertes und überaus Zweckdienliches rein zufällig da war und nicht von Menschenhand geschaffen wurde – ein riesiger, infolge einer urzeitlichen Vulkaneruption abgesondert am Rand des Sees zurückgebliebener Brocken Fels. Alle Gipfel, die den See umringen, sind erloschene Vulkane wie der Ararat auch. Einer dieser Berge, der Nemrut Dagi, hatte bei seinem letzten Ausbruch den Abfluß des Sees blockiert und ihn zu seinen gegenwärtigen Dimensionen aufgestaut.

Der Felsen von Van gewährte einen herrlichen Ausblick auf diese seltsame, wundervolle Landschaft. Seine Kuppe lag so hoch über der Ebene, daß mich die dumpfen Schläge einer Frau, die unmittelbar unter mir mit einem langen, hölzernen Paddel in einem Bach ihre Wäsche ausklopfte, erst erreichten, als ihr Arm bereits für den nächsten Schlag gehoben war. Doch der Felsen bot viel mehr als nur einen erhöhten Aussichtspunkt. Viele der alten Mauern und Türme der Zitadelle standen noch unversehrt. Die frühesten reichten bis ins Urartu des neunten Jahrhunderts zurück, wogegen die jüngsten aus der späten osmanischen Periode stammten. Sozusagen jede westasiatische Macht, die je Bedeutung erlangte – Assyrer, Perser, Meder, Babylonier –, war hier durchgezogen und hatte ihre Spuren hinterlassen. In den Katakomben der urartischen Könige sollten sich angeblich Inschriften aus der frühesten Periode befinden. Ich mußte mich mehrmals auf die Suche machen, bevor ich sie aufstöberte, denn der Fels ist oben erstaunlich weitläufig und gewunden, und viele Details lenken die Aufmerksamkeit ab. Schließlich schloß ich mich einer kleinen holländischen Reisegruppe an, die ich in meinem Hotel kennengelernt hatte, und wir kämmten zusammen systematisch die Gegend durch, bis wir in der Nordwestecke auf ein paar ausgetretene, ins Gestein gehauene uralte Stufen stießen. Die Inschriften waren über dieser Treppe in die Felswand geschnitten, Meter um Meter in keilförmiger Schrift, so deutlich und mit so scharfen Rändern, daß es fast unvorstellbar schien, wie sie zweieinhalb Jahrtausende der Witterung von Ostanatoliens strengen Wintern getrotzt hatten. Am Ende der Treppe war ein verriegeltes Tor. Wenn wir die Katakomben sehen wollten, mußten wir zuerst den Aufseher mit dem Schlüssel ausfindig machen und einen Preis für seine Dienste aushandeln.

Während wir uns in pechschwarzer Dunkelheit in der quadratisch aus dem Felsen gehauenen Kammer zusammendrückten, weil die Fackel des Aufsehers nicht brennen wollte, stieg uns plötzlich ein scharfer, überwältigender Geruch von Schweiß in die Nase. Im Licht eines angestrichenen Streichholzes entdeckten wir zwei junge Kurden, die sich hinter uns hereingedrängt hatten. Wir wußten nicht, ob es Spione der Regierung, Informanten oder Polizisten in Zivil waren, doch jedesmal, wenn ich mich einer Gruppe Touristen aus dem Westen anschloß (was nur rund um Van vorkam), tauchten irgendwann Polizisten in Zivil auf, um zu verhindern, daß wir von der PKK gekidnappt wurden. Wir befanden uns nur fünfundsechzig Kilometer von der Stelle am anderen Ufer entfernt, wo man die Deutschen entführt hatte, und die Behörden waren darauf erpicht, einer Wiederholung solch nachteiliger Publicity für den Tourismus vorzubeugen. Andererseits hätte dieses übelriechende Gespann ebensogut aus zwei neugierigen Einheimischen bestehen können, welche die Gelegenheit genutzt hatten, um die Katakomben zu sehen – wer wußte das schon?

Ein kurzes Aufflammen von ein paar Streichhölzern mußte ausreichen, um einen Eindruck von weiteren aus dem rötlichbraun gewachsenen Felsen geschnittenen, regelmäßigen Kammern zu vermitteln, die sich aneinanderschlossen und mit Nischen für Graburnen versehen waren. Mich überkam ein überwältigendes Gefühl vom Vergehen der Zeit und von der ungeheuren Arbeit, diesen Felsen auszuhöhlen. Doch da war nichts, um den gähnenden Abgrund zu überbrücken, der das späte zwanzigste Jahrhundert von einer Kultur trennte, die schon so lange Zeit zurücklag, daß es fast unvorstellbar schien. Der Führer brachte uns zu einem Schacht, der angeblich als Kamin für den Ofen gedient hatte, in dem die Urarter ihre Toten kremierten, aber niemand wollte dort in der Dunkelheit unter dem scharfen Geruch unserer ungebetenen Gäste länger verweilen. Hinaus ans Licht zu treten war wie eine Gnade. Es fühlte sich plötzlich sehr gut an, am Leben zu sein, und vielleicht ließ sich erst jetzt, geschärft vom Kontrast zu den Gräbern, die Schönheit der Landschaft und das intensive Blau des Sees mit den grünen Feldern, die zu seinem Ufer hinunterliefen, richtig schätzen.

Auf der Südseite fiel der Fels fast auf den ganzen achthundert Metern Länge beinahe senkrecht ab, obwohl sich auch hier schwache Eindrücke von Treppen abzeichneten. Sie führten zu uralten Altarplattformen, wo einst die vier Elemente, das Feuer, der Wind, der Himmel und das Wasser, angebetet worden waren. Unmittelbar unter dieser südlichen Klippe lag das weite, ebene Gebiet, das dreitausend Jahre lang die Unterstadt von Van beherbergt hatte und heute zu einem schrecklichen Mahnmal für die unerbittlichen Kämpfe zwischen den Türken und den Armeniern und Russen während des Ersten Weltkriegs geworden ist. Zu wenig Zeit ist unterdessen verstrichen, um das Zerstörungswerk in säuberliche, sterile Historie umzumodeln. Und so bleibt es ein Ort äußerster Trostlosigkeit, den vielen zerbombten Stadtzentren in Europa nach dem Zweiten Weltkrieg vergleichbar, mit Kratern und von Gras überwachsenen Trümmerhaufen, aus denen hier und dort das Fragment einer überwölbten Krypta aufragt wie die Brustkörbe in einem Beinhaus. Europas Städte sind wiederaufgebaut worden, doch es wird wohl noch viele Jahrhunderte dauern, bis Vans Narben hinlänglich kaschiert sind. Das Minarett der von Emir Yussuf um 1400 n. Chr. erbauten Großen Moschee sowie zwei osmanische Gräber, die auf wundersame Weise der Zerstörung entgangen waren, standen wie dumpf über einen ausgedehnten Friedhof vor sich hinbrütende Grabkapellen einsam in den Trümmerfeldern. Symbolisch betrachtet, schienen sie anzudeuten, daß dies letzten Endes die einzige Harmonie war, die sich zwischen der islamischen Türkei und den ständig verfolgten christlichen Armeniern herstellen ließ.

Eines Tages suchte ich mir einen Weg durch die traurigen Erdhügel, um die berühmten Inschriften zu sehen, die auf Befehl von Xerxes um das Jahr 482 v. Chr. in den Fels gehauen wurden. Die westlichen Historiker haben nicht viel Lob für Xerxes übrig und beschreiben ihn als einen östlichen Despoten. Offenbar lag ihm sehr viel daran, seine Person gebührend herauszustreichen, denn seine Inschrift nimmt viel Platz ein und ist bei weitem die eindrücklichste in ganz Van. Sie wurde in einen hervorstehenden Teil der nackten Felswand gemeißelt, etwa fünfundzwanzig Meter über dem Boden und rund zehn Meter unter der Felskuppe, so daß die Handwerker ihre Arbeit angeseilt oder auf Hängegerüsten über einem furchterregenden Abgrund ausführen mußten. Als ich nach London zurückkehrte, schlug ich eine Übersetzung der Inschrift nach und fand, daß sie eigentlich zu Ehren von Xerxes' Vater Darius gedacht war, der Van erobert hatte, obwohl dies aus dem Text nur schwer ersichtlich gewesen wäre. Darius wird nur zweimal nebenbei erwähnt. Lang, weitschweifig und etwas repetitiv, besagt der Text im wesentlichen folgendes:

> Ein großer Gott ist Ahuramazda, der größte der Götter, der diese Erde erschaffen hat, der den Himmel erschaffen hat, der den Menschen erschaffen hat, der das Glück für den Menschen erschaffen hat, der Xerxes zum König gemacht hat, zum einen König vieler Könige, zum König der Könige ... Ich bin Xerxes, der große König, König weit und breit auf dieser großen Erde ... Möge Ahuramazda zusammen mit den Göttern mich und mein Königreich und was von mir getan wurde, erhalten.

Nachdem er Van seinen Stempel aufgedrückt hatte, war Xerxes durch Anatolien gestürmt und hatte eine kilometerlange Brücke aus Booten über den Hellespont errichtet, um Griechenland anzugreifen und seiner Liste von Eroberungen hinzuzufügen. Und da ich mit Xerxes, den Griechen und der Schlacht bei den Thermopylen in eine Zeitskala eingetreten war, auf die ich mich wieder beziehen konnte und deren Ereignisse und Menschen zu einem Teil des Gewebes der Kulturgeschichte des Westens geworden sind, war ich beim Anblick besagter Inschrift völlig hingerissen.

Einen weitaus erhellenderen Blick in die sonst eher nebulöse urartische Zivilisation erhielt ich, als ich die Berge südöstlich von Van durchquerte, um die Fundstätte von Çavustepe zu besuchen. Auf einem niedrigen, schmalen Grat, der auf die Straße und ein urartisches Kanalsystem blickte, lagen die ausgegrabenen Reste des um 750 v. Chr. erbauten Palasts von König Sardur II. Überaus hilfreich war mir dabei das Buch eines französischen Archäologen, welches mir mein dortiger Führer zeigte. Es enthielt eine Rekonstruktion des Palastes – eine großartige Anlage mit hohen, sich nach oben verjüngenden Gebäuden, jenen von Assyrien oder Babylon nicht unähnlich. In der Türkei wird man häufig frustriert, weil an historischen Stätten oft jegliche Informationen fehlen, obwohl stets jemand da ist, um eine Eintrittsgebühr einzukassieren. Ebensowenig läßt sich feststellen, ob die weitschweifigen Einzelheiten, die einem der Führer liefert, nicht alle erfunden sind, wie ich bei mehreren Gelegenheiten feststellen konnte, wenn mir bereits etwas zu dem Thema bekannt war. Vielleicht waren diese Zeichnungen ebenso phantasievoll, doch sie schienen die ausgegrabenen Überreste in einen sinnvollen Zusammenhang zu bringen. Beachtliche Mauerteile waren erhalten geblieben, zyklopische Gebilde aus riesigen, unregelmäßigen Steinblöcken, schön, aber unregelmäßig geschnitten und wie ein Puzzle zusammengefügt. Im Kontrast dazu standen auf Hochglanz polierte Basaltplatten am Eingang zu einem Tempel, neben denen in feiner Keilschrift behauene Tafeln die Geschichte des Ortes festhielten. Die ausgegrabenen Fundamente zeigten wohlproportionierte, rund um Innenhöfe mit Wasserzysternen gebaute Räume. Sogar das angebliche königliche Klo war erhalten geblieben – wie viele moderne asiatische Toiletten kaum mehr als ein Loch im Boden. Diese unabdingbare häusliche Einrichtung half mir bei der Vorstellung, wie lebensechte Urarter einst auf dieselben Ebenen und Berge hinausblickten, die auch ich sehen konnte, auf ihre Kanäle und Aquädukte, ihre Gärten, Weinberge und Obsthaine, die vom Krieg und dem zerstörerischen Zahn der Zeit längst vernichtet worden waren.

An einem anderen Tag nahm ich den Bus, um tief im Herzen des alten Kurdistan, wo in einer wilden, gebirgigen Gegend die Grenzen der Türkei, Iraks und Irans zusammenstoßen, die Stadt Hakkari zu besuchen. Es war ungewiß, ob man mir bei den gegenwärtigen Unruhen erlauben würde, mit dem Rad hinzufahren, und außerdem hätte ich auf dem Rückweg der etwa zweihundert Kilometer langen, anstrengenden Tour dieselbe Route einschlagen müssen. Zum Ausgleich wechselte ich auf dem Weg den Bus, um ein paar Stunden im Dorf Güzelsu zu verweilen. Güzelsu bedeutet »süßes Wasser« und bezieht sich vermutlich auf den Fluß Hosap, der hier von einer sehr hübschen Brücke mit drei Bogen überspannt wird, im Jahr 1500 von Zeynel Bey, einem lokalen kurdischen Kriegsherrn und Räuberbaron erbaut. Doch eigentlich war ich hergekommen, um das Märchenschloß Hosap zu besichtigen, das auf einer großartigen Felsnadel hoch oben über dem Dorf steht. In seiner Blütezeit war dieses Schloß eine berüchtigte Feste für die gesetzlosen Kriegsherren gewesen, die alles ausplünderten, was sich hier durch die Berge wagte, und viele unglückselige Reisende in seinen grausigen Verliesen vermodern ließen. Man hatte ihm jedoch schon seit langem die Zähne gezogen. Von seinem Inneren war nur wenig übrig, und es sah aus wie ein hohler Zahnstummel, von dem nur die prächtige äußere Schale mehr oder weniger intakt geblieben war. Den schönsten Anblick bot es unten von der Straße, von wo es noch immer beängstigend und uneinnehmbar wirkte. Als ich zu seiner Brustwehr hochkletterte, bemerkte ich, daß mir auf der anderen Talseite die erodierten Mauern einer viel größeren urartischen Festung gegenüberstanden.

Um Brücke und Schloß zusammen aufs Bild zu bringen, mußte ich zum Fluß hinuntersteigen. Das »süße Wasser« war hier von einer jahrhundertealten Anhäufung übelriechender Müllhaufen ziemlich verschmutzt. Gerade war es mir gelungen, sie zu passieren und mich in eine günstige Position zu bringen, als ein Traktor auf die Brücke fuhr und mittendrin anhielt. Der Fahrer bemerkte, daß ich ein Foto machen wollte, und zuckte hilflos die Achseln, um mir zu verstehen zu geben, daß er eine Panne hatte. Die gewohnte Schar Männer, die herumsaßen und zuschauten, erhob sich augenblicklich und schob den Traktor von der Brücke. Als ich wieder zur Straße hochkletterte, wurde ich zu einem Glas Tee in den Schuppen des Automechanikers eingeladen. Die Kurden zeigen ebenso wie die Türken einen lobenswerten Stolz auf ihren Wohnsitz – leider ohne Konsequenzen für dessen Erhaltung – und schätzen es, wenn jemand ihren Städten und Dörfern Anerkennung zollt und sie fotografiert. Die Männer möchten auch gern selbst geknipst werden, doch das führt meist zu nichts, denn entweder nehmen sie eine steife, unnatürliche Pose ein, oder sie drängen sich in den Vordergrund einer Bildstudie von einer Moschee und zerstören die ganze Komposition.

Die Fahrt nach Hakkari war außergewöhnlich. Obwohl nie höher als 2700 m, führte die Route durch enge, abschüssige Gebirgstäler, wie ich sie in dieser Höhe noch nie so schroff und zerklüftet gesehen hatte. Schluchten zweigten von den Haupttälern in immer abgelegenere Ödnisse ab. Die grünen, mit dem starren Felsgestein kontrastierenden Flüsse, die sich in ihnen ergossen, schwollen zu tosenden Wildwassern an, sobald die Regenzeit einsetzte, und machten die Gegend noch unpassierbarer. Die vereinzelten Wohnstätten duckten sich in die Geländefalten und ließen sich nur selten von der Straße aus sehen. Das ganze Land zeigte ein verstohlenes und verschlossenes Gesicht. Xenophons Beschreibung, wie sich die Zehntausend unter unsäglichen Schwierigkeiten einen Weg durch die Canyons kämpften, ließ sich ohne weiteres auf diese Szenerie übertragen, denn im wesentlichen hatte sich hier seit seinem Marschbericht nichts geändert. Ich erblickte dieselben strategisch wichtigen Punkte, um deren

Sicherung die Griechen so hart gekämpft hatten. Oft hatten sie die Verteidiger von einem Gipfel vertrieben und mußten zusehen, wie sie einen anderen von gleicher Höhe erklommen und einen dritten besetzten, nachdem sie auch von jenem verjagt worden waren. Man konnte sich leicht vorstellen, wie frustrierend und gefährlich es war, in diesen langen, engen Tälern die Nachhut zu befehligen, wie Xenophon es getan hatte. Die Vorhut entfernte sich immer weiter nach vorn und beeilte sich, den nächsten Paß zu besetzen, bevor ihn der Feind als erster erreichte, während die Griechen am Schwanz des Heerzuges inzwischen von oben von den Klippen unablässig mit Speeren und Pfeilen angegriffen wurden.

Diese Berge waren seit jeher ein Zufluchtsort für Banditen oder Guerillakämpfer gewesen und boten gegenwärtig angeblich Tausenden von jungen, bewaffneten, in kleinen, mobilen Trainingscamps verstreuten PKK-Aktivisten Unterschlupf. Dies war zweifellos der Grund, weshalb der Bus so oft vom Militär angehalten wurde und warum ernst blickende Soldaten durch den Mittelgang patrouillierten, um jedermanns Papiere genau zu überprüfen. Selbst mein eigener Reisepaß wurde immer wieder kontrolliert, obwohl ich nie gedacht hätte, daß man mich irrtümlich für einen jungen kurdischen Aufständischen halten könnte.

Hakkari bedeutete die Endstation des normalen Reiseverkehrs in diese Richtung. Die unwirtliche Straße oben auf einem Hügel empfahl sich in keiner Weise für eine Übernachtung, obwohl wir mit allen Zwischenhalten rund sechs Stunden gebraucht hatten, um sie zu erreichen. Die Straße führt zwar durch ähnlich zerklüftete Berge weiter nach Süden, dreht dann nach Westen ab und verläuft nahe an der irakischen Grenze, doch hier liegen überall die Schlupfwinkel der PKK, welche die Grenzen zu Irak und zu Syrien in beiden Richtungen mit einer Leichtigkeit überquert, wie sie allen anderen, einschließlich der konventionellen Regierungstruppen, verwehrt bleibt.

Ich setzte mich in einen der kleinen Teegärten im Zentrum von Hakkari und wartete auf meinen Bus zurück nach Van. Wild dreinblickende Männer in ihren traditionellen voluminösen

Hosen und rauhen Turbanen, mit Hakennasen, riesigen schwarzen Schnurrbärten und dunklen, blitzenden Augen saßen da, tranken Tee und schauten sich gespannt im Freilichtfernsehen Trickfilme an. Ein paar wenige trugen westliche Kleidung. Es konnten sehr wohl Regierungsagenten sein, denn sie interessierten sich nicht für die Trickfilme, sondern beobachteten die Zuschauer über den Rand ihrer Zeitung. Die spärlichen Frauen, die am Garten vorbeischlurften, wirkten unter ihren Umhängetüchern, in die sie sich eingehüllt hatten, gealtert und gebeugt, und ihre Augen blickten starr auf den Boden zu ihren Füßen. Zuoberst in der Stadt, gleich hinter dem Teegarten, saß Atatürk in Bronze auf einem feurigen Streitroß, über ihm ein Spruchband mit dem notorischen Bekenntnis »WIE WUNDERVOLL, SAGEN ZU DÜRFEN: ICH BIN TÜRKE!« in Großschrift. Ich dachte müßig darüber nach, wie wohl die Schotten, die Waliser oder die Iren auf Spruchbänder mit »WIE WUNDERVOLL, SAGEN ZU DÜRFEN: ICH BIN ENGLÄNDER!« reagieren würden, die ihre Hauptplätze schmückten oder in die Felswände eingemeißelt waren.

Der oberflächliche Anstrich von Normalität in Hakkari fühlte sich brüchig an. Die Behörden hatten anscheinend strenge Sicherheitsmaßnahmen getroffen, obwohl nur wenige Anzeichen dafür sprachen. Am deutlichsten äußerte sich dies darin, daß kein Mensch versuchte, sich mit mir zu unterhalten, was so ungewöhnlich war, daß es mich ganz nervös machte. Gleichzeitig fühlte ich deutlich, daß ich beobachtet wurde. Ich spürte, wie sich mir die Haare im Nacken sträubten, und mußte mich zurückhalten, um nicht dauernd über die Schulter zu blicken. Kein einziger kleiner Junge tauchte auf, um mich um einen Kugelschreiber zu bitten, oder stand auf einem Bein herum, um Mut zu sammeln und seine zwei oder drei Wörter Englisch oder Deutsch anzubringen. Es schien ein sehr trauriger Ort, und ich war erleichtert, endlich wieder im Bus zu sitzen, durch die herrlich wilden Schluchten zu den Ebenen von Van zurückzufahren und mit meinem Freund Osman im Teppichladen Tee zu trinken, während seine schnurrende weiße Katze in meinem Schoß lag und ihre ungleichen Augen behaglich geschlossen hielt.

15

Rund um den Garten Eden

In der Gegend von Van erscheint die Vorstellung, unvermutet auf den Paradiesgarten zu stoßen, gar nicht so abwegig. Vielleicht fördert der tägliche Kontakt zu Werken ehrwürdigen Alters eine unterschiedliche Wertschätzung von Zeit und Wirklichkeit, vielleicht liegt es auch einfach nur an der einzigartigen Qualität dieses von Bergen umringten Sees im Mittelpunkt der Welt. Wie dem auch sei: Als ich um den südlichen Rand des Vansees radelte und mich der Insel Akhtamar näherte, erschien mir dieser Gedanke weit mehr als nur eine vage Möglichkeit. Der Schauplatz war ideal – eine kleine Insel in Küstennähe ragte in die blaugrüne Unendlichkeit von See, Himmel und ätherischen, wolkenverhangenen Bergen. Das herrliche Licht verlieh dem Ganzen eine intensive Tiefe und Klarheit, und die Luft schien mit winzigen goldenen Pünktchen aufgeladen, die über der gekräuselten Wasserfläche tanzten.

Akhtamar ist etwa drei Kilometer vom Ufer entfernt. Am westlichen Ende liegt ein markanter Hügel, auf dem einst der königliche Palast stand, wo Gagik I. von Vaspurakan im Jahr 908 mit Glanz und Gloria zum König gekrönt wurde, wie der Chronist Thomas Artusini berichtet:

> Hoch zu Pferd mit goldenem Zierat, glänzte er wie die Sonne unter den Sternen. Große Kompanien Soldaten standen von Kopf bis Fuß gewappnet zur Rechten und zur Linken. Die Waffen klirrten, die Trompeten erklangen, die Hörner schmetterten, die Flöten schrillten, die Lyren ließen melodische Töne erklingen, Psalter und Banner gingen ihm voraus

> und folgten ihm nach, und die Soldaten der königlichen Armee stießen einen mächtigen Schrei aus, der die Erde erschütterte. Mit solchem Pomp wurde er eingesetzt.

Vom Palast ist nicht die geringste Spur übriggeblieben, doch auf dem flachen östlichen Ende der Insel steht die unvergleichliche Kirche vom Heiligen Kreuz, die Gagik wenige Jahre nach seiner Krönung errichten ließ. Von meinem Standpunkt am Ufer sah sie aus, als hätten die tausend oder mehr Jahre sie in keiner Weise berührt.

Das Boot, das Besucher zur Insel hinüberbrachte, war überfüllt, denn die holländische Gruppe, mit der ich die Zitadelle von Van erforscht hatte, war ebenfalls mit von der Partie, desgleichen die Franzosen, die ich bei der Besteigung des Ararat kennengelernt hatte. Und als wir schon von der Mole ablegen wollten, hielt ein Lieferwagen an, dem ein Dutzend Polizisten in Zivil und ein Mädchen (eine Polizistin in Zivil?) entstiegen, die herbeieilten und sich zu uns gesellten. Soviel zu Eden! Ich befürchtete schon, daß wir beim Versuch, die Kirche zu fotografieren, übereinanderfallen würden, doch meine Sorgen waren unbegründet. Nach einem flüchtigen Rundblick machten sich die meisten zur anderen Seite der Insel auf, wo es schöne Badeplätze gab. Die Polizisten gönnten sich nicht einmal einen oberflächlichen Rundblick, sondern zogen sich sogleich die Badehosen an und wechselten sich beim Schwimmen ab, während sich ihre Kollegen in eine männliche Positur warfen und bei den Mädchen aus dem Westen, die im Bikini ein Sonnenbad nahmen, Wache standen. Mein Freund Osman vom Teppichladen in Van hatte mir erzählt, daß die Polizei Zurückhaltung üben mußte und die Touristen den Grund für ihre Anwesenheit nicht wissen lassen sollte, damit sie nicht nervös wurden. Daher merkten die meisten Frauen und Mädchen gar nicht, daß sie eigentlich beschützt werden sollten. Sie warfen den Männern, die ihnen in der Sonne standen, wütende Blicke zu und murmelten etwas von Belästigung durch sexbesessene Türken.

Das Bad im See fühlte sich seltsam an, denn das Wasser ist infolge der natürlichen Chemikalien, die sich in ihm angesammelt und konzentriert haben, seit sein Ausfluß blockiert wurde, hoch alkalisch. Es trug fast ebensogut wie Meerwasser und war so reinigend wie ein warmes Bad. Der einzige Nachteil war, daß ich nicht sehr lange drinbleiben konnte, denn es bewirkte, daß all die kleinen Schnitte und Schürfwunden, die sich Radfahrer gern zuziehen, höllisch zu brennen anfingen.

Es schien mir am besten, mit dem Erforschen der Kirche abzuwarten, bis die anderen die Insel verlassen hatten, denn als ich das erstemal hineinschaute, überraschte ich einen der Polizisten, der im Altarraum das Mädchen, von dem ich immer noch nicht wußte, ob es eine Berufskollegin war, eng umschlungen hielt. Später kam ich dazu, wie sie ihre Initialen in die Mauer des westlichen Vorbaus ritzten, und war über diesen vandalischen Akt so erbost, daß ich schnell weggehen mußte, bevor ich mit dem Protest herausplatzte, der mir auf der Zunge lag.

Während ich wartete, spazierte ich um die Insel und dachte über den seltsamen Zwang nach, der die Menschen dazu treibt, den Monumenten, die sie besuchen, ihren Stempel aufzudrücken. Diese Praxis dauert seit frühester Zeit an. Schon die Griechen und Römer frönten ihr mit Sicherheit, desgleichen auch die Perser, Assyrer und Babylonier. Die Viktorianer ließen schamlos ihre Signaturen zurück, wohin ihre immer weiter reichenden Reisen sie auch führten, und waren sich auch nicht zu schade, sich mit »Souvenirs« zu bedienen. Erwartungsgemäß mußten also auch die Urarter ihre Zeichen in die kilometerlangen Mauern und Befestigungsanlagen rund um Van geritzt haben, obwohl man diesbezüglich nie ganz sicher sein kann, denn Zeit und Witterung haben die Oberfläche meist stark erodiert und etwaige inoffizielle Mitteilungen damit ausgelöscht. Falls irgendwann ein müßiges urartisches Gekritzel entdeckt werden sollte, wären die Archäologen und Historiker sicher ganz aus dem Häuschen, wie immer, wenn ein frühes Graffito ans Licht kommt, woraus sich ersehen läßt, wie der Vandalismus eines Zeitalters häufig von einem späteren in Ehren gehalten wird.

Vermutlich möchte jeder, der seinen Namen an einen bedeutenden Ort einritzt, etwas für seine Unsterblichkeit tun. Die Präsenz von etwas Außergewöhnlichem, seit Jahrhunderten Existierendem scheint selbst Leute, die sonst kaum viel nachdenken, dazu zu inspirieren, für einen kurzen Augenblick die Kürze eines Menschenlebens zu erwägen und sich zu sagen: »Dies hier wird weiterhin dasein, wenn es mit mir längst aus ist.« Die in eine Eiche geschnitzten Herzen von Liebenden, die sich mit dem Wachstum des Baumes vergrößern, drücken denselben Gedanken aus, nur ist es hier die Liebe, die unsterblich gemacht wird. Das allerdringlichste Bedürfnis, einen Beleg für sein Ableben zurückzulassen, zeigt sich auf den Mauern von Dachau oder in den schwarzen Verliesen von Carlisle Castle, wo Hunderte von schottischen Hochländern wegen ihrer Teilnahme an der fünfundvierziger Rebellion ihre Hinrichtung erwarteten. Ähnlich traurige Epitaphe werden noch heute überall auf der Welt in die Mauern von Gefängniszellen gekratzt und verweisen auf ein universelles Bedürfnis, daran glauben zu können, daß ein individuelles Menschenleben über seine Lebensspanne hinaus Bedeutung hat. In gewissen Fällen, besonders bei Geiseln oder politischen Gefangenen, mag es auch auf eine drängende Not hindeuten, die Welt wissen zu lassen, was einem widerfahren ist.

Ich sann darüber nach, wie sich jenes tief ins Erdreich türkischer Hänge eingeprägte »Wie wundervoll, ein Türke zu sein« in dieses Szenario einfügte. Vermutlich drückte es das aufrichtige Gefühl der Leute aus, die die Schrift dort anbrachten, genauso wie auch Xerxes sicher fest daran glaubte, was er über den »König aller Könige« geschrieben hatte.

Der wesentliche Unterschied zwischen einem großen Kunstwerk wie der Heiligkreuzkirche und den Graffiti, die sie so ausgiebig entstellten, scheint mir in der Perspektive zu liegen. Beide mögen aus demselben Wunsch geboren werden, die Grenzen von Zeit und Raum zu transzendieren, doch während ein Graffito bestenfalls ein rein persönlicher Ausdruck ist, liegt das Merkmal eines großen Kunstwerks in der Fähigkeit, eine überpersönliche Idee allen Menschen mitzuteilen. Es trägt sicher nichts dazu bei, wenn man es mit Gekritzel verunstaltet.

Ein solches Werk war der Grund, weshalb ich nach Akhtamar

kam. Von allen Wundern der Baukunst in der Osttürkei hatte ich mich am meisten auf diese Kirche gefreut. Mein Interesse an ihr ging auf jene Zeit vor ein paar Jahren zurück, als ich im armenischen Viertel von Jerusalem wohnte. Bischof Cyril, einer der dort lebenden Mönche, hatte ein wahre Leidenschaft für die mittelalterliche armenische Architektur entwickelt, und wenn er nicht gerade die Liturgie im heiligen Grabmal intonierte, verbrachte er viel Zeit damit, Modelle der berühmtesten Kirchen seiner Nation herzustellen. Die Kirche vom Heiligen Kreuz auf Akhtamar galt als Höhepunkt aller mittelalterlichen armenischen Kirchen. Bischof Cyril, der langsam vergeßlich wurde, hatte mir mehrmals ihre Feinheiten erläutert und mir bei meiner Abreise ein Plakat mit einer Detailansicht von einer ihrer Skulpturen geschenkt, das jetzt in meinem Studierzimmer hängt.

Wie ich endlich vor dem konkreten Bauwerk stand, schien es mir sehr vertraut und doch völlig neu und aufregend. Es ist etwas kleiner als die meisten armenischen Kirchen, aus meisterhaft behauenen rosa Sandsteinblöcken gebaut, mit der typischen, durch eine Trommel erhöhten Zentralkuppel. Sein höchst ungewöhnliches und entzückendes Merkmal sind die Außenskulpturen, die die Fassaden reichhaltig verzieren. Direkt unter dem Kuppeldach liegt ein Fries mit Tiergestalten: Löwen, Hasen, Füchse, Hunde und Gazellen jagen einander Schnauze an Schwanz hinterher. Ein ähnliches Fries mit wunderbar lebensnahen Tieren verläuft auf allen vier Seiten entlang dem Gesims des Hauptdaches. Einen Meter darunter zieht sich ein zweites Fries hin, diesmal mit Fabelwesen, Vögeln und menschenähnlichen Figuren, von durchgehenden Weinrebenranken umwunden. Diese Arbeit ist viel stilisierter und erinnert mit ihren fließenden, ungebrochenen Linien an keltische Kunst, doch die Charakterisierung und die Einzelheiten der Gesichter weisen etwas Spontanes auf und sind ähnlich wie bei Brueghel gestaltet. Nahe am Mauerfuß läuft ein Band mit Pinienzapfen und Blumen. Im freien Raum zwischen diesen zwei unteren Friesen sind großformatige biblische Szenen plastisch dargestellt. Da war Jonas, den ich von meinem Plakat her kannte, der ausgesprochen ängstlich aussah, wie er da in den wartenden

Schlund eines sehr fröhlichen Wals geworfen wurde, welcher ihm als nächstes beruhigend zuzuzwinkern schien. Auf einer anderen Mauer macht sich ein junger, stämmiger David daran, Goliath zu töten. Hoch oben an der Westfassade bietet der Gründer Gagik I. Christus die Kirche dar. Und auf einem Teil der Nordmauer, wie ein Echo auf meine Phantasien, daß dies sehr wohl ein geeigneter Platz für den Garten Eden sein könnte, finden sich Adam und Eva. Der Künstler hat sie als die unattraktivsten aller Figuren gestaltet, mit schweren Gliedern und Hängebäuchen – grobe, primitive Typen, wie sie merkwürdigerweise auch Rembrandt in einem späteren Jahrhundert darstellen sollte. Sie haben den Apfel schon gegessen, die Tage ihrer Unschuld sind für immer gezählt. Soeben werden sie dabei erwischt, wie sie die Hand nach der Frucht vom Baum des Lebens ausstrecken.

> Und Gott der Herr sprach: Siehe, der Mensch ist wie unsereiner geworden und weiß, was gut und böse ist. Daß er nun aber ja nicht seine Hand ausstrecke und auch vom Baum des Lebens breche und ewig lebe! So schickte ihn Gott der Herr fort aus dem Garten Eden und ließ östlich von Eden die Cherubim und ein flammendes Schwert zurück, das nach allen Seiten zuckte, damit sie den Baum des Lebens bewachten.

Ich hatte bereits eine gewisse Ahnung von der Qualität des Bildwerkes, bevor ich hierherkam, hätte mir jedoch die prachtvolle Wirkung des Lichts, das auf den facettenreichen Ebenen der Mauern spielte und noch zusätzlich zu der an sich schon großen Lebendigkeit der Skulptur beitrug, beim besten Willen nicht ausmalen können. Architektur und Plastik waren aus einem Guß, ein einziges Ganzes, eine Kombination aus vollendeter Kunstfertigkeit und einer tiefen Zartheit in der Ausführung. Wer immer für das Werk verantwortlich gezeichnet hatte, mußte die natürliche Welt nicht nur genau beobachtet, sondern auch geliebt haben.

Es schien mir an ein Wunder zu grenzen, daß ein solches Juwel mehr als ein Jahrtausend weitgehend unbeschädigt überlebt hatte, obwohl ich vermute, daß bis vor siebzig Jahren, als alle hier ansässigen Armenier entweder vertrieben oder getötet wurden, die Kirche weiterhin als ein Ort der Andacht benutzt worden war. Dafür sprach auch der unglücklicherweise an der Westseite hinzugefügte, planlos entworfene Glockenturm aus dem neunzehnten Jahrhundert. Er war der einzige Teil, dem wohl kaum jemand eine Träne nachgeweint hätte, wenn er eingestürzt wäre. Wahrscheinlich rettete ihre Insellage diese Kirche vor den schweren Kanonen der Türken, durch die andere armenische Kirchen dem Erdboden gleichgemacht wurden. Zahlreiche Schußlöcher sprenkeln die Skulpturen, doch Gewehrschüsse konnten dem Bauwerk keinen ernstlichen Schaden zufügen. Die Vernachlässigung war ein weitaus bedrohlicherer Feind.

Ihr Wert als Touristenattraktion ist für sie die beste Chance, ins nächste Jahrhundert zu überdauern. Zusammen mit weiteren christlichen Kirchen in der Türkei beschützt sie ihr offizieller Status als Museumsstück vor muslimischen Ikonoklasten, die es für ihre religiöse Pflicht halten, jede bildliche Darstellung von Mensch, Vogel oder Tier an einem Andachtsort auszumerzen. Doch wie es in der Türkei mit so vielen Schätzen von unbezahlbarem Wert der Fall war, wird auch die Heiligkreuzkirche aus Mangel an Instandhaltung in weiteren zehn Jahren vielleicht schon nicht mehr stehen. Ihr Inneres ist schon jetzt nur noch eine abbröckelnde Hülle, die Mauerwände sind fast gänzlich zerstört, und Abfall und Schutt beginnt sich an ihnen aufzutürmen. Kürzlich ist ein Schlußstein in Form eines rennenden Hasen vom Fries im Sims unter der Kuppel heruntergefallen, und den Dachziegeln droht das gleiche Schicksal.

Vielleicht machte der Gedanke, daß dies alles in kurzer Zeit womöglich nicht mehr dastehen würde, mein Entzücken um so intensiver. Doch allein schon der Umstand, daß ich mich auf der Insel Akhtamar befand, ließ mich wiederum jenes Gefühl höchsten Glücks empfinden, das diese Reise bisher so sehr gekennzeichnet hatte. Ich hätte gern die Nacht dort verbracht, wenn dies nicht offiziell verboten gewesen wäre. In gewisser Hinsicht war ich sogar froh darüber. Ich war fast um die ganze Insel spaziert, hatte die erstaunlichen und vielfältigen Ausblicke auf die sich ringsherum auftürmenden Berge genossen und ebenso das schon aus geringer Entfernung so vollkommen aussehende Juwel der Kirche selbst. Ich wollte mir meine ersten, geschärften Eindrücke bewahren und sie nicht durch zuviel Vertrautheit abstumpfen.

Statt dessen kampierte ich am gegenüberliegenden Seeufer neben einem baufälligen kleinen Restaurant, das man gebaut hatte, um vom Touristenandrang zu profitieren. Auch die Franzosen biwakierten dort. Jules, ihr Führer, der diese Gegend seit mehreren Jahren bereiste, teilte meine Befürchtungen bezüglich Akhtamars. Wie er beobachtet hatte, verschlechterte sich der Zustand aller armenischer Kirchen rapide, was seiner Meinung nach auf die strengen Winter im Osten zurückzuführen war, natürlich im Verein mit der Tatsache, daß rein gar nichts zu ihrer Erhaltung beigetragen wurde. Er hatte das Gefühl, daß die Türken nur allzu froh wären, wenn sie die letzte von ihnen in Ruinen liegen sahen, denn sie hielten den Problemkreis der armenischen Massaker am Leben und brachten, solange sie sichtbar dastanden, die Türkei immer wieder in arge Verlegenheit.

Das »Akhtamar Res/Camping« wurde von zwei kurdischen Brüdern unter Mithilfe einer Anzahl junger Männer geführt, die, wie ich mir zusammenreimte, alle entfernt mit ihnen verwandt waren und deshalb mit Arbeit überhäuft und schlecht bezahlt werden konnten. Die Hosen bis übers Knie aufgerollt, ständig eine Zigarette im Mundwinkel, ein Auge gegen den Rauch zusammengekniffen, betätigten diese jungen Gefolgsmänner ihre Wasserschläuche, Eimer, Scheuerlappen und Besen nur dann, wenn sie vom Gebrüll der beiden Älteren herumgehetzt wurden. Sie hatten jedoch alle ein freundliches Wesen, besonders der eine Bruder mit dem ominösen Namen Dschingis. Er hatte der Polizei die Aufgabe abgenommen, die Touristen und ihre Habe zu behüten. Mit gespieltem Widerwillen erlaubte er mir, mein Zelt auf den »Campings« aufzustellen, einem schmalen, extra zu diesem Zweck in den Berghang geschnittenen Sims, der kaum breit genug war, um mein winziges Zelt mit dem sinnigen Markennamen Tadpole (Kaulquappe) aufzunehmen. Roberts jedoch, der ausgiebig bewundert wurde, mußte im Inneren des wackligen Hauptgebäudes verborgen bleiben, wo er den Tag verbracht hatte, während ich auf der Insel war. »Böse Leute kommen in Nacht und stehlen. Mehr sicher schlafen bei mir. Sie auch drin bei mir schlafen«, meinte Dschingis, doch obwohl ich sicher war, daß er nichts Amouröses im Sinn hatte, lehnte ich ab, weil ich mich am Berghang mit Blick auf Akhtamar und in der Abgeschiedenheit meines eigenen Kuppeldaches wohler fühlte. Später kochte er mir ein spezielles kurdisches Gericht und brachte es in einer eisernen Schüssel brutzelnd an den Tisch, ein fettiges und feuriges Gebräu aus Fleisch, Zwiebeln und Paprikaschoten, das ich wohl oder übel verzehren mußte, um ihn nicht zu beleidigen. Ich sollte diesen Entschluß jedoch bald bereuen. Schon beim Essen gaben meine arg strapazierten Eingeweide ein warnendes Ächzen von sich.

Der Friede und die Schönheit jener Nacht entziehen sich jeder Beschreibung. Ein mitternachtsblauer, mit Sternen überzogener Himmel verwandelte den primitiven Ort und erfüllte ihn mit einem magischen Zauber. Sanfte gelbe Lichtlachen schienen von der Terrasse und bildeten Heiligenscheine um die Köpfe der wenigen Restaurantgäste. Schwache Klänge von Musik kamen und gingen. Grillen zirpten. Über den See legte der Mond ein silbernes Band hinüber nach Akhtamar, und ich fiel mit dem Gedanken in Schlaf, daß der Garten Eden hier und jetzt sei, rings um mich herum.

Irgendwann sehr früh am Morgen wurde mir bewußt, daß ich mich krampfhaft bemühte, weiterzuschlafen, obwohl eine unnachgiebige Kraft mich aufwecken wollte. Ich nahm vage ein Geräusch wie das Dröhnen von Tausenden übergroßer Bienen wahr. Als mein Kopf etwas klarer wurde, schienen mir die Bienen Stiefel zu tragen. Danach gewannen meine Eingeweide die Oberhand. Hellwach kämpfte ich mich aus meinem Schlafsack und spurtete zur Toilette. Die Insel lag in ihrem unvergleichlichen See und sah unter dem blassen Himmel im Zwielicht wie ein chinesisches Gemälde aus, doch zwischen dem Seeufer und meinem Sims hatte sich die Lage drastisch verändert. Drei Busse, auf deren Dächern sich Ballen und Bündel türmten, waren am Straßenrand parkiert. Der ganze Platz wimmelte von iranischen Kurden – Männern, Frauen und Kindern. Alle plapperten unaufhörlich in einem hohen, klagenden Singsang vor sich hin und huschten eher wie Ameisen als wie Bienen hin und her. Mir blieb kaum Zeit, einen Eindruck von Abfall und Chaos zu gewinnen, während ich, so schnell es mir mein Bauchgrimmen erlaubte, zu den baufälligen Gebäuden torkelte, wo sich die Toiletten befanden.

Das einzig Moderne an diesen Latrinenhäuschen war das internationale Kennzeichen für Männer und Frauen auf beiden Türen. Ich stolperte durch die richtige, mußte jedoch feststellen, daß der Weg zu dem Loch im Fußboden von einer gemischten Gesellschaft gefährlich aussehender Männer und verschleierter Frauen versperrt war. Sie schwirrten ziellos herum und drängelten sich vor, um in der Spiegelscherbe über dem Waschbecken einen Blick auf sich zu erhaschen. Mir blieb keine Zeit zum Argumentieren, schon gar nicht auf persisch, von dem ich kein Wort verstehe. Meine Not war so dringend, daß ich das einzige tat, was mir unter den gegebenen Umständen einfiel: die Männer an den Schultern zu packen und einen nach dem anderen hinauszubugsieren. Ich hatte das Überraschungsmoment auf meiner Seite, was mir sehr zustatten kam, doch selbst damals wunderte ich mich, wie leicht alles ging und wie schnell ich die Hütte frei hatte.

Als ich einige Zeit später herauskam, war die Hölle los. Die beiden Brüder versuchten, ihre jungen Helfer zu einer Streitmacht zu organisieren, um die iranischen Invasoren zurückzuschlagen, während die Franzosen völlig konsterniert herumstanden, als könnten sie ihren Augen nicht trauen. »*Comme des chickens*«, murmelte Jules mir zu und schüttelte ungläubig den Kopf. »*Toute la nuit comme des chickens, gluck, gluck, gluck.*« Eigentlich hatte er recht. Der Lärm glich weit eher einem Hühnerhof als einem Bataillon Bienen in Stiefeln auf dem Rückflug zur Erde, wie ich es zuvor visualisiert hatte. So oder so war es ein böses Erwachen. Keine Barbarenhorde hätte in so kurzer Zeit mehr Zerstörung anrichten können. Die wunderbare Szenerie verstärkte das schmutzige Chaos nur noch mehr. Große Mengen von weggewehtem Plastik und Papier, verschmutzten Lumpen, Exkrementen, Brotstücken und Obstschalen lagen überall auf der Straße und im ganzen Garten herum, selbst die Büsche hatten ihren Anteil an Fremdstoffen abbekommen. Die Iraner hatten bereits ihre Kinderwindeln, Pfannen und Töpfe, Kleider und Körper im See gespült und ihre Notdurft am Ufer verrichtet, daher war mir schleierhaft, weshalb sie auch das Restaurant besetzen mußten. Vermutlich wollten sie an frisches Wasser herankommen. Der begrenzte Vorrat war bald einmal erschöpft und Toiletten, Duschen und Küche somit außer Gefecht, trotzdem versuchten sie stets aufs neue, unter den ausgestreckten Armen der Brüder und ihrer Angestellten hineinzuschlüpfen. Dschingis rief ein ums andere Mal, aber ohne viel Überzeugungskraft und aus unerfindlichen Gründen auf englisch: »Keine Iraner mehr. Kein Wasser mehr. Keine Iraner mehr!« Untersetzte Matronen in ihren schwarzen *Tschadors* stießen ihn immer wieder zur Seite, als wäre er nur eine lästige Mücke. Ich sah jetzt, weshalb ihre Männer so fügsam gewesen waren, als ich sie aus dem Klo schubste – offenbar wagte niemand, sich irgendeiner iranischen Matrone zu widersetzen.

Schließlich war es der alte Koch, der die scheinbar ausweglose Situation rettete. Er hatte ganz ruhig in seinem Küchenschuppen Tee gebraut (wahrscheinlich mit einem gehorteten Wasservorrat) und trug jetzt ein Tablett mit kleinen, tulpenförmigen Gläsern zur abfallübersäten Straße, wo die Fahrer der drei zerbeulten Busse und ein paar gebückte ältere Leute standen, die dem allgemeinen Tohuwabohu in reservierter Zurückhaltung den Rücken zuwendeten. Sobald dieses Zeichen von Gastfreundschaft und Freundschaftlichkeit ausgetrunken war, wurden die rund zweihundert Passagiere in die Fahrzeuge beordert, worauf diese, unter ihrer Last sichtlich abgesackt, rund um den See zur iranischen Grenze weiterfuhren.

Der Koch trug ein zweites Tablett mit Tee zu einem abgesonderten Tisch hinten im Garten hinaus und bugsierte die Franzosen, Dschingis und mich zu ihm hin. Und da saßen wir nun, ziemlich aufgewühlt, erholten uns langsam und grübelten über den Vorfall nach, während sich die Jungen mit ihren Lappen und

Besen an die Arbeit machten. Jetzt leuchtete mir Dschingis' Behauptung, er beschäftige einen Boy ausschließlich, um die Toiletten sauberzuhalten, endlich ein. Offensichtlich hielten diese Buskarawanen bei ihrer Rückkehr von einer Einkaufstour in der Türkei, die sie zuweilen bis nach Ankara führte, häufig im Freien an. Sie kreuzten meist um Mitternacht auf, weil die Straßen in diesem Landesteil danach als unsicher gelten. Erfrischt von ein paar Stunden Schlaf im Bus, drängen sich die Passagiere heraus, entfachen ihre Herdfeuer und holen ihre häuslichen Arbeiten und ihr Sozialleben nach, derweil sie wie die Stare tschirpen. Sie bezahlen nichts, ruinieren das ganze Touristengeschäft und hinterlassen die Gegend, als hätte eine Flotte städtischer Müllwagen soeben ihre Ladung ausgekippt. Kein Wunder, daß Dschingis fast die Tränen kamen, als er uns seine mißliche Lage erklärte. Er könne nichts dagegen tun, meinte er. Die alten Gesetze der Gastfreundschaft nebst der Solidarität mit den kurdischen Brüdern verboten es ihm, sich bei den Behörden zu beschweren. Nicht daß eine Beschwerde viel geholfen hätte – die Regierung hatte bereits alle Hände voll zu tun, um mit der gegenwärtigen Schwemme kurdischer Terroristenakte fertig zu werden. Eden nach dem Sündenfall war also nicht gänzlich frei von Problemen.

16

Heikle Fahrt nach Tatvan

Ich hatte mir eine erinnernswerte Fahrt nach Tatvan erhofft, quer durch die zerklüftete Landschaft, die ans Südufer des Vansees grenzte, und das wurde sie auch, nur nicht ganz so wie erwartet. Als ich mich hinauf zum Kamm eines steilen Passes abmühte, nahm ich eine Gestalt in gräulichweißer Kleidung wahr, die oben zwischen den Felsen am Berghang kauerte und ein Gewehr auf mich richtete. Daß ich nicht in Panik geriet, war wohl größtenteils dem Umstand zu verdanken, daß fast alle meine Energie davon absorbiert wurde, die Steigung zu bewältigen. Das Adrenalin floß schon reichlich, mein Herz schlug kräftig, und so war der Schock vermutlich weit weniger intensiv. Da ich mich aber nur langsam fortbewegte, konnte sich die Spannung in aller Ruhe aufbauen. Mir blieb nur, weiterzupedalen und zu hoffen, daß der Mensch mit dem Gewehr zum Schluß kommen würde, ich sei kein legitimes Ziel. Ich versuchte meinen Blick nicht auf die Stelle zu richten, wo er sich befand, und so zu tun, als wäre mir seine Gegenwart gar nicht bewußt, in der Hoffnung, daß es ihm schwerer fallen würde, auf ein ahnungsloses Opfer abzudrücken. Doch als ich auf gleiche Höhe kam, konnte ich nicht widerstehen, einen kurzen Blick hinüberzuwerfen. Als wären meine Augen Zoomlinsen, füllte sich mein Gesichtsfeld plötzlich mit einem perspektivisch verkürzten Gewehrlauf, einem dunklen, sardonisch grinsenden Gesicht darüber und einer Hand, die sich um den Abzug schloß. Vielleicht war dieses Lächeln ein pervertierter Versuch zu einer freundlichen Geste, doch inzwischen war mein Sinn für Humor schon gar strapaziert, und mir war nicht danach zumute, zurückzugrinsen. Seit die Straße das Seeufer verlassen hatte und in die vordringenden Berge hochführte, war ich stets von neuem Zielscheibe irgendwelcher Attacken gewesen. Die Möglichkeit, erschossen zu werden, schien mir damals lediglich eine weitere Form von Belästigung zu sein.

Mir war aufgefallen, daß das Gebiet, durch das ich fuhr, selbst für diese Landesregion außerordentlich unruhig war. Lastwagen mit zusammengepferchten schwerbewaffneten Soldaten schossen kreuz und quer durch die Gegend. Alle fünf bis sechs Kilometer kam ich durch verdächtig stille und mit Ausnahme von ein paar gelegentlichen Gruppen bewaffneter Zivilisten menschenleere Dörfer. Meine Durchfahrt wurde jedoch bemerkt. In jeder Siedlung gab es ein paar Jungen, die sich offensichtlich nicht darum scherten, was alle anderen Bewohner außer Sicht hielt, und die herbeistürzten, um ihre Geschosse auf mich abzufeuern. Ein- oder zweimal, wenn das Dorf an einem steilen Berghang lag und ich mich aufs Gehen beschränken mußte, erschien ein Erwachsener, der bemerkt haben mußte, daß ich eine Frau war, und versuchte, die Jungen abzuhalten. Diese zeigten sich jedoch unempfänglich für solche Belehrungen, was jedesmal damit endete, daß er sie aus purem Ärger mit Steinen bewarf. Die Kinderpsychologie war offenbar noch nicht bis in diese Gegenden vorgedrungen!

Niemals war jemand da, der auch nur ansatzweise versucht hätte, mich vor den Hunden zu retten. Ich war überzeugt, daß man sie absichtlich ausgeschickt hatte, um jeden, der hier durchreiste, einzuschüchtern. Diese trotzige Geste war vielleicht auf das anwesende Militär gemünzt, denn die Hunde attackierten alles, was sich bewegte, auch Fahrzeuge. Der Dog Dazer blieb ständig in meiner Hand, und ich schickte ein Stoßgebet zum Himmel, daß seine Batterie den Ansprüchen, die ich an ihn stellte, gewachsen sein würde.

An einem Ort namens Balaban schien ich mein Waterloo zu erleben, denn plötzlich war ich von vier dieser riesigen, mit bedrohlichen Stachelhalsbändern bewaffneten Biestern umringt. Ich war inzwischen geschickt genug, zwei aufs Mal zurückzuschlagen. Solange ich drei oder vier Sekunden lang konzentriert einen ständigen Strahl auf jeden Hund richten konnte, wichen sie zurück und wagten selten einen zweiten Angriff. Vier Stück jedoch, die überdies geschickt zusammenzuarbeiten wußten, waren ein anderes Kapitel. Zwei stürzten sich von beiden Seiten auf mich und zwei von hinten. Sie hielten ihre Positionen und fielen nur einen Moment lang zurück, wenn der Ton kurz auf sie auftraf. Da die Straße bergan führte, konnte ich nicht genug Tempo entwickeln, um Roberts mit der einen Hand im Griff zu halten und mit der anderen den Dazer abwechselnd auf die heranschnellenden Hunde zu richten. Mit beiden Füßen fest auf dem Boden wären meine Chancen besser gewesen, doch ich wagte nicht abzusteigen und damit den Hunden die Möglichkeit zu geben, sich auf mich zu stürzen. Für die Zuschauer war es wahrscheinlich höchst amüsant anzusehen und muß wie eine Parodie auf einen Western gewirkt haben, wie ich der Reihe nach wild über meine Schulter auf jeden der Hunde »feuerte« und dabei auf einem schlingernden Roberts quer über die ganze Straße hin und her schwankte. Einmal war ich überzeugt, daß der Dazer nicht mehr richtig funktionierte, denn die Hunde schüttelten nur ein wenig den Kopf, bevor sie weitermachten. Sie sprangen mich ein ums andere Mal an, und ihre Zähne verfehlten mich jeweils nur ganz knapp, teils weil ihnen die Satteltaschen in die Quere kamen, teils weil ich so sehr herumschlingerte. Ich schrie aus Leibeskräften, um Hilfe herbeizurufen, doch niemand rührte einen Finger, obwohl sich alles mitten auf einer Dorfstraße zutrug und ich sehen konnte, wie Leute in den Hauseingängen und an den Fenstern die Show beobachteten. Ich weiß nicht, wie lange der Angriff währte, bis meine Rufe und der Dazer die Hunde mürbe machten. Wahrscheinlich waren es nur ein paar Minuten, doch damals kamen sie mir wie eine Ewigkeit vor, und ich hatte die Hoffnung schon aufgegeben, daß dic Qual je enden würde. Als es vorbei war, fühlten sich meine Beine wie Pudding an. Dies war eindeutig der erschreckendste Vorfall auf meiner ganzen Reise – im Vergleich dazu erschien mir die Kugel eines Heckenschützen geradezu harmlos.

Auf den steilen Hängen, an denen die Straße sechshundert Meter in die Höhe führte, wurde ein weiteres Spielchen mit mir getrieben. Die Gegend mit ihren zerklüfteten Bergen, die sich lückenlos bis zu den sengenden Ebenen von Mesopotamien weit im Süden fortsetzten, war von einer wilden Großartigkeit. Klapprige iranische Lastwagen, deren Fahrerkabinen mit frommen islamischen Mottos wie *Allah Korusun* (Gott schütze mich) oder *Maasallah* (Wunder Gottes) verziert waren und – um auf Nummer Sicher zu gehen – große aufgemalte Augen trugen, die alles Böse abwenden sollten, krochen mit verdächtig wirkenden Bremsen die Steigungen herunter, noch langsamer, als ich mich hinaufwinden konnte. Um die Monotonie dieser Schneckenfahrt etwas zu unterbrechen, steuerten die Fahrer mit dem gleichen maliziösen Grinsen, das der Heckenschütze aufgesetzt hatte, ihre Vehikel quer über die Straße auf Kollisionskurs, und zwar mit Vorliebe genau dann, wenn auf meiner Seite ein jäher Abgrund klaffte. Das erste Mal, als dies geschah, war ich so aufgebracht, daß ich Roberts, ohne viel zu überlegen, sogleich in die Angriffslinie herumschwenkte und mein Tempo verschärfte – eine wütende Maus ganz ohne jedes religiöse Motto auf dem Kühler, die es mit einem islamischen Moloch aufnahm. Doch es wirkte! Die unerwartete Reaktion schien den Fahrer so zu erschrecken, daß er flugs auf seine Seite zurückschwenkte. Danach reagierte ich jedesmal gleich, wenn ein Laster gegen mich ausscherte. Meist gewann ich das Duell, doch hin und wieder blieben sie stur auf Kollisionskurs, und ich mußte im letzten Moment abdrehen, wenn ich nicht unter den Rädern zermalmt werden wollte. Ehre kommt vor Ebenbürtigkeit, sagte ich mir grimmig, was mich dazumal in höchstem Maß beflügelte, auch wenn es aus einigem Abstand gesehen etwas kindisch wirken mag.

Um die Verfolgungssaga zu vervollständigen, krachte einer der seltenen lokalen Radfahrer von hinten heftig in mich hinein, kurz bevor ich die vergleichsweise sichere Stadt Tatvan erreichte. Er zählte zu einer Fünfergruppe mit schweren chinesischen Fahrrädern. Sie hatten sich kichernd an mich herangedrängt und fielen mir ziemlich auf die Nerven, bis ich die Bremsen etwas zu stark betätigte, um sie davonziehen zu lassen. Beim folgenden Zusammenstoß gelang es mir, Roberts im Lot zu halten, doch eine der hinteren Satteltaschen wurde losgerissen und flog davon. Der Sünder war vom Rad gefallen und hatte sich die Hose zerrissen. Er schien außer sich vor Schreck, fiel zerknirscht vor mir auf die Knie und rang verzweifelt die Hände, um sich zu entschuldigen. Er sprach kein Englisch, doch ich erriet, daß er Angst hatte, ich könnte mich bei den Behörden beschweren. Seine Panik wirkte so echt, daß meine Wut augenblicklich verflog und ich ihm hastig versicherte, daß weder Roberts noch ich Schaden erlitten hätten. Sein Rad hingegen war nicht so glimpflich davongekommen: Der Lenker war verdreht, das Unterrohr verbogen und mehrere Bestandteile nicht mehr am richtigen Platz. Ich zog mein Werkzeug hervor, und als es wieder einigermaßen verkehrssicher war, standen wir alle sechs auf freundschaftlichem Fuß und sausten gemeinsam den steilen Hügel nach Tatvan hinunter. Sie rivalisierten untereinander so sehr, daß ich es für sicherer hielt, ihnen die Führung zu überlassen, was den doppelten Vorteil hatte, einem weiteren Zusammenstoß vorzubeugen und die Straße von zudringlichen kleinen Steinewerfern zu säubern.

Tatvan wurde an der südöstlichen Ecke des Vansees erbaut. Dahinter türmt sich massiv der Nemrut Dagi auf, doch diese Szenerie wirkt wie die reinste Verschwendung, denn die Stadt ist völlig verlottert. Sie kehrt dem funkelnden blauen Wasser und den Bergen den Rücken zu und schaut landeinwärts auf die Abfallhaufen, die auf den aufgerissenen Straßen vermodern. Die spürbar überreizte Atmosphäre stand ganz im Einklang mit Tatvans Ruf, eine Hochburg der PKK zu sein, was Entführungen und nächtliche Schießereien betraf. Ich wäre keine einzige Nacht geblieben, wenn es in der Nähe nicht zwei sehr interessante Stellen gegeben hätte, die ich unbedingt sehen wollte.

In dem heruntergekommenen Hotel, das einst bessere Zeiten gesehen hatte und den wohlhabenderen Passagieren der inzwischen moribunden Eisenbahnlinie als Absteige diente, fand ich ein Zimmer für die Hälfte des ursprünglich geforderten Preises. Es erinnerte mich an einige der abbröckelnden, unter der britischen Herrschaft gebauten Rasthäuser, in denen ich in Indien und im Sudan abgestiegen war. Hier herrschte eine ähnliche Atmosphäre verblichener Noblesse, Seite an Seite mit einem sehr spärlichen leiblichen Komfort. Die Abflußrohre waren meist verstopft und flossen über, die Türknäufe fielen ab, und es war nicht ratsam, etwas fallen zu lassen, denn wenn man sich bückte, um es aufzuheben, bemerkte man den uralten Staub und Schutt, der haufenweise unter dem Bett lag.

Dank meines kurdischen Briefs wurde ich von einem jungen Mann namens Mehmet, der das Hotel führte, unter die Fittiche genommen. Der Besitzer, ein Klon des ungemütlichen Hoteldirektors vom »Yilmaz« in Kars, saß im staubigen Garten und weigerte sich fromm, irgendeinem weiblichen Gast in die Augen zu blicken, brütete jedoch fleißig über den Seiten mit halbnackten Frauen in seiner Zeitung. Mehmet studierte Chemie und sprach ausgezeichnet Englisch, was der Grund war, weshalb er im Sommer hier angestellt wurde und sieben Tage in der Woche je zwölf Stunden lang für einen Hungerlohn arbeiten durfte. Er war ganz krank vor Sehnsucht, seine turbulente Heimat zu verlassen und im Westen zu leben. »Ich würde überall hingehen, nur weg von hier, denn hierzubleiben ist das Schlimmste. Aber ich werde wohl beim Träumen sterben«, meinte er traurig, als wir an jenem Abend im einzigen offenen Café der apathischen Stadt Eis aßen. Wir waren die einzigen Kunden, und obwohl es erst neun war, schien der Besitzer darauf bedacht, uns bald loszuwerden. Im Gegensatz zum gewohnten türkischen Brauch blieben die Bewohner Tatvans wegen der Aktivitäten der PKK nach Einbruch der Dunkelheit zu Hause. Nur wenige Nächte vergingen ohne eine Schießerei. Gestern nacht hatte man einen besonders schweren Überfall auf eine Bank verübt, was mit der Grund für all die militärischen Umtriebe war, denen ich auf dem Hinweg begegnet war.

Mehmet gab sich bezüglich der Rolle der Briten und Amerikaner bei der Kurdenfrage sehr zynisch. Er glaubte, daß beide Länder Hand in Hand mit den türkischen Behörden arbeiteten, um die PKK zu zerstören, und behauptete, in den letzten Tagen hätten an der irakischen Grenze stationierte amerikanische Flugzeuge unter dem Vorwand, es handle sich um Terroristenlager der PKK, kurdische Dörfer bombardiert. Da sich diese alliierten Streitkräfte ausdrücklich dort aufhielten, um Saddam Husseins »Behandlung« der irakischen Kurden zu überwachen, schien mir die Wahrscheinlichkeit, daß sie in eine solche Operation verwickelt wurden, äußerst gering. Überall in der Osttürkei nahmen die Kurden solche Anschuldigungen jedoch für bare Münze, und ich bekam sie noch oft zu hören, bevor ich das Land verließ. Sie dienten ihnen weitgehend als Rechtfertigung für die Entführung von Westlern. Die acht oder neun deutschen Touristen, die man gekidnappt hatte, während sie auf dem Nemrut Dagi kampierten, waren soeben unversehrt freigelassen worden, doch mehrere andere hatten bereits ihren Platz eingenommen. Während ich in Tatvan war, hielten PKK-Guerillakämpfer in einer achtzig Kilometer entfernten Stadt einen Bus an und entführten fünf Amerikaner und Australier, die ich am Abend zuvor kurz beim Essen kennengelernt hatte. Danach belegten die Türken sämtliche Berichte über derartige Vorfälle mit einer Nachrichtensperre, weil sie der PKK nur in die Hände spielten, denn die Entführungen bezweckten ausschließlich, das internationale Interesse zu wecken und die Kurdenfrage immer wieder in Erinnerung zu rufen.

Die vielen Gespräche, die ich in den nächsten Tagen mit Mehmet führte, vermittelten mir ein tieferes Verständnis für die Frustrationen, an denen intelligente junge Kurden litten und die sich bis zu einem gewissen Grad überall auf der Welt auf die Jugend von Minderheiten auswirken mußten. Seine Sehnsucht, im Westen zu leben, einen besseren Lebensstandard zu genießen und andere soziale Werte zu übernehmen, entfremdete ihn zunehmend von seiner eigenen Kultur. Dies wiederum ließ ihn den Westen hassen, weil es soviel inneren Aufruhr verursachte. Da er zudem überzeugt war, sein Wunschtraum werde sich nie erfüllen, fühlte er sich vom Westen zurückgestoßen, und um seinen Schmerz zu lindern, mußte er Wege finden, wie er ihn hassen und verachten konnte, damit er ihm weniger erstrebenswert schien. Gerüchte wie jenes, daß Amerika und Großbritannien in den Kampf der Türkei gegen die PKK verwickelt seien, wurden begierig aufgegriffen und unbesehen geglaubt. Welchen Weg Mehmet auch einschlug – er konnte nur verlieren.

Er hatte der Lebensweise seiner Eltern bereits Lebewohl gesagt, besonders der Mehrfachheirat. Sein Vater war ein wohlhabender Mann gewesen, doch da ihm die vier Frauen, die ihm der Koran gewährte, jede zwischen zwölf und zwanzig Kinder geboren hatte, blieb wenig für Mehmet übrig, denn er war ziemlich am Ende einer Schar von rund fünfzig Brüdern und Schwestern zur Welt gekommen. Seine Mutter hatte sich sehr um eine gute Erziehung für ihn bemüht, doch allmählich fragte er sich, ob es den ganzen Aufwand gelohnt hatte. Sein Englisch, das er sich selbst beigebracht hatte, ließ ihn erkennen, wie wenig Kompetenz seine Lehrer in diesem Fach aufwiesen, und so war es nur natürlich, daß er argwöhnte, der Unterricht in anderen Fächern sei ähnlich miserabel. Selbst wenn er sich einen akademischen Grad erwarb, würde das keinen großen Unterschied für seine Zukunft in der Türkei ausmachen. Es gebe nur wenige Jobs für Kurden, sagte er mir, und in akademischen Berufen praktisch keine. Sein Bruder hatte sich vor zwei Jahren als Ingenieur qualifiziert und suchte noch immer eine Stelle.

Wenn dies die Lebensperspektive für einen einigermaßen privilegierten und gebildeten jungen Kurden war, wieviel hoffnungsloser mußte die Lage für die vielen sein, die nicht einmal in den Genuß einer Primarschulbildung kamen? In einem solchen Klima fand ich den Wunsch zu emigrieren ebenso verständlich wie jenen nach einer autonomen Heimat. Und es schien mir gar nicht mehr so abwegig, daß viele junge Kurden, wenn sie ins Alter des obligatorischen Wehrdienstes kamen, es vorzogen, statt dessen in die Berge zu ziehen und sich der PKK anzuschließen.

Der Nemrut Dagi, mein wichtigster Grund für den Besuch von Tatvan, ist einer der beiden berühmten Berge gleichen Namens in Ostanatolien. Der andere liegt weiter westlich. Auf seinem Gipfel ist ein Pantheon riesiger steinerner Gottheiten versammelt, die der größenwahnsinnige König Antiochus I. Epiphanes (»Gott offenbarte sich«) dort vor zweitausend Jahren als eine Art Familiengalerie aufstellen ließ. Der Nemrut von Tatvan dagegen ist ein Naturwunder, ein erloschener Vulkan, dessen letzter Ausbruch den Vansee abdichtete. Als sein Gipfel buchstäblich abgesprengt wurde, blieb ein außergewöhnlicher Krater zurück. Sein westliches Ende wurde zu einem großen See mit einem Durchmesser von etwa drei Kilometern, der zu den größten Kraterseen der Welt zählt, auf einer Höhe von fast 2400 m liegt und sich sogar auf meiner Karte in kleinem Maßstab höchst eindrücklich ausnahm. Besuche waren zur Zeit wegen des Kidnappings der Deutschen stark eingeschränkt. So war es unter anderem strengstens verboten, auf dem Nemrut nachts zu kampieren, und die Reisepässe mußten beim Militär deponiert werden, um sicherzugehen, daß alle Ausländer vor Einbruch der Dunkelheit wieder unten waren. Ich war zudem verpflichtet, mit dem alten Gauner, der das Monopol auf den Touristentaxibetrieb innehatte, den scheußlich holprigen Weg hochzufahren. Er war es gewesen, der die entführten Deutschen in ihrem Lager neben dem Kratersee täglich mit Nahrung beliefert hatte. Nachdem er mich auf eine Besichtigungstour zu der Stelle geführt hatte, wo dieser alarmierende Vorfall passiert war, und mir minutiös rezitiert hatte, wie die Kidnapper vorgegangen waren, wie sie den Deutschen die Reifen zerschossen, ihnen die Augen verbanden und so weiter, war ich nicht überrascht, als ich vernahm, daß das Militär ihn zum Verhör in Gewahrsam genommen und ihm das Leben schwergemacht hatte.

Langer Kontakt mit Touristen hatte ihn einen ziemlich ermüdenden provokativen Gesprächsstil annehmen lassen, von dem er sich Reaktionen erhoffte: »Jeden Monat ich mache neues Baby. Ich will achtzig Kinder. Ich liebe Kinder.« Daneben hatte er aber auch seine vernünftigen Seiten. Neben einem schmutzigen kleinen See, der von heißen Quellen erwärmt wurde, ließ er sich inmitten der üblichen Papier- und Plastikabfälle für ein paar Stunden nieder, um mit ein paar seiner nomadischen Kumpanen eine Melone zu teilen, und ermöglichte mir somit, auf eigene Faust herumzustreifen. Ich ging im großen Kratersee schwimmen. Da es schon fast Mitte September war, fand ich das Wasser nicht so eiskalt, wie einige Reisende berichtet hatten – wer regelmäßig im Meer vor der Nordwestküste Schottlands gebadet hat, findet es anderswo selten besonders kühl. Es war ein wunderschöner Platz. Ich hätte allzugern mein Zelt hier oben aufgeschlagen, um eine

Weile zu bleiben und zu schauen, was es mit dem Angeln auf sich hatte. Ich wußte, daß es hier Fische gab, denn zwei Männer aus dem nahen Nomadenlager kamen herüber und ließen ihre Leinen von den Felsen baumeln, wo ich meine Kleider zurückgelassen hatte. Entweder hatte ich mir den allerbesten Fleck ausgewählt, oder die türkische Neugier funktionierte wie eh und je. Abgesehen von diesen beiden (und etwaigen versteckten PKK-Widerstandskämpfern, die darüber debattieren mochten, ob es sich lohnte, eine alleinreisende Frau zu kidnappen) hatte ich den ganzen großen See für mich allein. Hinter dem Wasserspiegel ragte der nördliche Rand des Kraters in einer großartigen, sechshundert Meter hohen, von der Sonne ausgedörrten Felswand empor, die mich verlockt hätte, nach einem leichten Aufstieg Ausschau zu halten, wenn nicht mein Fahrer aufgetaucht wäre, der mich suchen kam.

Das östliche Ende des Kraters war ebenso eindrücklich: eine Ödnis aus Lavaströmen, zu einer dunklen, zerrissenen Landschaft mit gezackten Spitzen und Furchen geronnen. Vom Kraterrand aus schien der Vansee von einem womöglich noch tieferen und sublimeren Blau als je zuvor. Er breitete sich in die dunstige Ferne aus, so weit das Auge reichte. Hier und dort glänzte der schneebedeckte Gipfel eines weiteren Bergriesen über ihm auf.

An einem anderen Tag nahm ich einen *Dolmus* nordwärts um den See zu dem berühmten seldschukischen Friedhof von Ahlat. An dieser Stelle hatte einst eine größere urartische und später armenische Stadt gestanden. Diese fiel im achten Jahrhundert an die Araber und wurde im folgenden von praktisch allen Völkern eingenommen, die hier durchzogen: Byzantiner, Seldschuken, Ayubiden, Charismier, Kurden, eine zweite Welle von Seldschuken, Mongolen, Akkoyunlus, Karakoyunlus und schließlich die Osmanen, unter denen Ahlat dem Ruin preisgegeben wurde.

Ich fand etwa ein Dutzend große, elegante *Türbe* (Mausoleen), einige von ihnen noch in perfektem Zustand – die Türken scheinen islamische Bauwerke nur selten mutwillig zu zerstören. Alle stammten aus der vorosmanischen Zeit und waren von großer Schönheit und Vielfalt. Die früheste *Türbe* wurde 1723 für einen seldschukischen Emir gebaut, die späteste 1492 für eine Karakoyunlu-Prinzessin. Die freistehenden Bauten sehen ähnlich wie Moscheen in kleinerem Maßstab aus oder gleichen, falls die Dächer konisch sind, miniaturisierten armenischen Kirchen ohne Exedren. Manche sind zweigeschossig, dann liegt das kleine Grab von Sarggröße im oberen Teil. Meist weisen sie Fenster oder Laibungen aus durchbrochenem Gitterwerk sowie eine oder zwei Türen auf. Die handwerkliche Kunst dieser *Türbe* ist meisterhaft und die Detailarbeit exquisit, denn sie waren als große Kunstwerke gedacht und zeigen nichts von der düsteren Dumpfheit, wie sie im Westen so oft mit Gräbern assoziiert wird.

So hübsch ich diese kleinen Meisterwerke auch fand, war es in erster Linie der außergewöhnliche seldschukische Friedhof, der mir Ahlat so unvergeßlich machte. Er breitet sich lückenlos über ein weites, sanft gewelltes Gelände aus und ist die romantischste Begräbnisstätte, die ich je gesehen habe. Da ich ganz vergessen hatte, daß hier einst eine große Stadt stand, reagierte ich als erstes mit Verblüffung, daß an einem so abgelegenen Ort so viele illustre Tote liegen konnten. Hunderttausende hoher, schlanker Säulenschäfte aus grauem Granit, jeder mehr als mannshoch, erheben sich ordentlich direkt aus dem grünen Rasen. Jeder Stein ist in den Konturen praktisch gleich wie alle anderen und unterscheidet sich nur in Höhe und Dicke sowie in den Details seiner feinen, fließenden arabischen Kalligraphie und seiner Blumenmotive. Flechten, Wind und Wetter und die inzwischen vergangenen acht Jahrhunderte haben die individuellen Züge der Monumente noch mehr abgetragen. Es gibt keine geraden Reihen mehr, jeder Stein lehnt sich in eine etwas andere Richtung als sein Nachbar. Die Zeit hat sie in einen steinernen Wald verwandelt, der neben einem unvergleichlich blauen See wächst.

Als ich den Friedhof wieder verließ, wollte ich den Kilometer zur neuen, modernen Stadt Ahlat zu Fuß gehen und mir etwas zum Mittagessen suchen, bevor ich nach Tatvan zurückkehrte. Ein Traktor fuhr vorbei. Sobald mich der Fahrer erblickte, hielt er an, damit ich hinten aufsteigen und mich auf der Anhängerkupplung in einem gefährlichen Gleichgewicht halten konnte. Türkische Traktorführer zählen zu den nettesten Leuten der Welt und halten bei Fußgängern ausnahmslos an. Es war ein heißer Tag. Ein kaltes Bier schien mir sehr wünschenswert, doch wie gewöhnlich gab es kein Restaurant, das etwas anders als scheußliche Cola oder ebenso scheußlichen Orangensprudel ausschenkte. Daher erkundigte ich mich in einem Laden, wo man hier ein Bier kaufen könne, was eine wahre Schimpftirade auslöste. In Ahlat sei nichts so Abscheuliches und Degeneriertes zu bekommen! Bier lag sichtlich jenseits der Grenzen des Erlaubten. Beim Weggehen summten mir die Ohren, aber kaum hatte ich den Gehsteig erreicht, anerbot sich ein Mann, der mir aus dem Laden gefolgt war, mich zu einem Ort zu begleiten, wo Bier nicht nur leicht erhältlich, sondern obendrein auch kalt sei. Ich nahm an und wurde zu einer ganz respektablen kleinen Bar in einer Seitenstraße geführt. Ich lud meinen Führer auf ein Glas ein, doch er lehnte höflich ab und fügte hinzu, als Muslim trinke er keinen Alkohol.

An meinem letzten Morgen in Tatvan ging ich auf Fischfang. Um sechs Uhr früh saß ich auf einem Betonquader und genoß die anbrechende Morgendämmerung über dem See, als eine schicke kleine Barkasse anhielt und man mich an Bord einlud. Das Boot war für private Kreuzfahrten konzipiert und von seinem gegenwärtigen Besitzer mit der Absicht erworben worden, ausländische Touristen rund um die Bucht zu führen, doch da die Nachfrage zur Zeit nicht sehr groß war, versuchte er sein Glück statt dessen mit Fischen. Ich hatte am Abend zuvor in meinem Hotel ein paar Exemplare aus seinem Fang verspeist, kleine, schollenähnliche Dinger, meines Wissens die einzige Spezies, welche die hohe Alkalikonzentration des Sees verträgt. Im Gegensatz zu den üblichen Süßwasserfischen hatten sie nur wenige und zudem ziemlich weiche Gräten und bildeten eine willkommene Abwechslung zu den Kebabs. Eine kleine Armee aus Jungen und Jugendlichen zwischen zehn und zwanzig Jahren hielt die luxuriöse kleine Kabine besetzt. Unter ihren vereinigten Attacken begann das Boot bereits seinen Schick und Glanz zu verlieren. Von der ständigen Wolke Tabakrauch legte sich eine dicke braune Patina über alles. Selbst die Jüngsten ließen dieses Statussymbol der Männlichkeit im Mundwinkel glühen und hielten das Auge darüber ständig zugekniffen, weil der Rauch sie schmerzte. Ich blieb an Deck, denn ich hätte dort keine Minute überlebt. Soweit ich sehen konnte, wurden die Jungen mit einem nie endenden Vorrat einer schädlichen lokalen Zigarettenmarke entlöhnt.

Alle genossen die Fahrt in vollen Zügen. Sie wetteiferten untereinander wie wild um das Privileg, das halbe Dutzend arg zerrissener Netze über Bord zu werfen, und um die schmerzvolle Aufgabe, sie von Hand wieder einzuziehen, denn die verbliebenen Maschen steckten randvoll mit kleinen, glänzenden flachen Fischen, so daß das Tauwerk tief in die Hände und Unterarme einschnitt. Sie aus dem Netz zu pflücken benötigte die Mithilfe jedes einzelnen. Noch nie hatte ich Fische gesehen, die sich derart verwickelt hatten, denn was ihnen an Gräten mangelte, machten sie mit der Vielzahl und Schärfe ihrer Flossen wett. Aus der Zeit, die ein paar Jungen benötigten, um einen einzigen winzigen Fisch zu befreien, hätte man leicht auf eine unsäglich knifflige Arbeit schließen können, wäre da nicht dieser verzückte Ausdruck auf ihren Gesichtern gewesen.

Die meisten Jungen waren Freunde von Mehmet. Tags zuvor waren einige von ihnen im Garten des Hotels gewesen, als Mehmets älterer Bruder, ein junger Mann von etwa sechsundzwanzig Jahren, einen Besuch abgestattet hatte. Das hübsche Gesicht von Abscheu und Argwohn verzerrt, hatte er sich die Gelegenheit nicht entgehen lassen, eine Tirade gegen den Westen im allgemeinen und gegen Großbritannien im besonderen loszulassen. »Denn alle Westler«, so informierte er mich, »haben eine völlig falsche Vorstellung von Geschichte. Das meiste sind bloß Lügen, um die Tatsachen zu verschleiern.« Die Wahrheit war, daß Kurdistan einst das ganze Gebiet besetzt hatte, das heute Iran, Rußland, Syrien, Irak und Türkei genannt wurde. Der Westen hatte es im Lauf der Jahrhunderte aufgeteilt, genau wie England jetzt die chemischen Waffen lieferte, um die Kurden ein für allemal auszumerzen. Die Türkei und Irak spannten zusammen, um alle Kurden zu eliminieren, und die Vereinigten Staaten und Großbritannien hielten ihre Flugzeuge allein deshalb an der Grenze bereit, um an dem Zerstörungswerk teilzunehmen. Es war jener Mischmasch, der daraus resultiert, wenn man ein Körnchen Wahrheit nimmt und es aufbläht und ins Monströse verzerrt. Doch im Mund eines intelligenten, gut aussehenden jungen Fanatikers im richtigen Alter, um die Kinder und Jugendlichen, die ihm gespannt an den Lippen hingen, zu beeinflussen, war es Gift und hinterließ mir einen schalen Geschmack im Mund.

Ich war daher froh, mich vom Vansee auf eine Weise verabschieden zu können, wie ich ihn lieber in Erinnerung behielt. Jungen, die Fische fingen, gaben so etwas wie ein Urbild ab – wenn schon nicht vom Garten Eden, so doch wenigstens von einer Unschuld à la Huckleberry Finn. Ich fand es heilsam, mir ins Gedächtnis zurückzurufen, daß in einer Welt voll blinder Fremdenfeindlichkeit und organisiertem Terrorismus auch diese Seite noch ihre Daseinsberechtigung hatte.

17

Auf den Mauern von Diyarbakir

Der Aufstieg aus der großen Schale des Vansees brachte eine weitere typische und drastische Veränderung auf meiner Reise mit sich. Die umliegenden Berge bilden eine Wasserscheide. Sie signalisieren das Ende der ostanatolischen Hochebene und den Anfang eines langen Abfalls zu den arabischen Grenzländern. Von ihren weiten, mit Schnee gekrönten Hängen fließen unzählige Bäche nach Süden, um den mächtigen Tigrisstrom zu speisen. Die Fahrt bis zum Kamm des Steilabbruchs war anstrengend. Ein Gegenwind erschwerte sie zusätzlich, und nichts von dieser unwirtlichen Gegend ersetzte mir all die Pracht, der ich nun den Rücken kehrte. Die Aggressivität, die mir an den Ufern des Vansees entgegengeschlagen hatte, war vergessen. Ich verspürte eine solche Welle von Sehnsucht nach seiner blauen Weite, daß nicht viel gefehlt hätte, und ich wäre umgekehrt und zurückgefahren. Die Straße wurde schließlich eben. Auf einmal war ich über dem Kamm und wandte mich abwärts ins Güzel Dere, ins »Schöne Tal«.

Die Wiege der Zivilisation, der Ort, wo »der Mensch zuerst seinen Fuß auf die unbevölkerte Erde setzte«, lag hinter mir. Vor mir lag einer der Hauptwege, auf dem er sich ausgebreitet hatte. Von den hohen Ebenen von Ararat mit ihren Bergfesten waren Noahs Söhne heruntergestiegen und auf der Suche nach frischen Weiden und neuen Welten dem natürlichen Verlauf der Flüsse gefolgt. Die Luft fühlte sich schon deutlich trockener und heißer an. Der Wind, der aus Südwesten das Tal herabblies, führte einen schwachen, pfefferähnlichen Geruch mit sich, fremdartig und aufregend – der Duft der Wüsten Syriens. Ich fuhr hinunter in jene

Gegend von Abrahams frühen Wanderungen. Kaum war mir sein Name in den Sinn gekommen, als ich um eine Kurve sauste und eine seldschukische Karawanserei erblickte. Rund um die brökkelnden Mauern standen fünf oder sechs schwarze Nomadenzelte aus Ziegenhaar auf den mit dünnem Gras bedeckten Hängen verteilt, umringt von vielfarbigen Herden, als hätte sich seit den Tagen der Patriarchen nicht das geringste geändert.

Etwas weiter unten, in einem steilen, engen Canyon, wo vier Bäche zum Bitlis Suyu, einem Nebenfluß des Tigris, zusammenfließen, stand drohend die Zitadelle, die das Tal und die alte kurdische Stadt Bitlis bewachte. Die mittelalterliche Stadt mit ihren gepflästerten Straßen füllte die Hänge des engen Tals bis zum letzten Platz. Da sie sich nicht weiter ausbreiten konnte, hat sie sich ihren Charakter weitgehend erhalten. Auf den gräßlichen Abfallhaufen thronten elegante Gockel, die mit dem Getöse ringsum um die Wette krähten. Eine alte, bucklige Brücke überspannte den Fluß. Hier hielt ich an, um Brot und Früchte einzukaufen, setzte mich auf die Brüstung, aß meinen Lunch und genoß die Szenen um mich herum in vollen Zügen, während unten am Flußufer Ziegen auf weiteren Ansammlungen uralter Bitlisscher Müllhaufen weideten. Alles schien so grundverschieden von jener Gegend, die ich erst vor wenigen Stunden verlassen hatte, daß ich das Gefühl hatte, in einem völlig neuen Land zu sein.

Den ganzen Nachmittag fuhr ich das Güzel Dere hinunter. Wie passend war es doch benannt mit seinem jadegrünen Fluß, der seltsamerweise mit kleinen Felstürmen besetzt war, wo er durch enge Schluchten floß, mit seinen hoch in den Falten steiler Berghänge liegenden Dörfern, seinen Beständen an dunklen Kiefern und den hellgrünen, kurzgeschorenen Lichtungen, auf denen sich Nomaden mit ihren Schafen, ihrem Rindvieh und ihren Pferden zusammenfanden. Je weiter der Weg hinabführte, desto mehr traten die Berge zurück. Es wurde immer heißer. Der Wind mit dem Pfefferduft, der unvermindert kräftig aus den sengenden Ebenen von Mesopotamien herwehte, blies wie der Feuerhauch eines Ofens auf mein Gesicht. Herden ließen im Schatten riesiger Akazien ihre Köpfe hängen, während die jungen Schafhirten im grünen Wasser herumschwammen. Ich hätte mich von Herzen gern zu ihnen gesellt.

Wenn ich nicht auf dem Fahrrad saß, wo mich der Wind umfächelte, war es noch weit heißer, wie ich merkte, als ich in Veysel Karani, einem primitiven kleinen Weiler, haltmachte und sich die Hitze und die Fliegen wie eine Decke auf mich legten. Hier war der Punkt, wo meine Route nach Westen abbog. Da ich die hundert Kilometer, die ich für ein vernünftiges Tagespensum hielt, bereits hinter mir hatte, gedachte ich, entweder nach einem Bus Ausschau zu halten, der mich die restlichen hundertsechzig Kilometer nach Diyarbakir, meinem nächsten Reiseziel, mitnehmen würde, oder nach einem Platz zum Übernachten zu suchen. Mit beidem hatte ich Pech. Es gab keine Busse und nur ein unappetitliches, schmutziges »Hotel«. Auf meiner Karte war etwa dreißig Kilometer weiter eine andere Kleinstadt verzeichnet, und so blieb nur zu hoffen, daß ich dort eine Unterkunftsmöglichkeit finden würde, falls ich unterwegs auf keine geeignete Stelle stieß, um mein Zelt aufzuschlagen.

Die Straße überquerte mehrere liebliche Bäche, die alle nach Süden flossen, um sich mit dem verschlungenen Lauf des Tigris zu vereinen. Überall sah ich schöne Plätzchen, die zum Kampieren einluden, doch ein plötzlicher Ansturm steinewerfenden Jungvolks überzeugte mich davon, daß in dieser Gegend ans Zelten nicht zu denken war. Ein gräßliches Geschrei erfüllte die Luft, als scharenweise leichtfüßige Jungen die Bergflanken hinunterhüpften, um mir den Weg abzuschneiden, und dabei Steine vom Boden aufhoben. Einmal mußte ich anhalten, denn ein paar bedrohlich aussehenden Jugendlichen war es gelungen, mich zu überholen. Aus so kurzer Entfernung konnten sie mich nicht verfehlen, obwohl sie so lausig zielten, und so drohte ich ihnen mit gestrenger Stimme und entsprechenden Gesten, daß ich schnurstracks zu dem Militärposten am Abhang gegenüber fahren und mich über sie beschweren würde, falls sie ihre halben Ziegelsteine nicht augenblicklich fallen ließen. Es war der reinste Bluff, und ich war überrascht, daß er wirkte, denn die meisten Jungen waren größer als ich und hätten mich leicht überwältigen können.

Meine Reaktion schien sie offensichtlich einzuschüchtern und ihr Ziel zu erreichen, ähnlich wie bei früheren Gelegenheiten, als ich ihrer Aggressivität mit der Drohung begegnete, die Polizei oder das Militär einzuschalten. Noch während diese Szene ablief, war sich ein Teil von mir ihrer Lächerlichkeit bewußt, und es hätte nur noch eines Regenschirms bedurft, um das Bild einer entrüsteten viktorianischen Jungfer zu vervollständigen.

Die dauernde Alarmbereitschaft und die Bombardements bewirkten, daß ich mich ausgesprochen gereizt und übellaunig fühlte. Endlich erreichte ich oben an einem Hang eine kleine Ansammlung von Hütten, umgeben von Tabakfeldern. An der Straße stand eine Tankstelle mit Restaurant. Ich ging hin, um mir einen Überblick zu verschaffen. Der Besitzer saß an seinem Schreibtisch und zählte Geld. Er erkundigte sich in gebrochenem Englisch, wie ich die Türkei finde. Ich berichtete ihm, was ich von seinem Land und seinen handgreiflichen Auseinandersetzungen hielt, und imitierte das Steinewerfen, als er nicht sofort begriff, was ich meinte. Meine Schilderung schien ihn sehr zu treffen. Wer selbst Kurde war und überallhin mit dem Auto reiste, wußte wohl nicht unbedingt Bescheid über das, was einem der seltenen Nichtkurden alles passieren konnte, vor allem wenn er so unbedacht war, auf dem Fahrrad durchs Land zu fahren.

Ein Mann betrat das Restaurant. Er hatte mehrere Rüpel verjagt, die mich auf der letzten Brücke belästigt hatten, und bestätigte meine Geschichte, obwohl ich dies nur seinem Blick und seinen Gesten entnehmen konnte, da sie Kurdisch miteinander sprachen. Bald hatte sich eine Schar Männer versammelt, die entrüstet mit der Zunge schnalzten, mir Gaben wie Tee, Mineralwasser, Kuchen, Kebabs und Früchte aufdrängten, mich ihres wachsamen Schutzes versicherten und mir einen sicheren Schlafplatz auf dem Dach anboten. Ich hätte mich ihnen sehr gern anvertraut und meinen Schlafsack unter den Sternen ausgerollt, doch dann traf der Bruder des Besitzers ein, den man holen gegangen war, weil er ausgezeichnet Englisch sprach, und ich wurde zu seinem Haus auf der anderen Straßenseite geführt, um die Nacht bei ihm und seiner Frau zu verbringen.

Osman und Vara waren frisch verheiratet. Sie war Anfang Zwanzig, er ein paar Jahre älter. Am Lokalstandard gemessen waren sie wohlhabend, denn ihnen gehörte ein beträchtlicher Anteil an den riesigen Tabakfeldern, die hier kürzlich mit Hilfe eines staatlich geplanten Bewässerungssystems angelegt worden waren. Daneben besaßen sie auch ihr eigenes, auf einem Flecken Ödland über Werkstätten gebautes Haus, ein häßliches, primitives kleines Gebäude aus nacktem Beton und unverputztem Schlakkenstein.

Nachdem wir den überall herumliegenden Schutt durchquert hatten und die gefährliche Außentreppe hochgestiegen waren, zogen wir uns die Schuhe aus und betraten die hellen, sauberen Innenräume voller neuer Kunststoffmöbel und weicher, grellfarbener Nylonteppiche. Varas gehäkelte Matten und Zierdeckchen bedeckten jede glatte Oberfläche. Das Haus hatte Elektrizität, den üblichen Kühlschrank, Fernseher und Neonbeleuchtung, doch das Wasser mußte aus einiger Entfernung im Eimer hergeholt werden.

Vara sah sehr attraktiv aus, und Osman war offensichtlich entzückt von ihr. Während wir beim Kaffee saßen, zog er sie mehrmals an sich, um ihre Reize gebührend herauszustreichen, und sagte zu mir: »Sie ist schön, meine Frau, nicht wahr? Ich möchte nicht, daß sie verhüllt herumgeht«, womit gemeint war, daß sie keinen Schleier tragen mußte. »Ich will sie so, ganz offen.« Ein anderes Mal zerrte er sie grob nach vorn, legte seine Hand auf ihren Bauch und verkündete stolz: »Vielleicht in sieben Monaten ist ein Baby hier.« Vara schien das alles ebenso verlegen zu machen wie mich, doch sie überspielte es mit einem Lachen.

Osman hatte in Diyarbakir Archäologie studiert, danach jedoch zur Landwirtschaft gewechselt, denn er konnte die Schikanen und ständigen Verhaftungen, denen kurdische Studenten ausgesetzt waren, nicht länger ertragen. Diyarbakir war meines Wissens das Zentrum des kurdischen Widerstands, die Stadt, die die Kurden selbst als die Hauptstadt von Kurdistan bezeichneten. Osman erzählte mir, daß die Geheimpolizei allgegenwärtig sei. Sie besteche, erpresse und nutze die Schwächen der Leute aus, damit sie ihre Brüder verrieten. Erst vierzehn Jahre alte Kinder seien schon im berüchtigten Gefängnis von Diyarbakir gefoltert worden. Alles und jedes könne einen Vorwand liefern, um zum Verhör auf einen Polizeiposten geschleppt zu werden. Das ganze Elend, von dem mir Mehmet und andere Kurden berichtet hatten, wurde von Osman bestätigt. Die wirtschaftlichen Bedingungen waren für viele Bewohner der Türkei schon hart genug, für die Kurden waren sie noch schlimmer. Viele hatten keine Schulbildung, keine Arzneimittel, keine Stelle und keine Unterkunft. Und keine Stimme in der Regierung, was das allerschlimmste war.

Ich zeigte ihm meine Landkarte und bat ihn, mir zu zeigen, wieviel Land ein autonomes Kurdistan seiner Ansicht nach umfassen sollte. Wie alle anderen Kurden, denen ich dieselbe Frage stellte, wies er auf ein Gebiet, das sich im Westen bis nach Gaziantep hin erstreckte und ein wenig mehr als ein Drittel des ganzen Landes einschloß. Dies, so meinte er, sei das Land, das ihnen von Atatürk versprochen worden war.

Der einzige Zukunftsweg für die Kurden lag seiner Überzeugung nach in der PKK, die acht Jahre zuvor als eine auf marxistischen Idealen basierende Studentenbewegung begonnen hatte. Er war sicher, daß die PKK die Unterstützung der gesamten kurdischen Bevölkerung genoß und die jungen Leute ihr in ständig wachsender Zahl zuströmen würden. In dem Bild, das er mir zeichnete, füllten sich die Berge mit hochgesinnten jungen Männern und Frauen, die sich für das Wohl von Kurdistan opferten. Es erinnerte mich ausgesprochen an die idealistischen frühen russischen Filme von Eisenstein. Doch obwohl ich die Wahrheit dessen, was er mir erzählte, nicht eigentlich in Zweifel zog, war Osman von allen Kurden, die mit mir über die gegenwärtigen Kämpfe gesprochen hatten, der einzige, für den ich keine Sympathie empfand. Vielleicht lag es daran, daß sein Wohlstand im Vergleich zur Lebensweise der meisten Kurden nicht zu dem paßte, was er seine »marxistischen Prinzipien« nannte, vielleicht aber auch an seiner Antwort auf meine Frage, weshalb er denn nicht selbst in der PKK sei, da er sie ja so bewundere. Das könne er nicht, erwiderte er, denn er sei verheiratet und habe andere Pflichten. Hauptsächlich war wohl schuld, wie er sich zu Kari verhielt. Die hübsche zwölfjährige Tochter eines armen Nachbarn hatte das junge Paar ins Herz geschlossen und verbrachte die ganze Zeit in seiner Wohnung. Kari kopierte Vara in allem und trug sogar ihr Make-up. Die meiste Zeit saß sie da und sah bewundernd zu Osman auf, als würde sie bereits für ihre zukünftige Frauenrolle üben. Er behandelte sie auf dieselbe handgreifliche Art, wie er mit Vara umging. »Die da liebe ich, sie ist sehr hübsch«, sagte er besitzergreifend und drehte sie ins Licht. »Aber vielleicht noch ein Jahr, und ihr Vater sagt: ›Zumachen.‹« Dabei mimte er, wie der Schleier der *Purdah* dem Kind übers Gesicht gezogen wurde. In dieser einen abweisenden Geste konzentrierte sich für mich die ganze unerträgliche Arroganz der östlichen Männer. Für welche Freiheit auch immer hier gekämpft wurde – ich hatte nicht das Gefühl, daß die Frauen davon groß profitieren würden.

Man überließ mir das Brautgemach, denn wie die meisten Leute in diesen Gegenden verbrachten Osman und Vara die heißen Nächte lieber im Freien, auf einer Matratze auf ihrem winzigen Balkon. Ich schlief tief, eingewickelt in meine kühlende Schlafsackeinlage und zur Abwechslung ungestört vom Verkehrslärm, weil das Schlafzimmer gegen hinten lag. Am nächsten Tag erzählte mir Osman, daß es in der Nacht eine Schießerei gegeben habe. Er sei hereingekommen, um nachzuschauen, ob alles in Ordnung war, doch ich hatte nichts davon gehört.

Ich erwachte früh und schaute auf die endlosen flachen Felder voller hoher Tabakpflanzen hinaus, die sich ununterbrochen weit in den Süden hinzogen, wo niedrige, oben flache Hügel den Horizont unterteilten. Rund um die Ränder der Felder lagen kleine Buden verstreut, aus Ästen zusammengebaut, an denen noch das welke Laub hing. Vor jeder der Hütten stand ein riesiges Metallbett auf hohen Beinen, genau wie ein Kinderbettchen, nur viel größer. Darin schliefen sechs- oder siebenköpfige, manchmal sogar noch größere Familien hoch über dem Boden im Kühlen, sicher vor Schlangen und Ratten. Zwischen Osmans Haus und den Buden lag ein stinkendes grünes Wasserband, in dem sich mehrere Leute das Gesicht wuschen und ihre Kochköpfe ausspülten.

Gestern abend hatte man mir das Versprechen abgenommen, daß ich hierbleiben würde, um Varas Großfamilie kennenzulernen, die telefonisch von meinem Besuch benachrichtigt worden war und mich unbedingt sehen wollte, um mir ein spezielles kurdisches Gericht zu kochen. Man beteuerte mir, daß ich die Lust zum Weiterreisen verlieren würde, wenn ich ihr *Dolmasi* gekostet hätte.

Vara und ich spazierten durch die Felder, um uns die Zeit zu vertreiben, bis ihre Verwandten eintrafen. Karis Familie, die in einer der Hütten hauste, begleitete uns. Sobald Kari uns erblickte, verschwand sie im Innern der dunklen, kleinen Bude, wo alle Habseligkeiten der Familie zu Bündeln verschnürt an der Decke hingen. Als sie wieder heraustrat, hatte sie sich dick mit Rouge und Lippenstift geschminkt. Sie sah aus wie eine kleine Puppe. Alle lachten sie aus, und das arme Kind errötete sogar durch die grelle Farbe. Es gab acht weitere Kinder, sieben andere waren im Säuglingsalter gestorben. Kari kam irgendwo in der Mitte. Wenn man sie im Kreis ihrer Familie sah, wurde offensichtlich, wie unzufrieden sie mit ihrem Los war und wie leidenschaftlich sie sich danach sehnte, so zu sein wie Vara. Ihre Mutter war nur wenig über vierzig und sah uralt aus. Anfänglich glaubte ich, daß sie bald ein weiteres Kind gebären würde, doch es schien nur so, weil ihre Bauchmuskeln nie Gelegenheit gehabt hatten, sich vom ständigen Kinderaustragen zu erholen.

Die kurdischen Frauen gehen wie ihre Männer mit Personen desselben Geschlechts betont körperlich um. Immer wieder berührten sie sich liebevoll und streichelten einander, und alle hakten sich unter oder hielten sich an der Hand, während wir durch die Felder wanderten. Wenn Osman nicht in der Nähe war, war Vara ein ganz anderer Mensch, intelligent und amüsant. Der Spaziergang durch die Felder war in vielerlei Hinsicht der beste Teil meines Besuchs. Nur die junge Kari wahrte Distanz zu der Kameradschaftlichkeit und war eifersüchtig, Vara teilen zu müssen. Wir Großen schmorten in der grellen Sonne, doch für die kleineren Kinder mußte es sich wie ein Waldspaziergang anfühlen, denn die Tabakpflanzen standen hoch über ihren Köpfen.

Zwischen den Tabakreihen waren Wassermelonen, Gurken, Sonnenblumen und Mais angepflanzt, damit genügend Nahrung da war, um die täglichen Bedürfnisse zu decken, während die zum Verkauf bestimmte Ernte heranreifte – ein Anzeichen, wie fruchtbar diese einst öde Ebene geworden war. Wir aßen beim Spazieren einige der knackigen jungen Gurken, und die Kinder ließen Sonnenblumenköpfe die schmalen Bewässerungskanäle hinunterschwimmen.

Die abgeflachten Hügel wurden von versteckten flachbödigen Rinnen durchzogen, die plötzlich ohne Vorwarnung auftauchten und in denen sich ein Ortsunkundiger im Dunkeln sehr leicht zu Tode stürzen konnte. Der Spaziergang hatte uns zu einer dieser kühlen, beschatteten Schluchten geführt, die den Bewohnern dieser einst unfruchtbaren Ebenen ursprünglich als Wohnstätten gedient hatten. Ein großer Teich lag dreißig Meter unter uns in der Sohle. Die Frauen warfen Steine hinein, um mir zu zeigen, wie tief er war. In den senkrechten Wänden lagen stattliche Höhlen, die bis in die jüngste Zeit bewohnt worden waren. In diesen Canyons streifte jetzt nur noch das Rindvieh herum und weidete die üppig blühende Vegetation ab, denn durch das neue Bewässerungssystem hatte sich die Gegend grundlegend verändert. Ich war mir nicht sicher, ob ich ein Leben in diesen pflanzenreichen, schattigen Schluchten den heißen und konturlosen Ebenen über ihnen nicht vorgezogen hätte.

Als wir wieder im Haus waren, überfielen uns massenhaft Verwandte jeden Alters, insgesamt etwa fünfundzwanzig. Die formelle Begrüßungszeremonie dauerte fast eine halbe Stunde. Die Männer schüttelten mir kurz die Hand, die jüngeren Frauen küßten mich, und jede der älteren Frauen ließ mir in ernstem Ton eine langatmige Botschaft zukommen, während sie meine Hand zart in ihren beiden Händen umfangen hielt. Obwohl ich kein Wort verstehen konnte, fühlte ich mich höchst willkommen, als wäre ich königlicher Abkunft. Danach ließen sich die Frauen und Mädchen kreisförmig auf dem Küchenboden nieder und hackten, schälten, kochten oder brieten all die Zutaten, die zur Zubereitung eines *Dolmasi* benötigt wurden, während sie die ganze Zeit wie

Stare auf einem Baum in der Abenddämmerung lebhaft miteinander plapperten. Meiner Meinung nach zählen diese gefüllten Paprikas kaum zu den leckersten gastronomischen Genüssen dieser Welt und lohnen den außergewöhnlichen Aufwand für ihre Zubereitung bei weitem nicht, doch vielleicht machen gerade diese langwierigen Vorbereitungen ihren hauptsächlichen Reiz aus, denn sie geben den Frauen reichlich Gelegenheit zu einem geselligen Miteinander.

Die wenigen Männer hielten sich bewußt von der Küche fern und spielten vergnügt mit den kleinen Jungen. Dieses Spiel war eine ausgesprochen ruppige Angelegenheit, eine Mischung aus Klapsen, Püffen und Kitzeln, die eine Reaktion provozieren und die Kinder zum Zurückschlagen animieren sollte. Langsam wurde mir klar, weshalb kurdische Jungen so aggressiv waren. Die kleinen Kerlchen entwischten in die Küche, so oft sie nur konnten, und wurden dort von den Frauen verhätschelt, bis sie wieder guter Laune waren.

Nach vier Stunden konzentrierter Vorbereitung war das Festmahl bereit. Zum Essen wurden zwei separate Plätze hergerichtet: die Männer am Tisch, die Frauen rund um ein Tuch auf dem Fußboden. Man wollte mich anfänglich zu den Männern setzen, doch ich zog die Gesellschaft der Frauen vor, obwohl es mir nicht leichtfällt, auf Fußbodenhöhe zu essen. Ich tat mein Bestes, um all den Aufwand gebührend zu würdigen, und verdrückte eine Menge *Dolmasi,* doch am meisten genoß ich die fröhliche, leichte Atmosphäre gegenseitiger Sympathie und die vielen unbeschwerten Neckereien, die im wesentlichen sehr leicht zu verstehen waren.

Plötzlich änderte sich alles auf einen Schlag. Varas Mutter, eine Frau in meinem Alter, hatte mich sozusagen unter ihre Fittiche genommen. Sie hatte lange Zeit laut und langsam auf kurdisch auf mich eingesprochen, in der Überzeugung, daß ich sie schon verstehen würde, wenn sie nur alles oft genug wiederholte. Nun lehnte sie sich herüber, faßte mir hinten ins Hemd, weil ein Aufblitzen von Gold ihre Aufmerksamkeit erregt hatte, und zog das kleine Kreuz hervor, das ich um den Hals trug. Sie ließ es sofort wieder fahren und sagte mit schockierter Stimme etwas in Kurdisch. Osman übersetzte mir, daß sie es nie für möglich gehalten hätte, sich je mit einer Christin an einen Tisch zu setzen. »Warum nicht? Ich bin doch auch glücklich, mit Muslims zusammen zu essen«, fragte ich zurück, worauf eine allgemeine und hitzige Diskussion über meinem Kopf zusammenschlug. Ich verstand kein Wort, und Osman war viel zu beschäftigt, um den Dolmetscher zu spielen.

Dann begann Varas Urgroßmutter, eine runzlige alte Frau, zu sprechen, und alles wurde still. Nach einer Weile übersetzte mir Osman, worüber sie sprach. Offensichtlich hatte der Vorfall bei ihr Erinnerungen an das Massaker an den Armeniern geweckt, dessen Zeugin sie als kleines Mädchen in ihrem Dorf etwas weiter im Süden geworden war. Sie erzählte, wie die *Imams* durch die Straßen gingen und die Kurden drängten: »Tötet die Christen, tötet die Ungläubigen!« Drei kleine Armenierjungen hätten vor dem Gemetzel Zuflucht im Haus ihrer Eltern gesucht, und die Frauen hatten versucht, sie zu beschützen. Sie erinnerte sich, wie ihre Mutter flehte: »Die nicht, die nicht!«, doch die Männer hätten sie trotzdem nach draußen gezerrt. Die Straßen seien voller Schreie gewesen, überall schlugen Flammen hoch. Ihre Worte lösten ein unheimliches Echo dessen in mir aus, was ich zu diesem Thema gelesen hatte: »Sie gingen in die Häuser der Armenier und töteten die Frauen und Kinder. Die Männer waren bereits tot.«

Es war ein merkwürdiges Ende für ein Festmahl. Alle waren etwas bedrückt. Doch trotz der schwierigen und etwas peinlichen Situation war ich froh, unabsichtlich der Auslöser für die Erinnerungen dieser alten Frau gewesen zu sein. Es tat gut, zu wissen, daß noch immer Zeugen lebten, die bereit waren, über jene schrecklichen Vorfälle zu sprechen, von denen die türkischen Behörden behaupten, sie seien nie geschehen. Und es tat auch sehr gut, zu hören, daß es gewöhnliche Muslims gegeben hatte, die mitten im allgemeinen Fieber des »religiösen« Mordens Einspruch erhoben hatten. Osmans Bemerkung am Ende des Gesprächs gab mir ebenfalls zu denken. Der Unterschied zwischen Nationalismus und Religion verwischt sich bekanntlich sehr oft, doch ich hörte dies nie so deutlich ausgedrückt wie bei jener Gelegenheit: »Die Armenier sind unsere Brüder im Kampf gegen die Türken. Wir betrachten sie nicht als Christen.«

Wegen des Festmahls kam ich spät nach dem Eindunkeln in Diyarbakir an und konnte erst am folgenden Morgen darangehen, die düstere Großartigkeit dieser ältesten aller südanatolischen Städte zu würdigen. Sie war seit der Bronzezeit bewohnt und in der klassischen Zeit unter dem Namen Amida, später als »Schwarze Amida« bekannt, und zwar wegen ihrer weitläufigen schwarzen Basaltmauern, welche die Römer errichten ließen, nachdem sie Amida im Jahr 297 n. Chr. annektiert hatten. Diese Mauern wurden im sechsten Jahrhundert durch Justinian verstärkt und hielten der aufstrebenden Macht der Araber erfolgreich stand, bis die Stadt schließlich eingenommen und dem Clan der Beni Bakr geschenkt wurde, von dem sich ihr gegenwärtiger Name herleitet, »der Ort von Bakr«. Alle folgenden Eroberer – Kurden, Turkomanen, Perser und schließlich die Osmanen unter Selim dem Grausamen – bauten die Verteidigungsanlagen der Stadt aus und erhielten sie in gutem Zustand, so daß die Mauern von Diyarbakir mit ihren Verteidigungstürmen, Inschriften und Skulpturen heute noch fast vollständig dastehen und einen erstaunlichen und anregenden Anblick bieten, obwohl sie langsam einzustürzen beginnen und für den Unachtsamen nicht ungefährlich sind, wie ich bald entdecken sollte.

Diyarbakirs Moscheen, von denen es mehr als ein Dutzend gibt, sind ebenfalls prächtig. Sie umspannen eine Periode von fünfhundert Jahren, seit 1091 die erste der großen seldschukischen Moscheen Anatoliens hier gebaut wurde. Ihre Konstruktion, vor allem die der Minarette, von denen sich keine zwei gleichen, ist äußerst vielfältig. Die Ulu Çami (Große Moschee) ist am eindrücklichsten und wird auch am regsten benutzt, als wäre sie das eigentliche Herz dieser Stadt geblieben. Wie bei vielen Moscheen in der Türkei erfolgt der Zutritt direkt vom lärmigen Wirrwarr eines geschäftigen Früchte- und Gemüsemarkts. Ein massives Doppelportal, geschmückt mit den Figuren zweier Löwen, die einen Stier angreifen (was sich für eine Gebetsstätte etwas seltsam ausnimmt), führt in einen großen, rechteckig angelegten Hof. Er soll nach der Großen Moschee von Damaskus gestaltet sein und wimmelt wie diese von wiederverwertetem klassischem Baumaterial, zur Hauptsache korinthische Säulen. Männer und Jungen in den traditionellen schwarzen, bauschigen Hosen und Westen gaben dem Platz das Gepräge eines früheren Jahrhunderts, ebenso wie die Kinder, die aus den im Inneren der Gebetshallen abgehaltenen Koranlektionen kamen und ihren Koran in einer bestickten Tasche auf der Brust trugen.

Es ging schon gegen Mittag, als ich mich zu einem Rundgang auf den Mauern von Diyarbakir entschloß. Irgendwo hatte ich gelesen, daß sich dies lohne, und da ich bereits Einheimische gesehen hatte, die dort oben herumgingen, schien mir mein Vorhaben leicht durchführbar. Hinaufzusteigen war kein Problem, obwohl die Mauern zehn Meter oder noch höher waren. Ich entdeckte ein paar zerbrochene Stufen, die sich mühelos schaffen ließen. Oben angelangt, war ich völlig fasziniert. Diese Verteidigungsanlagen waren selbst in ihrem ruinösen Zustand ungeheuer imposant. Alle paar Meter stand wieder ein Turm, insgesamt vierundsiebzig an der Zahl, auf fünf Kilometer Rundlauf verteilt. Viele dieser Türme sahen eher wie Miniaturschlösser aus. Sie ragten aus den Mauern hervor, um angreifende Invasoren ins Kreuzfeuer nehmen zu können. Obwohl ihre Fußböden größtenteils eingestürzt waren, ließen sie sich ohne große Schwierigkeiten umgehen. Zu meinen Füßen lag die Stadt und ihr Treiben offen vor mir.

Die Außenviertel von Diyarbakir hatten sich weit über die Mauern hinaus ausgedehnt. Der Blick über die Stadtgrenzen war nur in einer Richtung frei, nach Süden, wo der Tigris breit und grün durch Felder und Obsthaine zu einer unfruchtbaren Ebene hinströmte. Dies war ein weiterer bedeutsamer Moment meiner Reise. Seit Tagen war ich den Zuflüssen des großen Stroms gefolgt, doch jetzt sah ich ihn tatsächlich vor mir und konnte mir in dieser Umgebung die fast legendäre Rolle ins Gedächtnis zurückrufen, die er in der Geschichte der Zivilisation gespielt hatte.

Zwei Stunden lang führte mich mein Weg auf der Mauerkrone

weiter. Wann immer etwas mein Interesse weckte, hielt ich inne, um es zu inspizieren. An einer Stelle waren unten Hunderte von Fellen frisch geschlachteter Schafe gespannt, um in der Sonne zu trocknen, und ich machte, daß ich schnell weiterkam, denn der Gestank war fürchterlich. Ich ließ mich vom Leben in Diyarbakir, den Märkten, den Straßen mit den Metallhandwerkern und dem Alltag mit Waschen, Kochen und Kinderhüten in den winzigen Höfen völlig gefangennehmen. So war mir entgangen, daß ich nach kurzer Zeit keinen Leuten mehr auf der Mauer begegnete, denn die kurze Strecke, die allgemein als Abkürzung quer durch einen Stadtteil benutzt wurde, beschränkte sich auf etwa hundert Meter.

Obwohl mich meine Erkundungen weiterhin faszinierten, machte sich mit der Zeit die brennende Sonne bemerkbar. Dummerweise hatte ich es unterlassen, einen Sonnenhut oder etwas zum Trinken mitzunehmen. Ich fühlte mich auf einmal etwas schwach und fand, es sei höchste Zeit, wieder hinunterzusteigen. Erst jetzt realisierte ich, daß ich ganz allein hier oben war und seit längerer Zeit niemanden mehr gesehen hatte. Plötzlich kam mir der Rückweg zu der Stelle, wo ich hinaufgeklettert war, schrecklich lang vor, besonders wenn ich die vielen heiklen Abschnitte bedachte, die ich auf den abbröckelnden Mauern überwunden hatte. Ich konnte mich nicht erinnern, sonst irgendwo eine leicht erkenntliche Abstiegsmöglichkeit gesehen zu haben, und hielt es daher für ratsamer, noch ein Stück weiterzugehen. Eine halbe Stunde verging. Währenddessen hielt ich ständig nach irgendwelchen Stufen Ausschau, die nicht in halber Höhe abrupt aufhörten. Ich fing allmählich an, mir ernstlich Sorgen zu machen. Es war inzwischen sehr heiß geworden. Ich hatte seit mehreren Stunden nichts mehr getrunken, und in diesem Klima schreitet die Dehydration sehr rasch voran, besonders wenn man sich mitten am Tag der vollen Sonnenbestrahlung aussetzt.

Ich beschloß, die nächste Folge von Stufen genauer zu inspizieren. Von den Tritten waren nur ein oder zwei Zoll breite Rudimente übriggeblieben. Rutschiges Gras wuchs aus den Ritzen. Ich tastete mir vorsichtig einen Weg nach unten, bis sich die Stufen an einer Mauerecke etwa sechs Meter über dem Boden verloren. Unten an der Mauer saßen Leute in Open-air-Cafés. Ein paar von ihnen sahen hoch. Ich rief ihnen zu und fragte, ob es hier eine Abstiegsmöglichkeit gebe. Die einen meinten *Evet* (ja), die anderen *Yok*, und so hing ich ausgestreckt dort, die Fingerspitzen in eine Spalte im glühend heißen Gestein gekrallt, und wußte nicht, wem ich nun glauben sollte. Es war unmöglich, in dieser Position um die Ecke zu schauen. Ich mußte mich unwiderruflich entscheiden. Entweder ließ ich mich darauf ein, ein Bein um die Ecke auszustrecken und darauf zu hoffen, daß dort etwas war, was mich tragen würde, oder ich trat schleunigst den Rückzug an, denn ich wurde schon ganz schwach von der Hitze, und meine Fingerspitzen brannten höllisch auf dem heißen Stein. Noch ein paar Augenblicke länger, und ich wäre vermutlich nicht mehr entschlußfähig gewesen und womöglich sogar abgestürzt, doch ein junger Kellner, der immer noch seine Schürze trug, kletterte wie ein barmherziger Engel zu meiner Stelle hoch und half mir wieder auf die Mauerkrone hinauf. Er schien ihre Tücken zu kennen, und ich war heilfroh, ihm alle weiteren Entscheidungen zu überlassen. Er führte mich etwa hundert Meter zurück zu einem zerstörten Turm, wo wir eine luftige Traverse machten, bevor wir eine Reihe ganz passabler Stützen fanden, die nach unten führten. Wie ein richtiger Märchenheld war er schon wieder verschwunden, bevor ich ihn belohnen konnte.

Ich schlenderte durchs älteste Viertel von Diyarbakir mit seinen hohen, engen gewundenen Gäßchen aus demselben schwarzen Basalt wie die Mauern, als ich mir plötzlich der angespannten Atmosphäre in der Stadt bewußt wurde. Die halbmodernen Hauptstraßen waren nichts weiter als eine Fassade. Dahinter herrschte eine brütende Spannung, ganz ähnlich wie in gewissen Teilen von Belfast. Ich hatte diese Gegend von der Mauer oben nicht einsehen können, denn sie lag mitten im Zentrum in reichlichem Abstand dazu. Mit ihrer feinen, dekorativen Steinmetzarbeit und den durchbrochenen Fenstern war sie architektonisch gesehen der interessanteste Teil von Diyarbakir, in ihrer Blütezeit vermutlich das Viertel der reichen Kaufleute. Jetzt schien es das

Armenviertel und das Zentrum des Widerstandes und der Unzufriedenheit zu sein. An jeder Straßenecke hielt ein bewaffneter Polizist Wache. Wilde, barfüßige Kinder lauerten in den Türöffnungen, bereit, sich auf die Passanten zu stürzen. Stille Gäßchen zerschnitten enge Durchgangsstraßen mit kleinen Läden und Leuten, die auf den Türstufen saßen. Ich murmelte allen, an denen ich vorbeiging, einen Gruß zu. Zuweilen wurde er erwidert, doch manchmal schlug ein Stein hinter mir auf das Straßenpflaster. Selbst in den abgeschiedenen stillen Gassen mit ihren verschlossenen Rolläden konnte ich fühlen, wie sich mir Blicke hinten in den Kopf bohrten.

In einer der Durchgangsstraßen klopfte mir ein alter Mann auf die Schulter, machte mit zwei übereinandergelegten Fingern das Kreuzzeichen und winkte mir, ihm zu folgen. Die anderen Männer in den Ladeneingängen grinsten höhnisch, doch er nahm keine Notiz davon. Ich ging ihm nach, denn ich war sicher, daß er mich zu einer der alten Kirchen von Diyarbakir führen würde, von deren Existenz ich wußte und die ich zu finden gehofft hatte.

Wir durchquerten einen Irrgarten enger, düsterer Gäßchen, bis wir vor einer unansehnlichen Holztür standen, die in eine lange, hohe Mauer eingelassen war. Mein Führer schloß sie auf und geleitete mich in einen sonnigen Garten. Nach dem Düster der Straßen kam das Licht so plötzlich und unerwartet, daß ich einen Moment lang wie geblendet war. Ein paar winzige, mit leuchtenden Schnüren voller trocknender Paprikas behangene Buden säumten den offenen Platz, während vor mir unverkennbar eine riesige armenische Kirche lag. In diesem uralten Viertel von Diyarbakir sind die Mauern so hoch und die Gassen so eng und zusammengedrückt, daß ein Fremder wohl nie auf die Idee gekommen wäre, dahinter könnte sich ein so großes Bauwerk verbergen. Die Kirchentür war mit einem großen Vorhängeschloß abgesperrt. Das Gekritzel darauf schien eine offizielle türkische Verlautbarung zu sein. Sämtliche Fenster waren mit Brettern vernagelt, und aus dem außenliegenden Glockenturm hatte man die Glocke entfernt. Es sah so aus, als wäre diese Kirche amtlich zugesperrt worden, doch als ich durch Lücken in der Verbarrikadierung hineinspähte, konnte ich ein in vielen Farben schimmerndes Interieur ausmachen, das überall mit armenischen Leuchtern und Ikonen behängt war. Für einmal fand ich keinen Weg, mit meinem Begleiter zu kommunizieren. Nachdem ich ihm ein Trinkgeld zugesteckt hatte, machte er sich davon. Niemand wußte mir das Geheimnis zu enthüllen, und ich stöberte auch keine der anderen Kirchen von Diyarbakir mehr auf.

Am nächsten Morgen fuhr ich weiter. Ich verließ die Stadt durch den südlichen Zugang. Hier war ein schöner historischer *Han* erhalten geblieben, wo sich einst Kaufleute nach ihren Reisen ausgeruht hatten, denn man hatte ihn in ein komfortables modernes Hotel umgewandelt. Das Stadttor ist längst verschwunden, doch die steile, gepflästerte Rampe, die zu den Feldern und Obstgärten hinunterführt, sieht noch so aus wie in früheren Zeiten, als beladene Kamelzüge auf ihr hoch- und hinunterschwankten. Die uralte Fernverbindung, einst vielbegangene Route so mancher Invasionsarmeen, verläuft heute als eine schmutzige, von Abfall übersäte Nebenstraße am Westufer des breiten, grünen Tigris. Hier legte ich einen Halt ein, um einen Blick auf Diyarbakir zurückzuwerfen. Von dieser Stelle wirkte die Stadt, die sich schwarz und scheinbar uneinnehmbar auf ihrer felsigen Klippe auftürmte, zweifellos am eindrücklichsten. Es war leicht zu ersehen, weshalb sie sich so lange Zeit den Namen »Schwarze Amida« bewahrt hatte. Die hohen, schwarzen Basaltmauern, die mich beinahe ins Verderben geführt hätten, haben nichts von ihrer uralten Bedrohlichkeit verloren, obwohl sie aufgerissen und am Abbröckeln sind. Sie könnten leicht als ein Symbol für das berüchtigte Gefängnis herhalten, das sie umschließen und in welchem kein Ende der Grausamkeiten und der gröbsten Verletzungen der Menschenrechte abzusehen ist, doch ebensogut könnten sie auch für die Unversöhnlichkeit und den heftigen Widerstandswillen der Kurden stehen. Wie dem auch sei und wie faszinierend ich diese Stadt auch gefunden hatte, so war ich doch ziemlich erleichtert, sie wieder zu verlassen und mich nach Süden zu wenden.

18

An den Ufern des Tigris

Sechzehn Kilometer südlich von Diyarbarkir macht der Tigris, in der Türkei als Dicle bekannt, einen dramatischen Bogen nach Osten und fließt jadegrün durch einsame Baumwoll- und Zuckerrübenfelder auf seiner langen, verschlungenen Reise zum Persischen Golf dahin. Auch ich bog auf eine kleine Naturstraße ab, die mich auf meine ursprüngliche Route zurückführte, weil ich die Hochebene von Tur Abdin besuchen wollte, die zwischen Wüsten und Gebirgszügen im Grenzland der Türkei und der Nordostecke Syriens liegt.

Die ereignislose Fahrt auf der sehr ländlichen kleinen Straße war eine willkommene Abwechslung zum Lärm und zu den Spannungen von Diyarbakir. Ich radelte den ganzen Morgen dahin, ohne von einem einzigen Auto oder Lastwagen überholt zu werden. Erst als ich die Außenviertel von Bismil erreichte, entdeckte ich den Grund. »*Yol bozuc*«, schrie ein Polizist in brauner Uniform mit einem Sheriffstern, der aus einer Holzhütte am Straßenrand aufgetaucht war, um mir den Weg zu versperren. Mein Wörterbuch, welches er mir vor Aufregung aus der Hand gerissen hatte, übersetzte dies mit »unterbrochene Straße«. Weil für Motorfahrzeuge unpassierbare Wege Reisende auf einem Fahrrad wie Roberts selten abhalten können und es bis zur Stadt Batman, wo ich heute zu übernachten gedachte, nur noch fünfunddreißig Kilometer waren, hätte ich ganz gern meine Chance auf der »unterbrochenen Straße« wahrgenommen. Doch der Polizist blieb hartnäckig und versperrte mir mit gestrengen »*Yol bozuc!*«-Rufen weiterhin den Weg. Hier schien also Endstation zu sein. Inzwischen hatten sich mehrere andere uniformierte Männer versammelt. Der allgemeine Konsensus lautete dahingehend, daß mir, falls ich nicht die Bahn benutzen wollte, um nach Batman zu gelangen, nichts anderes übrigblieb, als umzudrehen und mich der Stadt von der anderen Richtung zu nähern, was einen Umweg von rund zweihundertfünfzig Kilometern bedeutet hätte. Ich hatte Glück, daß heute ein Tag war, an dem tatsächlich ein Zug fuhr, und so schickte ich mich denn ins Unvermeidliche. Zumindest kam ich damit als Ausgleich in den noch unbekannten Genuß einer Reise mit der türkischen Eisenbahn. Es blieb mir jedoch ein Rätsel, welche Katastrophe die Straße so wirksam unterbrochen hatte.

Um mir die Zeit bis zur Ankunft des Zugs zu vertreiben, fuhr ich ins Stadtzentrum hinein. Bismil war ein kleines kurdisches Städtchen, mit Pferdekarren als hauptsächlichstem Transportmittel. Fremde waren eine große Seltenheit, so daß ich in den vier Stunden bis zur Einfahrt des Zuges auf extreme Weise zum Gegenstand des allgemeinen Interesses wurde. Die gesamte männliche Bevölkerung, ob jung oder alt, war angetreten, um mir zuzuschauen, wie ich im Restaurant mein Mittagessen einnahm, bis die Straße völlig verstopft war und der Besitzer mir vorschlug, besser nach innen zu gehen und meine gedämpften Eierfrüchte mit Fleisch und Reis dort fertigzuessen. Inzwischen stand ein Kellner bei Roberts Wache, denn wie überall erregte er genausoviel Aufsehen wie ich. Alle versuchten zu ergründen, wozu das viele Zubehör wie Gangschaltung und Wasserflaschen wohl gut sein mochte. Manche kamen zum Schluß, das Rad besitze einen dieser neumodischen Motoren und die Wasserflaschen seien die Treibstofftanks.

Monate später, als ich längst heimgekehrt war und an diesem Buch schrieb, stellte ich eines Abends den Fernseher an und sah, wie das unbedeutende Landstädtchen Bismil Schlagzeilen machte. Es hatte eine kurze und traurige Berühmtheit erlangt, denn es war das Zentrum jener Gegend, wo die türkischen Sicherheitskräfte Razzien auf Dörfer gemacht, die PKK-Widerstandskämpfer und alle, von denen man glaubte, sie würden sie unterstützen oder mit ihnen sympathisieren, zusammengetrieben und summarisch hingerichtet hatten. Soldaten hatten die Dorfbewohner festgehalten und auf alles und jedes gefeuert, während man jene, die liquidiert werden sollten, mit Ketten um den Hals einen Hügel hochführte. Sie wurden in Sichtweite des Dorfes erschossen und in ein hastig ausgehobenes Massengrab geworfen. Diesmal hatte die übliche türkische Geheimniskrämerei und das sorgfältige Timing jedoch versagt. Eine britische Delegation war eingetroffen, als die Soldaten gerade ein Dorf verließen, und ein Fernsehteam filmte die Verwandten der Toten, die vor Schmerz außer sich waren und mit bloßen Händen die frische Erde über dem Grabhügel aufwühlten. In jenem einen Grab fanden sich achtunddreißig Leichen. Zwei Leute waren lebendig begraben worden.

Wenn man einen Ort besucht, langsam auf dem Fahrrad durchfährt und seinen Bewohnern begegnet, hat man danach ein völlig anderes Verhältnis zu ihm. Nachdem der kurze Bericht zu Ende war, saß ich angeekelt und wie betäubt da, während mir Gesichter, Szenen und Stimmen von meiner Reise durch den Kopf schossen. Viele Vorfälle, die ich selbst miterlebt und denen ich damals keine besondere Bedeutung zugemessen hatte, erhielten auf einmal einen düsteren Beigeschmack. Ich fragte mich sogar, ob an jenem Tag, als man mich davon abgehalten hatte, die Nebenstraße bei Bismil zu befahren, nicht eine ähnliche Operation im Gang gewesen war. Insbesondere kam mir wieder in den Sinn, was mir ein türkischer Hoteldirektor in Diyarbakir bei einem Glas Tee in seinem rauchgeschwängerten Büro erzählt hatte: »Die Kurden sind kein Problem für die Türkei. Die Türkei ist stark. Wir wissen, wo die Terroristen sind, wir wissen auch, wer sie sind. Wir können uns mit ihnen befassen, wann immer wir wollen. Nein, unser Problem sind vielmehr die Amerikaner, die Briten und die Franzosen. Sie mischen sich ein. Sie halten uns davon ab, das Nötige zu tun, um diesem Terrorismus ein Ende zu setzen.« Im Licht dieser jüngsten barbarischen Akte schien er die Macht der öffentlichen Weltmeinung, den erprobten türkischen Methoden im Umgang mit lästigen Minderheiten einen Riegel vorzuschieben, weit überschätzt zu haben.

Auf dem einzigen Bahnsteig im Bahnhof von Bismil, der wie eine Kulisse für einen Film aus der Zeit König Edwards VII. wirkte, wurde ich vom Stationsvorsteher willkommen geheißen. Ich mußte in dem kühlen, trüb beleuchteten Raum Platz nehmen, wo die deutsche Signalausrüstung und das Morsegerät aus den zwanziger Jahren untergebracht waren. Immer wieder setzte sich der Mann seinen glänzend roten Spitzhut auf und trat hinaus, um mit den Jugendlichen zu schimpfen, die auf die Fensterbänke geklettert waren und mich und Roberts anstarrten. Mehrere Männer statteten dem Stationsvorsteher einen Nachmittagsbesuch ab und färbten die Luft mit ihren endlosen Zigaretten blau, ganz wie in einem Gentlemen's Club. Im Mittelpunkt der Aufmerksamkeit stand ein puppenhaft aussehendes zweijähriges Mädchen, das von seinem Großvater zum Schein mit Klapsen und Püffen geneckt wurde. Schließlich brachte er es soweit, daß es ihm aufs Auge schlug, sehr zum Vergnügen aller männlichen Anwesenden. Die meisten türkischen und kurdischen Männer scheinen völlig hingerissen von kleinen Kindern zu sein, egal ob Jungen oder Mädchen.

Ein Fernlastfahrer auf Urlaub in seiner Heimat, der nebst dem erstaunlichen Gemisch aus Deutsch und Englisch, in welchem wir uns um eine Verständigung bemühten, auch Bulgarisch, Rumänisch und Polnisch zu sprechen behauptete, spielte für alle, die mit mir zu sprechen wünschten, den Übersetzer. Der Stationsvorsteher wollte sich für die antiquierte Ausrüstung entschuldigen und wedelte mit seiner Hand verzweifelt über das schöne Mahagoni-Interieur, die blitzblanken Messinghebel und die hundert Einzelheiten, die bei uns begehrte Sammlerstücke abgegeben hätten. Die türkische Regierung wolle kein Geld in die Bahn stecken, meinte er. Autos bedeuteten heute alles, die Eisenbahnlinien dagegen ließ man verfallen. Ich erzählte ihm, daß es in meinem Land ziemlich dasselbe sei, und wir stimmten überein, daß das sehr schade war, weil Züge ein wundervolles Mittel seien, um in der Welt herumzukommen, viel freundlicher als Autos.

Ein uralter Mann, der sich schwer auf seinen Stock stützte, betrat langsam den Raum. Es hatte den Anschein, daß in der

Türkei das Greisenalter ebenso hoch im Kurs stand wie das Säuglingsalter, denn alle Männer erhoben sich, um ihn herzlich an der Schulter zu fassen und ihn auf beide Wangen zu küssen. Er wurde mir stolz als »alter Kämpfer von siebenundneunzig Jahren« vorgestellt. Anfänglich schien er viel zu geistesabwesend und schwach, um meine Anwesenheit überhaupt wahrzunehmen. Er ließ sich mit letzter Kraft auf eine polierte Bank plumpsen und zündete sich mit grimmiger Anstrengung die Zigarette an, die man ihm reichte, wobei es ihm schwerfiel, seinen kurzen Atem mit seinen zitternden Händen zu koordinieren. Doch eine Weile später wies er in einem Nebel dicker, stickiger Rauchwolken plötzlich mit einem Finger durch das Düster auf mich und machte mit ziemlich viel Gift in der Stimme: »Peng, peng!« Während der Lastwagenfahrer übersetzte, verlor sich der Alte in einem Strom von Reminiszenzen, wie er im Ersten Weltkrieg bei Gallipoli gegen die Briten gekämpft hatte und fast verhungert wäre, bis die guten Deutschen kamen und seinen Leuten Brot gaben. Die Geschichte hörte sich eigenartig an – die Deutschen in der Rolle barmherziger Engel und die britischen Tommies als die Horden von Dschingis-Khan. Die Erinnerungen quälten den alten Mann ganz offensichtlich, denn ein Strom von Tränen begann ihm seine gefurchten Wangen hinunterzufließen.

Glücklicherweise setzte sich der Stationsvorsteher zu diesem Zeitpunkt wieder seinen Hut auf. Eine Folge von Morsezeichen war über die Drähte gerattert, worauf er mehrere der langstieligen glänzenden Signalhebel mit erheblichem Kraftaufwand nach hinten und nach vorn gedrückt und gezogen hatte, und nun geleitete er uns alle hinaus, um die bevorstehende Einfahrt des Zuges abzuwarten. Vermutlich war es eine Diesellok, doch meine Aufmerksamkeit galt ausschließlich dem Dienstwagen, in den man mich mit Roberts im Gefolge hievte, was gar nicht so einfach war, da die Stufe gut anderthalb Meter über dem Boden lag.

In dem staubigen, fensterlosen, nur vom Licht der offengelassenen Türen erhellten Wageninnern bereiteten die rund ein Dutzend Zugangestellten ein Picknick vor. Sie zogen ihre eleganten grauen Jacken und Mützen aus und falteten sie säuberlich zusammen, bevor sie aus Kisten ein Tischchen improvisierten und es mit einem alten Postsack bedeckten. Dann setzten sie kleine Spritkocher in Betrieb, um in altem Militärkochgeschirr Reis und Gemüse aufzuwärmen, hockten auf Schachteln herum und futterten mit dem Enthusiasmus von Pfadfindern auf einer Exkursion. Keiner von ihnen war unter fünfzig. Sie hätten sehr gern ihre Mahlzeit mit mir geteilt, und ich hätte ebenso gern angenommen, doch ich hatte bereits gegessen. Später spritzte einer von ihnen Wasser über den Boden und kehrte ihn auf höchst wirksame Weise sauber, indem er die Abfälle durch die offene Wagentür in Gottes weite Welt hinaus beförderte, die in der Türkei wie in so vielen anderen Ländern als gemeinschaftlicher Abfalleimer von unendlichem Fassungsvermögen behandelt wird.

Batman, eine Stadt, die aufgrund kürzlich entdeckter Erdölvorkommen über Nacht reich geworden und für jene Gegenden ebenso skurril wie ihr Name war, traf mich völlig unvorbereitet. Man hätte dort viel eher ein altehrwürdiges Dorf erwartet, doch statt dessen war eine neue Stadt mit hohen, gesichtslosen modernen Hotels und in einem Gitternetz von breiten, menschenleeren Betonstraßen ausgelegten Bürokomplexen im Entstehen begriffen. Auf den leeren Grundstücken dazwischen stöberten Kühe in den Müllhaufen herum. Dies alles war in eine Landschaft eingebettet, die sich seit den Tagen des Osmanischen Reichs nicht verändert hatte. Es fühlte sich an, als wäre ich urplötzlich auf einen völlig anderen Kontinent versetzt worden und hätte die vierzigminütige Fahrt auf einem fliegenden Teppich und nicht in einem veralteten Eisenbahnzug zurückgelegt.

Es gab hier eine lokale TV-Station, betrieben vom Besitzer des einzigen feudalen Hotels, das schon mehr oder weniger fertiggestellt war. Ich handelte mir eine Gratisübernachtung als Honorar dafür aus, daß ich mich als radelnde Berühmtheit auf Besuch filmen ließ – es schien nicht leicht zu sein, in Batman genügend Material für eine Sendung aufzutreiben. Ich weiß nicht, wer von uns das bessere Geschäft machte, denn das eine Stunde dauernde Interview war kein Zuckerschlecken. Es wurde von Pitah, der Tochter des Besitzers, durchgeführt, einer forschen Vierzehnjährigen, die ihre schroffe Technik den westlichen politischen Interviewern abgeguckt haben mußte. Sobald ich eine Frage beantwortet hatte, bellte sie ohne das geringste Anzeichen, daß sie meine Worte zur Kenntnis genommen hatte, die nächste heraus. Es war noch anstrengender als die Filmaufnahmen, bei denen ich meine Fahrkünste demonstrieren und, über die Abgase des Kamerawagens gebückt, durch die Straßen von Batman sausen mußte, während ich krampfhaft versuchte, mir nicht anmerken zu lassen, daß ich schreckliche Angst hatte.

Später nahmen mich Pitah und ihr Vater auf ein Eis in das umzäunte und gut bewachte Camp mit, das die Bohrtürme und die Wohnquartiere der an den Bohreinrichtungen arbeitenden ausländischen Techniker beherbergte. Es stand ein paar wenigen privilegierten Einheimischen offen, die alkoholfrei geführten Sport- und Freizeitanlagen zu benutzen. Das Camp mit seinem anonymen, internationalen Stil umfaßte ein weitläufiges Gebiet auf einem Hügel und wirkte noch weit verwirrlicher als die Stadt selbst. Es hätte irgendwo auf der Welt liegen können und schien wie eine Raumkapsel nirgendwohin zu gehören.

Wir fuhren durch saubere Straßen mit Neonbeleuchtung, die von Häusern, Schulen, Krankenhäusern, Läden, Turn- und Sporthallen gesäumt waren. Pitah und ihr Vater waren stolz auf ihre Beziehungen und wollten mir alles zeigen, obwohl es schon dunkel war. Schließlich hielten wir im Freizeitbereich an. Wie mir Pitah mitteilte, war er von einem international berühmten Landschaftsarchitekten gestaltet worden. Kurz geschnittenes rasenähnliches Grünzeug umgab Zierteiche, Schwimmbecken, Kinderspielplätze, ein Hotel und ein Café im Freien. Nach meiner viermonatigen Fahrt durch eine herrliche und abwechslungsreiche Landschaft sah dies alles in meinen Augen unnatürlich und synthetisch aus und ließ jede Spur von Fröhlichkeit vermissen. Sogar die Luft war künstlich fabriziert: In regelmäßigen Abständen wurden große Wolken übelriechender Chemikalien gegen die Mücken über die Gegend geblasen, worauf wir alle nach Atem rangen.

Die ganze Zeit gab Pitha mit einer flachen, eindringlichen

Stimme, die wie eine Kreissäge unablässig weiterlief, laufend Kommentare ab. Sie lächelte dabei nie, selbst wenn sie Dinge sagte wie: »Coke ist mein Lieblingsgetränk. Ich muß ein richtiger Coke-Fan sein.« Sie war ein sehr ernsthaftes Mädchen und faßte das Leben ausschließlich vom Gesichtspunkt des Erfolgsstrebens auf – und Erfolg bedeutete Geld. Ihr Vater bezahle recht viel Geld dafür, daß sie die Privatschule auf dem Campus besuchen konnte, und deshalb müsse sie sich anstrengen und in allen Fächern die Erste sein. Nach der Schule wolle sie Computeranalytikerin werden, denn dies sei der bestbezahlte Beruf.

Alles in Batman, einschließlich meines Hotelzimmers mit seinem luxuriösen Bad, war so unwirklich, daß ich bei meiner Abreise am nächsten Morgen zu zweifeln begann, ob die Stadt auch wirklich existierte. Erst als ich dreimal von Polizisten angehalten wurde, die die Erstausstrahlung des Fernsehinterviews gesehen hatten und ein Autogramm von mir wünschten, war ich überzeugt, daß ich das Ganze nicht bloß geträumt hatte. Ein bleibendes Andenken war indes die Tatsache, daß mein Rad jetzt einen arg verbogenen Gepäckträger hatte. Von meiner ungewohnten Plüschumgebung ziemlich eingeschüchtert, hatte ich nicht darauf bestanden, Roberts abzuschließen, als mir der Empfangschef würdevoll verkündete, dies sei unnötig und er übernehme die volle Verantwortung. Offensichtlich hatte jemand (vermutlich er selbst) mein Rad für eine Spritztour verwendet und ein zweiter auf dem Gepäckträger gesessen, wie es bei den Türken Mode ist, doch dafür war Roberts leider nicht eingerichtet.

Nach wenigen Meilen stieß ich ein weiteres Mal auf das Ufer des Tigris. Steile Felswände aus goldenem Sandstein faßten sein Südufer ein. Zu ihren Füßen wuchsen Gruppen von hohen Kiefern, die sich dunkel und sprühend vor Leben gegen den nackten Fels abzeichneten. Der Fluß, inzwischen von einem wunderschönen Smaragdgrün, erzeugte zusammen mit dem blauen Himmel, den Feldern, die im zartesten Grün zwischen dem Ufer und der Straße lagen, und den goldenen Klippen dahinter ein Bild von solcher Pracht, daß ich absteigen und eine Zeit verweilen mußte, um es richtig in mich aufzunehmen.

In der Nähe des Dorfes Hasan Keyf bemerkte ich auf der Felshöhe die Ruinen einer alten Stadt. Eine feine, blau geflieste frühosmanische *Türbe* schien in einem Feld gestrandet zu sein, Seite an Seite mit den behauenen Steinplatten eines uralten, verlassenen Friedhofs, die aus dem Gras herausschauten. Das Dorf lag am jenseitigen Ufer, wo die Straße durch eine Lücke in den Klippen zu einer Brücke hinunterführte. Auf dieser modernen Metallkonstruktion erhaschte ich einen ersten Blick auf die höchst erstaunlichen Überreste einer byzantinischen Brücke aus dem sechsten Jahrhundert, die ein wenig flußaufwärts lag, wo der Strom am breitesten und seichtesten war und große Herden mehrfarbiger Schafe zur Tränke geführt wurden. Nur die Brückenpfeiler waren übriggeblieben, vier mächtige Backsteinkonstruktionen, eine an jedem Ufer und zwei in der Mitte des Stroms. Zu ihrer Zeit galt diese Brücke als eines der Wunder von Anatolien, und noch heute rufen die riesigen Stümpfe ein Gefühl von Ehrfurcht hervor, nicht nur wegen ihres Umfangs und wegen der meisterlichen Leistung, die sie repräsentieren, sondern auch deshalb, weil ihnen selbst in zerstörtem Zustand eine Schönheit innewohnt, die ihrer großartigen Lage und der prächtigen Landschaft ringsum in keiner Weise nachsteht. Es war eines der eindrücklichsten byzantinischen Monumente, die ich je gesehen hatte.

Ich vermutete, daß das »Keyf« von Hasan Keyf eine Verballhornung von Cepha war, dem ursprünglichen Namen einer einst imposanten Festung an den Grenzen zwischen dem Byzantinischen Reich und Persien. Aus den Ruinen der Brücke wurde deutlich, daß ungeheure Mittel dafür aufgewendet worden waren. Trotzdem blieb Cepha der christlichen Welt nur etwa dreihundert Jahre lang erhalten. Seit 640 wurde Hasan Keyf von einer Reihe von Muslimherrschern regiert, hatte sich jedoch seine Bedeutung als Grenzposten bis in osmanische Zeiten bewahrt, worauf es schließlich zu einem unbedeutenden Dorf zusammenschrumpfte, in einer flachen Felsschlucht an den Fuß der lieblichen Sandsteinhülle gekauert, die von seinem vergangenen Ruhm kündete.

Drüben auf der Südseite duckte sich eine altehrwürdige seldschukische Moschee in ein Tal. Über ihr wand sich eine Straße zu einem schönen, befestigten Tor hinauf und führte im Zickzack durch die Schichten der zerstörten goldenen Stadt. Obwohl ich durchaus erwartet hatte, hier irgendwelche Anzeichen des alten Cepha zu finden, war ich auf das Ausmaß und die Schönheit seiner Überbleibsel völlig unvorbereitet und wußte mich kaum zu fassen.

Als erstes mußte ich mich jedoch mit den Behörden absprechen, wo ich mein Zelt aufstellen konnte, denn im Dorf gab es keinerlei Unterkunftsmöglichkeit. Im rechtschaffenen Gefühl, reglementskonform vorzugehen, suchte ich den Anweisungen gemäß den Militärposten auf, der wie üblich an erhöhter Stelle lag. Der junge Hauptmann, vor den man mich schließlich führte, hatte offensichtlich noch nie etwas von solchen Auflagen vernommen und zählte es eindeutig nicht zu seinen Pflichten, sichere Zeltplätze für ausländische Damen zu finden. Er sah über mich hinweg, als sei ihm ein übler Geruch in die Nase gestiegen, rief einen arabischen Jugendlichen von der Straße herein und wies ihn an, mich ins Stadthaus zum Dorfchef zu führen. Dieser sprach kein Englisch, doch nachdem er meine Empfehlungsschreiben gelesen hatte, ließ er mich über Mehmet Ali, meinen Begleiter, wissen, daß ich hierbleiben könne. In seinem Büro stand ein Sofa, gleich nebenan war eine Toilette und ein Waschraum. Da heute Freitag war, brauchte er nicht hierzusein, denn er verbrachte den Nachmittag mit Beten. Im Stadthaus von Hasan Keyf sei ich sicher. Jedenfalls behauptete Mehmet Ali, er habe das so gesagt, obwohl sich später so ziemlich das Gegenteil herausstellte. Befriedigt, daß ich in punkto Sicherheit und Anstandsregeln alles Nötige bedacht hatte, schloß ich Roberts ab, parkierte ihn außer Reichweite der brennenden Sonne im sicheren Stadthaus und machte mich auf den Weg, um mir ein Mittagessen aufzutreiben, bevor ich mit meinen Erkundungen begann.

Mehmet Ali kam mit. Er ließ sich nicht abschütteln, nicht einmal mit einem großzügigen Trinkgeld für seine Bemühungen. Er folgte mir ins Restaurant, bestellte sich etwas zu essen und erwartete seelenruhig, daß ich die Rechnung für uns beide beglich. Die winzige Summe machte mir nichts aus, doch mich störte, wie kühl er auf meine Großzügigkeit spekulierte und wie vertraulich er sich gab. Als ich zur Zitadelle aufbrach, kam er mir nach. Ich hoffte, daß ihn die brütende Hitze und mein unentwegter Enthusiasmus für Ruinen mürbe machen würden, doch dem war leider nicht so. Er fand sich Schattenplätzchen zum Warten, während ich in den verschiedenen Schichten der Stadt herumstocherte, und folgte mir Lage um Lage hinauf, bis mir der Gedanke kam, daß der Hauptmann ihn vielleicht instruiert hatte, mich im Auge zu behalten. Er wußte überhaupt nichts über den Ort und war mir daher als Führer völlig wertlos. Mehrere Stunden lang erforschte ich die hohe, weitläufige Stätte. Es schien mir keine bekannte Bogen- und Gewölbeform zu geben, die nicht vertreten gewesen wäre. So viele verschiedene Kulturen hatten hier übereinander gebaut, Material wiederverwertet und alte Pläne in neue Ideen umgesetzt, daß es vermutlich unmöglich gewesen wäre, dieses Durcheinander säuberlich zu entwirren.

Die Stadt lag auf einer von mehreren Anhöhen, zwischen denen sich enge Canyons wanden. Sie lagen so nahe zusammen, daß man leicht von einer zur andern Pfeile abschießen oder Speere hätte werfen können. Wenn man nicht alle gleichzeitig besetzte, ließ sich ein solcher Ort nur schwer verteidigen, was auch Xenophons Männer auf ihrem Marsch etwas weiter östlich herausgefunden hatten. Auf einer der Klippen konnte ich Spuren von urartischen Treppenstufen und so etwas wie sehr alte Altäre sehen, die in den Fels gehauen waren. Es schien also gesichert, daß die Besiedlung mindestens bis in die Bronzezeit zurückreichte, wahrscheinlich aber noch viel weiter. Ich ärgerte mich, daß ich keinen guten Reiseführer bei mir hatte, um die vielen Geheimnisse dieses Ortes zu lüften, obwohl dies den zweifelhaften Vorteil bot, mir selbst auszumalen, was immer mir beliebte. Auch die Geschichtsschreibung steckt voller wilder Mutmaßungen und romantischer Vorstellungen, die von der Phantasie kaum je überflügelt werden können.

In Kellern und Gewölben zwischen den Ruinen lebten ein paar Familien zusammen mit ihren Ziegen und Eseln. Die elektrischen Leitungen, die diese steinzeitlichen Behausungen ans kürzlich erstellte städtische Netz anschlossen, hatten etwas Bizarres an sich. In den letzten Jahren hat die Türkei dank des Überflusses an Wasser viele massive Staudämme errichtet, vorwiegend am Tigris und am Euphrat. Sie verfügt damit über weit mehr Elektrizität, als sie selbst benötigt, daher wurden sogar diese Nomaden ermuntert, davon zu profitieren. Dieser neue Reichtum an elektrischem Strom und die damit verbundenen Bewässerungsmöglichkeiten gehen teilweise zu Lasten von weiter südlich gelegenen Ländern wie Irak, Syrien, Israel und Jordanien, welche seit Urzeiten vom Wasser der großen Flüsse abhängig sind, die in den Bergen der Türkei entspringen. Formelle Gespräche zwischen der Türkei und diesen Staaten standen kurz bevor, um eine Lösung zur Kontrolle der Wasservorräte anzustreben, die von allen Parteien akzeptiert werden konnte. Doch schon hatte ich gehört, wie viele Türken sagten: »Es ist schließlich unser Wasser. Warum sollten wir es weggeben? Wir sollten es lieber gegen Erdöl eintauschen.« Und es wurde dunkel prophezeit, daß sich der nächste Krieg im Nahen Osten nicht mehr um Öl, sondern um Wasser drehen würde.

Aus einer der Steinzeitbehausungen zwischen den Ruinen trat ein etwa zwölfjähriger Junge mit einem höchst seltsamen, fast rechtwinklig geschnittenen viereckigen Kopf. Wir seien gekommen, um seine Sachen zu stehlen, beschuldigte er uns, worauf er sogleich die Taktik wechselte und einen Kugelschreiber oder eine andere Versöhnungsgabe von mir forderte. »Kurden schmutzige Leute«, meinte Mehmet und ignorierte ihn. Im Gegensatz zu Mehmet ließ der Junge bald von mir ab.

Auf dem Gipfel, von wo ich auf die grüne Weite des Tigris und die großen Schaf- und Ziegenherden hinunterschaute, die durch den breiten, sandigen Uferstreifen geführt wurden, schlich sich Mehmet Ali unvermutet von hinten an mich heran und faßte mich in einer amourösen Umarmung um die Mitte. Ohne zu zögern und die möglichen Folgen zu überdenken, schwang ich herum, versetzte ihm eine schallende Ohrfeige und hörte erschrocken, wie ihr Echo sogleich überall von den Klippenwänden widerhallte. Zum Glück reagierte er mit einer Entschuldigung, doch dann versuchte er das Gesicht zu wahren und behauptete, er habe sich nur vergewissern wollen, daß ich nicht abstürzte! Der Vorfall mußte ihn schließlich überzeugt haben, daß ich seinem männlichen Charme nicht erliegen würde, denn bald darauf machte er sich davon, und ich hatte den Ort endlich für mich allein.

Wieder im Stadthaus stellte sich heraus, daß das Unterkunftsangebot des Bürgermeisters um fünf Uhr ablief, weil über Nacht zugeschlossen wurde. Ich sei willkommen, mein Zelt in dem winzigen öffentlichen Garten draußen aufzustellen, der mit seinen farbigen Blumenbeeten sehr hübsch aussah, aber leider von mehreren Cafés gesäumt wurde und jedermann zugänglich war, einschließlich Mehmet Ali. Eine große Zahl von Männern wartete schon, um das Spektakel zu genießen, wie die Ausländerin ihr Lager aufschlug.

Unmittelbar bevor Mehmet Alis Arm sich um meine Taille geschlungen hatte, war mir oben auf der Klippe aufgefallen, daß die schöne, alte, beflieste *Türbe* an den Ufern des Tigris gleich außerhalb von Hasan Keyf an der Seite eine Bierreklame trug und unter den Bäumen eines großen Obstgartens Tische und Stühle aufgestellt waren. Diese Stelle schien mir sehr viel privater zu sein als Hasan Keyfs öffentliche Gartenanlage, und so beschloß ich, hinzufahren und mich nach einem Nachtlager zu erkundigen.

Es war ein glänzender Einfall. Der Ort wurde von einem amüsanten, etwa siebzigjährigen türkischen Gauner geführt, auch er ein Mehmet, aber offensichtlich viel verläßlicher. Wie er mir berichtete, hatte er einige Jahrzehnte in Australien gelebt (was aufgrund seiner dürftigen Sprachkenntnisse kaum jemand für möglich gehalten hätte), mehrere Jahre in Sidney ein Restaurant geführt und sich danach zur Ruhe gesetzt. Jetzt lebte er von einer monatlichen Behindertenrente der australischen Regierung. Er zeigte mir sogar seine Aufenthaltsbewilligung, falls ich ihm nicht glauben wollte. Er sei nur für einen langen Besuch in der Türkei. »Ich nicht komme für Familie, sicher nicht«, meinte er. »Familie stinkt. Kleine Jungen und Mädchen sehr nett. Aber wenn groß, nicht gut. Ich gehe in Australien für weg von Familie. Mein Sohn ist fauler Kerl. Ich sage ihm nicht, wo ich gehe. Fertig.« Und im selben Atemzug fragte er: »Was möchten Sie denn? Ein Bier?«

Der wilde, schattige Obstgarten mit dem Tigris zu Füßen und der schönen, blau gefliesten zerbröckelnden *Türbe* am Eingang kam für mich den türkischen Gärten aus den romantischen Sagen am nächsten. Mehmet hatte ihn für einen nominellen Pachtzins von der Regierung gemietet. Er war mit Kühlschrank, einer primitiven Kochstelle, Tischen und Stühlen sowie einem vorschriftsmäßig blau angestrichenen Betonteich ausgestattet, der zur Zeit leer war. Dies alles nahm nur eine kleine Ecke ein, und es gab Platz für beliebig viele Zelte. Der einzige Haken war das Fehlen jeglicher sanitärer Einrichtungen mit Ausnahme von ein paar Latrinengruben am entfernten Ende nahe beim Fluß unten, denen ich laut Mehmet besser nicht in die Nähe kam, falls mir übel wurde. Seiner Ansicht nach war der Pachtzins, den er bezahlte, billiger als ein Hotelzimmer und dieser Ort ideal für eine sommerliche Liebelei mit seiner »Freundin«. Ayla, eine untersetzte kleine Matrone ungefähr in meinem Alter, deren Taille fast zu den Achselhöhlen hoch reichte, hatte einen Blick in ihren schrägen Augen, der mir zu sagen schien, daß sie genau Bescheid wisse, was für abscheuliche Dinge er mir über sie erzählte, auch wenn sie kein Wort verstand.

Mehmet und Ayla verbrachten die Nächte in einer dieser riesigen Bettstätten, die ich weiter nördlich gesehen hatte. Er hatte nichts dagegen, wenn ich mein Zelt unter den Bäumen aufschlug, und beharrte als einziges darauf, daß ich im Lichtkreis der elektrischen Glühbirnen blieb, die in echt verschwenderischer türkischer Manier in der oberen Hälfte des Obstgartens über die Bäume gezogen waren. »Viele böse Kerle hier. Sie sicher und okay bei mir, solange ich Sie sehe.« Ich tat wie geheißen, doch als ich zu Bett ging, schraubte ich zuerst die Birnen aus, die mir direkt ins Zelt geschienen und die glänzenden Sterne verdunkelt hätten. Es fiel schwer, an diesem magischen Ort die Gefahr ernst zu nehmen, und so oder so bezweifelte ich sehr, daß Mehmet in seinem Alter und mit seinem Übergewicht und den steifen Gelenken schnell genug gewesen wäre, um mir zu Hilfe zu eilen, selbst wenn er und Ayla in der Zwischenzeit nicht fast zwei ganze Flaschen Raki gekippt hätten.

Wir saßen stundenlang beisammen, ich mit meinem Bier, die beiden mit ihrem Raki. Wir knackten Sonnenblumenkerne und schwatzten ein wenig, während sich die Hitze des Tages langsam milderte und Schwalben tief unter den Bäumen zur abendlichen sausenden Jagd auf die erwachenden Insekten ansetzten. Langsam sog das vergehende Licht die Farben aus dem Land und dem Fluß. Aus der Dunkelheit, die sich zusammenzog, begannen Sterne aufzuleuchten, einer nach dem anderen. Ich fühlte mich rundum zufrieden.

Dieses träumerische Vergehen der Zeit wurde nur einmal kurz durch das Klingeln des Telefons zerhackt. Das Militär war am Apparat und wollte wissen, wo ich steckte, was mich angesichts des Mangels an Interesse an meinen Übernachtungsmöglichkeiten eher seltsam anmutete. Mehmet meinte, natürlich sei das eigenartig, das ganze verdammte Land sei eigenartig. Aber er mußte in die Stadt fahren, um die Sache zu regeln und, wie ich glaubte, formell die Verantwortung für meine Person zu übernehmen.

Als er zurückkehrte, schien er etwas gedämpfter Stimmung. »Zuviel Mist«, sagte er. »Wenn ich diese Land verlasse, ich komme nie zurück. Regierung hier für nichts gut. Australien schaut für dich. In Australien du hast keine Arbeit, Regierung hört zu, sagt: ›Du willst Arbeit? Wir geben dir Arbeit. Du nicht willst Arbeit, wir geben dir Scheck.‹ Hier sie sagen: ›Du hast Arm, Bein, Kopf, was willst du noch mehr? Raus von hier, du Scheiße.‹ Entschuldigung.«

Doch trotz Mehmets Murren, seiner Proteste und seiner desillusionierten Haltung seinem Land gegenüber schien er mir in diesem absurd romantischen türkischen Garten ganz in seinem Element zu sein. Als ich später in meinem Zelt lag und hörte, wie er und Ayla offensichtlich berauscht ihre Bettstatt aufsuchten, waren es Verszeilen aus Fitzgeralds *Rubaijat of Omar Khayyam,* die für einmal meine Gedanken beschäftigten: ». . . ein Laib Brot, eine Flasche Wein, und neben mir du, singend in der Wildnis . . . « Seit dem Vansee war ich hier dem Paradies am nächsten gekommen.

19

Bei den Christen von Tur Abdin

Schwalben, die unter den Fruchtbäumen hinter den Morgenfliegen herschossen und herumkurvten, weckten mich im ersten Licht des türkischen Gartens. Ich stand sofort auf. Vor mir lag ein langer Anstieg, und es schien geraten, ihn in Angriff zu nehmen, bevor die Sonne zu heftig brannte. Das Zelt war in Rekordzeit abgebaut und verpackt, denn es lag nicht die geringste Spur von Tau oder Kondenswasser darauf, so trocken war die Luft hier. Unter dem Zeltboden war ein winziger Frosch vor einem nächtlichen Schrecknis in Deckung gegangen und hatte irgendwie überlebt, ohne daß ich ihn zerquetschte. Nachdem er sich vom Schock erholt hatte, plötzlich schutzlos dazusitzen, hüpfte er ohne das geringste Anzeichen, ein verzauberter Prinz zu sein, weg.

Ayla und Mehmet lagen sich noch immer in den Armen und schnarchten sanft in leisem, zufriedenem Ton. Da ich meine Rechnung bereits gestern nacht beglichen hatte, brauchte ich sie nicht aufzuwecken. Ich brach in einen magischen rosaroten Morgen auf, so frisch und vollkommen, daß es mir unumgänglich schien, mich irgendwie dafür zu bedanken, und so ließ ich ein unmelodiöses *Tedeum* erschallen, während ich auf die goldenen Stümpfe der byzantinischen Brücke zufuhr.

Ich winkte den Soldaten zu, die vor den Kasernen Wachtdienst leisteten, um sie wissen zu lassen, daß ich die Nacht überlebt hatte, ohne getötet oder gekidnappt worden zu sein. Oben auf dem Steilabbruch hielt ich an und schaute auf den Tigris hinunter, denn auf dieser Reise würde ich ihn zum letztenmal sehen. Von hier floß er ostwärts gegen Cizre und die seltsame kleine Landecke, wo die Grenzen der Türkei, Syriens und Iraks aufeinandertreffen und Syrien und Irak sich auf einer vierzig Kilometer langen Strecke zu beiden Seiten des lebenspendenden Flusses gegenüberstehen.

Als ich das enge Tigristal endlich im Rücken hatte, lag der lange Anstieg über den Gipfelpunkt der Hochebene von Tur Abdin vor mir, eine heiße, staubige Klettertour, auf der das kühle Wasser in den Flaschen zuerst lauwarm, dann warm und schließlich heiß wurde. Es gab keinen Ort, wo ich unterwegs anhalten und mich erfrischen konnte, und nur ganz wenig kostbaren Schatten, um mich hinzusetzen und Tee zu brauen. Die einzige Abwechslung war, daß zwei Lastwagenfahrer die Monotonie dieser steinigen Ödnis durchbrachen und sehen wollten, ob sie mich von der Straße drängen konnten.

Tur Abdin, heute eine abgelegene, selten besuchte Region, war in der byzantinischen Periode ein wichtiges Zentrum christlicher Gelehrsamkeit und mönchischen Lebens. Hier fand im sechsten Jahrhundert eines der großen Schismata der Christenheit statt, als Jakob Baradäus, der Bischof von Edessa, aufgrund seiner monophysitischen Doktrin mit dem Patriarchen von Konstantinopel brach. Dies geschah zu einer Zeit, als die Kirche sich bemühte, heidnische Häresien auszurotten und die während der großen Konzile von Nikäa, Ephesus und Chalkedon im vierten und fünften Jahrhundert festgelegten Dogmen der Orthodoxie durchzusetzen. Eine der heißumstrittenen Fragen auf diesen Konzilen betraf die Natur Christi – inwieweit er göttlich und inwieweit er menschlich gewesen sei. Die Orthodoxen behaupteten, Christus sei im gleichen Maß menschlich wie göttlich gewesen, wogegen die Monophysiten (welche die armenischen und koptischen Kirchen einschlossen) daran glaubten, daß seine göttliche Natur überwog. Diese Streitfrage erhitzte die Gemüter damals außerordentlich, was heute kaum mehr verständlich ist. Für den Glauben war sie jedoch so zentral, daß all jenen, die so dachten, wie es anderen Christen nicht genehm war, Exkommunikation, Verfolgung und sogar der Tod drohte.

Für die jakobitischen Christen von Tur Abdin wurde die Abspaltung von der griechisch-orthodoxen Kirche zum Dauerzustand, nachdem die Gegend zuerst von den Persern, darauf von den Arabern und schließlich von den Türken erobert und besiedelt worden war. Vierzehn Jahrhunderte lang waren sie in einem Meer des Islam isoliert, vergessen von der übrigen Welt. Erst als sie in den Massakern und Massendeportationen der späten neunzehnhundertzwanziger Jahre dezimiert wurden, traten sie wieder in die Geschichte ein. Ich hatte gelesen, daß hier noch immer ein paar tausend Jakobiten in ihren alten Kirchen Andacht hielten und in einem oder zwei verbliebenen Klöstern in originalem Aramäisch, der Sprache von Christus, die Messe feierten. Diese faszinierende Geschichte vom Glauben, der unsägliche Schwierigkeiten überlebt hatte, wollte ich mit eigenen Augen nachprüfen.

Irgendwann mitten am Vormittag fuhr ich durch das Dorf Gercüs. Etwas sagte mir, daß vielleicht eine Krankheit im Anzug war. Ich habe nie ein Fieberthermometer bei mir, kann mir also nicht sicher sein, ob ich wirklich Fieber habe, vor allem nicht bei so heißem Wetter. Seit dem Beginn des Anstiegs hatte ich mich jedoch ungewöhnlich schlapp gefühlt, und meine Lebenslust schien arg in Mitleidenschaft gezogen zu sein – ich hatte nicht einmal Vergeltung geübt, als mich die Lastwagenfahrer herausgefordert hatten. Als ich endlich die Höhe des Plateaus erreichte, verspürte ich gräßliche Kopfschmerzen. Meine Brust fühlte sich wund an, ich konnte kaum noch schlucken, und meine Augen waren trocken und schmerzten. Bestenfalls hatte mich eine fiebrige Erkältung im Griff, ein seltsames Leiden unter so heißen Witterungsbedingungen, dem sich Radfahrer jedoch in gebirgigem Gelände sehr häufig aussetzen, weil sie sich an den Steigungen überhitzen und schweißgebadet sind und auf den langen Abfahrten sehr rasch abkühlen. Tour-de-France-Fahrer halten nach einem zähen Aufstieg oft oben an, um sich Zeitungspapier vorn ins Hemd zu stopfen. Vielleicht hätte ich ähnliche Vorsichtsmaßnahmen treffen müssen.

Auf der langen Talfahrt zur Stadt Midyat, wo ich etwas über die genaue Lage des Klosters Mar Gabriel herauszufinden hoffte, erholte ich mich wieder etwas. Mehrere Glas eiskalte Brause und eine Mahlzeit in einem ungewöhnlich kühlen und angenehmen

Restaurant, das von einer Kurdenfamilie geführt wurde, erquickten mich wieder. Während ich mich bemühte, auf den Besitzer und seine Freunde einzugehen, vergaß ich mein Unwohlsein mehr und mehr. Zwei sprachen etwas Englisch. Sie hießen mich enthusiastisch willkommen und setzten sogleich zu einem Bericht über die gegenwärtigen kurdischen Probleme an, genauso wie es die Kurden auf meiner ganzen bisherigen Reise getan hatten. Ich erzählte ihnen, wo ich überall gewesen sei, und zeigte ihnen meinen kurdischen Brief. Er löste noch mehr Begeisterung aus und trug mir das Angebot einer Stadtrundfahrt mit Veysi ein, einem der Brüder, der ein Taxi besaß. Sie dauerte nicht sehr lange, da es in Midyat nur wenige Straßen gab und keine besonders schön oder bemerkenswert war. Veysi erzählte mir, seine Stadt sei berühmt dafür, daß Christen und Muslims hier in Frieden zusammenlebten, und wies dabei auf eine Kirche. Sie war fest verriegelt, wirkte jedoch uralt und schien in recht gutem Zustand zu sein. Er hätte mich gern bis zum fünfzig Kilometer entfernten Kloster Mar Gabriel mitgenommen, doch es war unmöglich, Roberts ins Taxi zu kriegen. Zumindest kannte ich jetzt die Richtung, die ich einschlagen mußte.

Die Straße, die nach Osten zur Grenze bei Cizre führte, hatte den schlimmsten Belag, dem ich in diesem Land der barbarischen Straßen bisher begegnet war. Der Asphalt war aufgerissen worden, um einer neuen, breiteren Straße Platz zu machen. Die Arbeiten waren wahrscheinlich schon mehrere Jahre, vielleicht sogar Jahrzehnte in Gang, denn auf einigen Strecken hatte sich Unkraut eingenistet, und dies war keine Gegend, wo leicht etwas wuchs. Es sah ganz so aus, als würde den Arbeitern zwar die Maschinerie zur Demolierung der bestehenden Straße zur Verfügung stehen, die Ausrüstung zur Erneuerung der Straßendecke aber auf sich warten lassen, so daß sie lieber weitere Abschnitte aufrissen, statt herumzuhängen und ihre Zeit zu vertrödeln. Die Strecke wechselte zwischen tiefer, weicher Erde und einem Durcheinander von Gesteinsbrocken. Sogar mit einem geländegängigen Rad war das Durchkommen schwierig. Die Luft war voller Staubwolken, die von jedem vorbeifahrenden Fahrzeug aufgewirbelt wurden, auch von Roberts. Bald begann ich mich wieder entschieden unwohl zu fühlen, aber mir blieb nichts anderes übrig, als mich durchzukämpfen und mich etwas abzulenken, indem ich mir Bruchstücke aus meinem Dichtertriumvirat in Erinnerung rief. Gerade als ich krächzend »Die ungeläuterten Bilder des Tages weichen, die trunknen Soldaten des Kaisers sind im Bett« rezitierte, winkten mir die einzigen anderen Lebewesen zu, denen ich seit Midyat begegnet war, ein älteres Ehepaar, das sich kilometerweit von jeder Siedlung entfernt einen Weg durch den Staub und Schutt der gräßlichen Straße bahnte. »Allemand?« schrie der Mann entzückt. »Ja«, bestätigte ich, weil ich die Vorstellung nicht ertragen konnte, wie enttäuscht er vielleicht wäre, wenn ich ihm sagte, ich sei Engländerin. Er ging seinen kleinen Vorrat an Wendungen durch und erzählte mir, wo und wann er in Deutschland gearbeitet hatte. Ich verstand nur etwa jedes dritte Wort, doch das spielte ohnehin keine Rolle. Ich brauchte nur zuzuhören, zu nicken und schließlich »Auf Wiedersehen!« zu murmeln und ließ einen glücklichen Mann zurück.

Erst nach schrecklichen dreißig Kilometern endeten die Straßenarbeiten. Vor mir lag eine Strecke mit rissigem Asphalt – nur nach solchen Schrecknissen, wie ich sie soeben überwunden hatte, kann das reinste schwelgerische Entzücken an Asphalt richtig gewürdigt werden. Die Euphorie hielt jedoch nicht lange an. Ich hatte meine Energiereserven über Gebühr angezapft, und das Kloster wollte einfach nicht auftauchen. Die Straße hob und senkte sich endlos weiter und weiter. Erst als ich völlig überzeugt war, daß Mar Gabriel gar nicht existierte und ich auf dem nächsten Hügel aufgeben und mich hinlegen mußte, bis mich entweder der Tod ereilte oder Rettung nahte, sah ich es, das unverkennbare Abbild der Stadt Gottes, etwa anderthalb Kilometer entfernt auf einem Hügel hinter steinigen, gewellten Feldern gelegen.

Jungen, die Englisch mit einem australischen Akzent sprachen, holten mich beim Tor ab und machten sich auf die Suche nach einem der Mönche. Schon bald geleitete mich ein großgewachsener Mönch in schwarzer syrischer Robe zum Gästeflügel, eine Reihe kahler, kleiner, moderner Zellen auf der Höhe des ersten

Stockwerks, unter denen Waschräume und Toiletten lagen. Jede Zelle war mit vier Kopf an Fuß stehenden Metallbetten möbliert und hatte ein Fenster, das über einen kleinen, schattigen Garten hinweg auf die massiven, altehrwürdigen Steinquader in der Abschlußmauer einer Kirche aus dem sechsten Jahrhundert blickte.

Eigentlich hätte ich mich jetzt sogleich ins Bett legen müssen und am besten mit einer Antibiotikakur begonnen. Der Mönch wünschte jedoch, daß ich mitkam und die Ordensschwestern kennenlernte, und ich war zu schüchtern, um ihm zu erklären, daß ich mich krank fühlte. Die Wonne, endlich in diesem wundervollen Kloster angekommen zu sein, hatte meine Lebensgeister wieder geweckt, und ich konnte kaum warten, es zu erforschen.

Es war Ruhestunde. Die Nonnen, etwa acht an der Zahl, trugen schwarze Roben mit einem enganliegenden Kopfputz und saßen auf Kissen auf dem Fußboden in ihrem Sprechzimmer. Es gab auch ein paar kleine Kinder und eine junge, gewöhnlich gekleidete Frau, die ihren Säugling stillte. Die jüngste Nonne, Schwester Ayescha, sprach Französisch und erzählte mir etwas über das Kloster und die Ordensregel. Wie ich erfuhr, hatte Mar Gabriel hauptsächlich die Aufgabe, Jungen die aramäische Sprache beizubringen und sie in der alten jakobitischen Andacht zu unterweisen, die sehr stark im Niedergang begriffen war. Zu diesem Zweck wohnten etwa zwanzig Schüler im Kloster. Der Unterricht wurde von den drei verbliebenen Mönchen erteilt. Ein paar wenige Laienlehrer halfen ihnen dabei – die junge Frau war die Ehefrau eines dieser Lehrer. Die Nonnen mußten kochen, putzen, waschen, zu den Kühen und zum Garten schauen und ganz allgemein für das körperliche Wohlergehen der Jungen und der Mönche sorgen. Um genau dieser Rolle der Martha zu entfliehen, waren zur Blütezeit des westlichen Mönchtums viele Frauen ins Kloster eingetreten. Doch mit Ausnahme der süßen Ayescha, die aus Syrien stammte und ein wenig Schulbildung genossen hatte, waren die hiesigen Nonnen alle aus den umliegenden kleinen, primitiven Dörfern rekrutiert worden, wo das Leben für eine Frau sicher weit mühevoller sein mußte als in Mar Gabriel und abgesehen von der Möglichkeit, zu heiraten und Kinder aufzuziehen, noch stärker eingegrenzt war. Die Zukunft der jakobitischen Religion schien weitgehend in den Händen der Schüler von Mar Gabriel zu liegen, und deshalb betrachteten es die Nonnen als große Ehre, den Jungen zu dienen, wie mir Ayescha erklärte.

Genau dann schlug eine Glocke, und alle Schwestern lächelten und bekreuzigten sich. In diesem Teil der Welt den Klang zu hören, der Christen zur Andacht rief, war wie ein Schock, denn für die Ohren von Muslims ist er ein Greuel, weil er sie an die Anwesenheit von Ungläubigen erinnert. Wurde die Glocke von Mar Gabriel aufgrund einer speziellen Ausnahmebewilligung geläutet? Oder stellte sich die türkische Obrigkeit einfach taub? Ich vermutete letzteres, denn nur drei kurze Schläge erklangen, bevor sie wieder verstummte, und im Lächeln, das die Nonnen austauschten, lag etwas Verschwörerisches und zugleich Fröhliches.

Sie nahmen mich mit in die Kirche und setzten mich auf eine Bank, während sie hinten an der Wand kauerten. Ein junger Diakon in langer Robe trat durch den Vorhang des Allerheiligsten. Er trug ein Weihrauchfaß und glitt flink und still den Wänden entlang. Er schien zu tanzen, während er sich verbeugte und das Rauchfaß nach einem uralten Ritual vor den Ikonen und den geheiligten Wandbehängen schwang. Zwei kleine Jungen assistierten dem bejahrten Priester am Chorpult und sangen aus einem riesigen Wälzer vor, die übrigen Anwesenden fielen im Antiphon ein. Für meine westlichen Ohren klang es flach und etwas rauh. Genauso hatte ich die Messen in Erinnerung, die ich in jakobitischen Kirchen in Syrien und in der wundervollen kleinen Sankt-Markus-Kirche in Jerusalem gehört hatte, an jener Stelle, wo angeblich das Abendmahl abgehalten wurde. Ich hatte das Gefühl, Hunderte von Jahren zurückversetzt zu sein, in jene Zeit der jungen Kirche der ersten Gläubigen – eine aufregende und rührende Erfahrung. Doch genau wie in jenen anderen syrischen Kirchen fühlte ich mich auch hier bei der Andacht völlig wurzellos. Der Singsang ging endlos weiter. Ich hatte keine Ahnung, welche Stelle die Liturgie erreicht hatte, bis mir eine der Nonnen auf den Rücken tippte und ich merkte, daß ich verpaßt hatte, mich für die Lesung des Evangeliums zu erheben.

Nach dem langen Gottesdienst zog die ganze Gemeinde in einer Prozession mit Kerzen zu den Katakomben und betete vor jeder der rund fünfzig sauber zementierten und getünchten Grabstätten, den Ruhestätten von Heiligen und Märtyrern, die bis in die Anfänge der Christenheit zurückreichten. Einige der Gebeine waren zur Bestattung hierhergebracht worden, Überreste von Christen, die man in den Arenen den Löwen vorgeworfen oder während der jahrhundertelangen Verfolgung durch die Römer als lebende Fackeln verbrannt hatte. Die Geschichte schien plötzlich wieder sehr lebendig.

Als wir aus den Kreuzgängen traten, verblaßte das letzte Tageslicht am Westhimmel. Die Nonnen eilten in ihre große, moderne Küche, um das Abendessen zu servieren, während die Jungen ihr Bettzeug in den mittleren Hof hinaustrugen und ausbreiteten. Es war kein großes Kloster, doch es gab mehrere offene Innenhöfe auf verschiedener Höhe, von denen Räume und Gebäude aus verschiedenen Perioden abgingen. Seine ältesten Teile – die von Theodosius im vierten Jahrhundert erbaute ursprüngliche Basilika, die Küchen sowie die quadratische Kirche aus dem sechsten Jahrhundert, wo wir soeben Andacht gehalten hatten – lagen alle auf der untersten Ebene.

Der alte, kleine Garten mit seinem Brunnen und den schattigen Bäumen lag auf gleicher Höhe. Dorthin lenkte ich jetzt meine Schritte, denn dahinter lag das kleine Zimmer, in dem mein Bett stand, der einzige Fleck in dem ganzen faszinierenden Komplex, der mich noch interessierte. Ich fühlte mich jetzt wirklich krank. Meine Nase und meine Augen tropften und tränten, und als ich zu schlucken versuchte, schienen Kehle und Brust mit Schmirgelpapier belegt zu sein. Ich konnte gerade noch meine Wasserflaschen am Brunnen füllen, meinen Arzneimittelvorrat durchstöbern und ein paar Cephadrintabletten schlucken, bevor ich in den Kleidern auf eines der Betten sank und ein Laken über mich zog.

Während der nächsten anderthalb Tage erwachte ich zu verschiedenen Zeiten, sah aber niemanden. Die Kirchenglocke schlug zweimal täglich ihr Kontingent von drei Schlägen. In der Nacht zwangen mich Stechmückenschwärme und tagsüber unerträgliche und sehr zudringliche Fliegen, den Kopf unter dem Laken zu vergraben, bis die Hitze so drückend wurde, daß ich mich wieder abdecken mußte und das Ganze von vorn begann. Hin und wieder hörte ich piepsende Stimmen von Jungen, die am Brunnen Wasser schöpfen kamen. Das war sehr tröstlich für mich, denn wenn ich sie riefe, würden sie sicher herkommen und mir ebenfalls Wasser bringen. Bei zahlreichen Gelegenheiten wurde ich abrupt ins Bewußtsein zurückgeholt, weil die Metalldeckel des Brunnens mit großem Lärm zurückgeschwungen wurden, gefolgt von seltsamen Schreien, Flüchen und einem längeren lauten Gemurmel. Später fand ich heraus, daß dieser beängstigende Tumult von dem alten, halb irren muslimischen Torwächter veranstaltet wurde, den man aus Barmherzigkeit im Kloster behalten hatte und der augenscheinlich an einem hartnäckigen Trauma litt, welches ihn dazu trieb, sich und seine Kleider zu allen Tages- und Nachtzeiten abzuschrubben. Als ich wieder auf den Beinen war, begegnete ich ihm öfter, wenn er sich in den Gästetoiletten gründlich von oben bis unten wusch. Er erinnerte mich an Lady Macbeth, wie sie versuchte, die eingebildeten Blutflecken von Duncan von ihren Händen wegzuwaschen.

Wieder einigermaßen bei Sinnen, schluckte ich weitere Antibiotika. Ich mußte die Dosierung mehr oder weniger richtig getroffen haben, denn plötzlich fühlte ich mich viel besser. Ich stand auf, wusch mich und machte mich auf zum Quartier der Nonnen, um etwas Nahrung zu suchen.

Die Schwestern waren der Meinung gewesen, ich sei gestern weitergereist, und hatten keine Ahnung, daß ich völlig erschöpft in meiner Zelle gelegen hatte. Nicht zuletzt wegen meines tief gebräunten Gesichts sah ich wohl so fit aus, daß keine von ihnen Verdacht schöpfte, ich könnte krank sein, wenn ich sie nicht selbst darauf hingewiesen hätte. Die sanfte, Französisch sprechende Schwester Ayla war besonders froh, mich zu sehen, denn sie hatte schon befürchtet, ich sei womöglich beleidigt gewesen, weil man mich in der Kirche geschubst hatte. Alle waren plötzlich sehr nett zu mir. Bruder Cyril, einer der drei Mönche, rückte verschiedene Pillen heraus, die garantiert alles Übel kurierten, die Schwestern drängten mir eine Unmenge nahrhaftes Essen auf, und verschiedentlich nahm man mich auf eine Besichtigungstour in die Gebäude und den Garten mit. Ich begann meinen Besuch hier sehr zu genießen.

Man lieh mir auch ein Englisch geschriebenes Buch aus, in welchem allerlei mir zuvor Schleierhaftes über diesen jakobitischen Zweig der Kirche eine Erklärung fand. So war mir beispielsweise neu, daß es keinen Unterschied zwischen dem Altsyrischen und dem Aramäischen gab und beide jenes Idiom bezeichneten, das im ganzen alten Mesopotamien gesprochen wurde und von den Juden während ihres Exils in Babylon gelernt worden war. Es war nicht nur die Sprache von Jesus und seinen Jüngern, sondern auch die der ersten in Antiochia etablierten christlichen Kirche, des ersten christlichen Bischofssitzes also, dessen Gründerbischof kein Geringerer als Petrus war.

Im Jahr 518 wurde das Hauptquartier des Bischofssitzes von Antiochia von einem mesopotamischen Kloster ins andere verlegt, wie es die kriegerischen Unruhen und Eroberungen gerade diktierten. Dayr Zafaran, ein benachbartes Kloster, das ich ebenfalls aufsuchen wollte, wurde im dreizehnten Jahrhundert zum Hauptsitz und blieb es bis ins Jahr 1959, als er nach Damaskus verlegt wurde. Als Zentren der Gelehrsamkeit und vorzüglicher Glaubensleistungen hatten jene Klöster nicht nur die Verbreitung des Evangeliums gefördert, sondern auch das Wissen der untergehenden klassischen Welt bewahrt, indem sie griechische Werke aus Wissenschaft, Philosophie und Literatur ins Altsyrische übersetzten. Diese Übersetzungen fanden mit der Zeit ihren Weg in die aufstrebende Geisteswelt des Islams. Sie wurden ins Arabische übertragen und ein paar Jahrhunderte später in einer weiteren Übersetzung, diesmal ins Lateinische, zu einem Eckpfeiler der europäischen Renaissance.

Obwohl das Altsyrische eine so zukunftsweisende Rolle in Religion und Wissenschaft gespielt hatte, ist es heute mehr und mehr im Verschwinden begriffen, genau wie Latein, Altgriechisch, Walisisch, Baskisch, Gälisch und viele andere alte Sprachen. Dessen ungeachtet liegt der Hauptgrund für die Fortdauer des Klosters

Mar Gabriel im Weiterbestehen dieser Sprache, die untrennbar mit der alten Andachtsform verknüpft ist. Ob das letzten Endes bedeutete, daß es für die Jakobiter ohne das Aramäische kein Christentum mehr geben würde, ließ sich nicht erhärten, da zur Zeit niemand in Mar Gabriel war, mit dem ich darüber hätte diskutieren können.

Kulturell gesehen kam dem Aramäischen sicher eine enorme Bedeutung für die heute überall in der Welt verstreuten jakobitischen Christen zu. Die australischen Jungen, denen ich bei meiner Ankunft begegnet war, belegten dies deutlich. Ihr Vater, ein Taxifahrer in Sidney, war in einem Dorf von Tur Abdin zur Welt gekommen und wie die Mehrzahl der Menschen seiner Generation vor dem harten Leben und der materiellen Armut geflüchtet, sobald sich eine Gelegenheit dazu bot. Trotz alledem hatte er, sobald er das Reisegeld aufbringen konnte, zwei seiner vier Söhne ausgewählt, die im richtigen Alter zu sein schienen, und war daran, sie ins Kloster einzugliedern, wo sie die nächsten sieben Jahre bleiben würden. Seine Beweggründe waren nicht einfach. Sie bezogen sich auf eine gewisse Lebensqualität, an die er sich noch gut erinnern konnte und die ihm in Australien gefehlt hatte. Jenes Gefühl eines starken kulturellen Zusammenhaltes und einer kulturellen Identität, das er nach der Emigration verloren hatte, war für ihn hier in Mar Gabriel verkörpert. Wenn er seinen Söhnen die Chance bot, sich in die Sprache und Andacht der jakobitischen Kirche zu vertiefen, schenkte er ihnen damit in seinen Augen etwas weit Besseres, als sie es in ihrem Adoptivland je finden würden. Gleichzeitig half er mit, etwas am Leben zu erhalten, was er als unendlich kostbar ansah – ganz ähnlich wie Samuel einst dem Tempel übergeben worden oder vor noch nicht allzu langer Zeit der jüngste Sohn für das Priesteramt bestimmt gewesen war. Kurz: Er hatte das Gefühl, der Zukunft und der Vergangenheit damit eine Schuld zu begleichen. Ob seine in Australien geborenen Söhne dieses Gefühl je teilen würden, war in der Schwebe. Sie waren elf- und zwölfjährig, also alt genug, um sich selbst ein Bild machen zu können, was sie alles aufgaben, wenn sie aus einer modernen Großstadt in ein uraltes Bauwerk in einem abgelegenen, öden Landesteil zogen. Es gab auch schon Ärger. Ich lernte den Vater kennen, weil man ihn holen ließ, nachdem der ältere Junge seinem Bruder bei einem aggressiven Ausbruch die Vorderzähne ausgeschlagen hatte, was mit dem Ethos von Mar Gabriel unvereinbar war.

Elisabeth, die Frau des Prinzipals, der gegenwärtig auf Geschäftsreise war, vermittelte mir den tiefsten Einblick in das, was Mar Gabriel repräsentierte. In ihren frühen Ehejahren hatte sie ihren Mann begleitet, als er einen Kurs an der Oxford University absolvierte, und nachdem sie ihre Schüchternheit abgelegt hatte, war das Zusammensein mit ihr entzückend. Elisabeth hatte vier Kinder. »Es ist wichtig, daß Christen viele Kinder haben, um die zu ersetzen, die fortgehen«, sagte sie mir. Sie vertrat damit dieselbe Einstellung, die auch Kurden häufig geäußert hatten, nur war die Zahl der Jakobiter tatsächlich im Abnehmen begriffen, was bei den Kurden nicht der Fall war. »Aber werden diese Kinder nicht auch weggehen?« wollte ich von ihr wissen. »Ja, auch sie werden einmal gehen, aber wir denken nicht daran«, erwiderte sie. Sie besaß die beneidenswerte Gabe, ganz in der Gegenwart leben zu können. Nicht daß sie sich des bedrückenden Schattens des Niedergangs nicht bewußt gewesen wäre, der über dem ganzen Plateau lag – sie ließ es einfach nicht zu, daß er sie negativ beeinflußte oder die Qualität ihres Lebens beeinträchtigte. Letzten Endes hatten die Christen von Tur Abdin schon vierzehn Jahrhunderte in höchster Unsicherheit durchgestanden und wider Erwarten überlebt, so daß es sehr verwegen gewesen wäre, ihnen zu prophezeien, sie würden die gegenwärtigen schwierigen Zeiten nicht auch irgendwie überstehen.

Belebt von Elisabeths Gesellschaft, wagte ich etwas, was ich mir normalerweise niemals zugetraut hätte. Mar Gabriel, nach dem das Kloster benannt war, hatte wie die Väter der Wüste und wie viele andere frühe Kirchenheilige periodisch die Einsamkeit aufgesucht und sich von den Pilgern, die in Scharen zu ihm strömten, abgesondert. St. Cuthbert hatte sich den Ort, wo er mit Gott kommunizieren konnte, auf einer felsigen Insel in einer stürmischen See gewählt, Symeon Stylites sich zuoberst auf eine zwölf

Meter hohe Säule geflüchtet. Mar Gabriels Zufluchtsort war eine winzige, fensterlose Höhle tief im Berginnern gewesen, die nur durch eine enge und niedrige unterirdische Passage hinter dem heutigen Sanktuarium zugänglich war. Diese Passage, der »Weg von Mar Gabriel«, war das eigentliche Ziel einer Pilgerreise zu dem Kloster.

Es war schrecklich. Mein Körper mußte sich durch eine Reihe beängstigend enger Stellen quetschen und zusammenklappen und schließlich durch eine enge Öffnung im Boden der Höhle winden. Wer mehr als sechzig Kilo wog, hätte es wohl kaum geschafft. Für jemanden wie mich, dessen Klaustrophobie stets darauf lauerte, auszubrechen und mich in panischen Schrecken zu versetzen, war es der reinste Alptraum. Die wenigen auf dem Weg installierten elektrischen Glühbirnen waren zwar eine gewisse Hilfe, doch trotzdem blieb jenes schreckliche Gefühl von Enge und Druck zurück. Die Angst steckenzubleiben und die Furcht, die Kontrolle über mich zu verlieren, war allgegenwärtig, auch wenn ich mir zugleich einer Atmosphäre von Heiligkeit bewußt wurde. Als ich schließlich Mar Gabriels temporären Zufluchtsort erreichte und in der verschmutzten und überall von Staub bedeckten winzigen Höhle stand, fragte ich mich, ob jener Anflug des Heiligen nicht eher meiner Euphorie zuzuschreiben war, weil ich meine Angst besiegt hatte. Vermutlich stimmte das auch teilweise, doch darüber hinaus ließ sich hier tatsächlich eine Qualität feststellen, deren Existenz unabhängig von mir war. Hier herrschte dieselbe Atmosphäre, die ich in der Höhle bei Sumela verspürt hatte und die auch jenen felsigen Inselresten in den Hebriden und in der Nordsee anzuhaften scheint, wo keltische Mönche ihre Tage auf der Suche nach einer engeren Gemeinschaft mit ihrem Gott beschlossen hatten.

In der letzten Nacht, die ich in Mar Gabriel verbrachte, entfloh ich aus meinem von Moskitos verseuchten Zimmer und schlief auf dem Dach bei den Schwestern, Elisabeth und ihren Kindern. Man hatte in einigem Abstand Matratzen ausgebreitet und Moskitonetze über ihnen aufgehängt, so daß sich jede in eine separate Zelle verwandelte. Am folgenden Morgen war ich früh wach, zeitig genug, um zu sehen, wie das Sternbild des Orion den Sirius an den Himmel hochzog, doch die Nonnen waren mir weit voraus und arbeiteten bereits in einem riesigen ummauerten Garten, der fast zweitausend Jahre die Bedürfnisse des Klosters gedeckt hatte. Die fette, braune Erde, die inmitten einer steinigen, sich in alle Richtungen erstreckenden Ödnis reichlich Früchte und Kürbisse trug, schien mir ebenfalls wie ein Wunder, vor allem weil ich wußte, daß der Grundwasserspiegel in diesem trockenen Land gute dreihundert Meter tief liegt.

Die schwarzgekleideten Gestalten sammelten und pflückten wie geduldige Eichhörnchen. Die kühle, frühe Morgenstunde bedeutete ihnen nicht Arbeit, sondern einen angenehmen Unterbruch, bevor der Tag mit seinen Anforderungen begann. Sie kamen immer wieder zu mir herüber und brachten mir Geschenke – ein paar kleine Gewürzgurken, eine Handvoll kirschenähnlicher Nüsse, eine reife Feige. Und es war hier, wo ich schließlich Abschied nahm.

20

Kein Freund des Kaisers

Während ich mir meinen Weg durch die aufgerissene Straße zurück nach Midyat pflügte, merkte ich, daß drei Ruhetage und eine halbe Antibiotikakur nicht ausgereicht hatten, um mich wieder in Form zu bringen. Als ich endlich das freundliche Restaurant erreichte, fühlte ich mich fast ebenso ausgelaugt wie beim ersten Mal. Es war unvernünftig, in dieser Hitze und diesem Staub weiterzuradeln, und so beschloß ich, für die verbleibenden fünfundsechzig abschüssigen Kilometer Weg zur Stadt Mardin nach einem Bus Ausschau zu halten. Von dort war es nur noch eine kurze Strecke bis zum Kloster Dayr Zafaran.

Veysi, mein Taxifahrerfreund, begleitete mich zur Bushaltestelle, doch selbst mit seiner Hilfe war ein großer *Dolmus* das einzige Transportmittel, das wir finden konnten. Der Fahrer bestand darauf, daß ich für ein halbes Dutzend Plätze bezahlte – eine schreiende Ungerechtigkeit, wie Veysi darlegte, weil nur noch drei Sitze frei waren. Langes Argumentieren schien jedoch fruchtlos, und so schraubte ich Roberts' Vorderrad ab, worauf ich ihn quer vor die mir zugedachten Sitze schieben konnte. Das Rad und die vier Satteltaschen wurden auf einem Sitz aufgetürmt, womit mir zwei weitere blieben, auf die ich mich seitlich setzen konnte, weil für die Beine kein Platz war. In letzter Minute klemmte sich noch ein Mann neben mich hinein, so daß Roberts, das Gepäck und ich in Wirklichkeit nur zwei Sitze belegten. Es erübrigt sich wohl zu sagen, daß mir nichts von dem Fahrpreis zurückerstattet wurde. »Viele böse Männer in Midyat«, murmelte Veysi düster.

Bevor wir losfuhren, entspann sich ein hitziger Disput zwischen dem Fahrer und einer jungen Frau, die auf dem Ecksitz hinter mir

Platz genommen hatte. Der Fahrer wollte mehr Geld von ihr, andernfalls müsse sie wieder aussteigen, doch sie protestierte heftig und rührte sich nicht von der Stelle. Sie hielt ein Baby in den Armen, ein ganz ruhiges kleines Bündel, und schien anzudeuten, daß es krank sei. Ihr verzweifelter Gesichtsausdruck ließ mich nach meinem Geldbeutel greifen, um die Differenz zu begleichen, doch nun zuckte der Fahrer schlechtgelaunt die Schultern und klemmte sich hinters Steuer. Die anderen Passagiere waren alles Männer und Kettenraucher. Nicht einer von ihnen hatte einen Blick für die Frau übrig gehabt oder ein gutes Wort für sie eingelegt.

Nach kurzer Zeit fand der Mann, der sich neben mich gezwängt hatte, er wolle lieber hinten bei seinen Freunden sitzen, und er befahl der jungen Frau herrisch, die Plätze zu tauschen. Dies war ein recht kompliziertes Unterfangen, daher nahm ich ihr den Säugling ab, während sie sich neben mich quetschte. Schon während ich das kleine Bündel kurz hielt, hatte ich den Verdacht, daß etwas ganz und gar nicht stimmte. Als die arme junge Frau meine Besorgnis sah – in dieser trüben Gesellschaft wäre ihr wohl schon das kleinste Kopfnicken wie ein himmlischer Gruß erschienen –, zog sie die saubere Gazewindel zurück, die das Gesicht des Kindes vor den Fliegen schützte. Sie enthüllte ein erbärmliches kleines Ding mit einem Kopf wie ein Totenschädel, die Gesichtszüge gelb und zusammengekniffen und von der Dehydration beinahe mumifiziert. Ich konnte keine Atmung wahrnehmen. Bevor ich Zeit fand, mich wieder zu fassen, las mir die Frau meine Gedanken vom Gesicht ab – daß ihr Kind bereits tot sei. Es hatte schon längere Zeit zwischen Leben und Tod geschwebt, doch sie schien die Hoffnung nicht aufgegeben zu haben, daß sie noch rechtzeitig das Krankenhaus von Mardin erreichen und die Ärzte ein Wunder vollbringen würden. Vielleicht hatte sie Tage gebraucht, bis sie das Fahrgeld zusammenhatte. Sie nahm meine Hand und legte sie unter das Wickeltuch, vermutlich um mich und sich selbst davon zu überzeugen, daß das Kind noch warm war. Dann zog sie die Windel wieder über das stille Gesicht und wandte sich ab, um ihr eigenes Gesicht zu verbergen. Ich mußte auch meines verstekken. Auf gewisse Weise machte die unbedeutende Tatsache, daß die Kleider des Säuglings so sauber und frisch waren, die Lage der jungen Mutter unendlich viel bemitleidenswerter.

Die letzte der dramatisch wilden Bergketten senkte sich abrupt zu den weiten Ebenen von Mesopotamien hinunter, die grau zwischen dem rauchigen Hitzedunst hervorschimmerten. Auf einem dieser Ausläufer thronte Mardin. Ich hoffte verzweifelt, daß wir die Stadt erreichen würden, bevor die junge Mutter endlich akzeptierte, daß ihr Kind tot war. Dieser *Dolmus* mit all den harten, teilnahmslosen Männergesichtern und einer Ausländerin, die keine tröstenden Worte fand, war eine viel zu düstere und traurige Umgebung für einen solchen Schicksalsschlag.

Doch sie wußte bereits Bescheid. Als ich es wagte, sie wieder anzuschauen, hielt sie das stille Bündel nicht länger in die Arme gedrückt. Es lag lose auf ihrem Schoß da, wie eine winzige Pietà. Ihre Schultern waren zusammengesackt, und eine Träne rollte ihr auf beiden Seiten an der Nase herunter, die ersten Tränen, die ich in diesem Land einen Menschen vergießen sah. Ich faßte ihre Hand, und sie ließ mich gewähren, bis der *Dolmus* am Stadtrand von Mardin anhielt, wo das Krankenhaus lag. Dann war sie wie der Blitz draußen, über den kleinen Leichnam gebückt, schwer keuchend zwischen ihren Schreien, umringt von anderen Frauen, die wie aus dem Nichts aufzutauchen schienen. Als ich sie zum letzten Mal sah, nachdem ich Roberts zusammengesetzt hatte und wegschob, steckte sie in einem Knäuel von Frauen, deren schrilles Heulen mir kalt den Rücken herunterlief und mir anzeigte, daß das heilende Ritual des Wehklagens bereits eingesetzt hatte.

Der erste Eindruck von Mardin auf seinem scharfen, gewundenen Bergkamm zeigte mir eine Stadt unter Hochspannung. Zahlreiche bewaffnete Polizisten standen herum, und die von der nervösen Atmosphäre ganz kribbeligen kleinen Jungen neigten sehr schnell dazu, mit Steinen zu werfen, und waren Fremden gegenüber höchst aggressiv. Dann machte sich jedoch ein liebenswürdiger Zwölfjähriger namens Ismael an mich heran, und mir war es mehr als recht, wenn er sich etwas verdienen und Roberts die Hauptstraße hinaufschieben wollte. Leider war Ismael so stolz auf seine Rolle, daß er sich nicht zurückhalten konnte, seinen Freunden zuzurufen, die dann auch alle mithelfen wollten. Bald war Roberts in einem Meer von Jungen verschwunden, und ich mußte einschreiten, um ihn zu retten, weil es zu Kämpfen und Raufereien kam. Da das Vorwärtskommen so schwierig war, kettete ich meinen leidgeprüften Gefährten am Kiosk eines freundlichen Zigarettenverkäufers an, ließ Ismael Wache stehen und ging allein weiter. Ich erkletterte eine Treppenflucht zur Isa Bey Medrese, dem schönsten Gebäude von Mardin mit einer besonders hübschen Südfassade, das aber verkommen aussah und verriegelt war. Weitere Treppen führten mich zu einem uralten, mit zwei schönen steinernen Löwen besetzten Tor und in die Zitadelle hoch, die Mardin krönte. Sie war um 1430 erbaut worden, als die Akkoyunlu die Stadt besetzten.

Innerhalb der Zitadellenmauern war nicht viel Interessantes zu sehen, doch die Ausblicke nach Süden über die Ebenen, die sie gewährten, waren atemberaubend. Die weiten, verschwommenen Flächen sind so topfeben und gestaltlos, so versengt und trocken, daß jedem Schattenfleck, jedem Grashalm eine höhere Bedeutung zukommt. Dies war das uralte Land zwischen Euphrat und Tigris, das biblische Land, wo das Drama der Patriarchen begann und wo Abraham, nachdem er das chaldäische Ur verlassen hatte, mit seinen Herden von Brunnen zu Brunnen wanderte und in der Wüste seinem Gott Jahwe begegnete.

An einer ebenso dramatischen Stelle lag auch Dayr Zafaran, das Safran-Kloster. Auf den Berghängen darüber waren die Überreste älterer Klosterbauten und Einsiedeleien zerstreut. Die schönen Steinmauern, denen Dayr Zafaran seinen Namen verdankt, wurden ums Jahr 700 neu errichtet, als das Kloster zum altehrwürdigen patriarchalischen Bischofssitz der syrisch-orthodoxen Kirche gekürt wurde. Es liegt nur etwa acht Kilometer von Mardin entfernt, doch wegen der vielen Steigungen und der fürchterlich drückenden Hitze kam ich schweißgebadet an. Das Tor wurde von einem etwa dreißigjährigen Mann geöffnet. Er trug hautenge Jeans, Cowboystiefel und ein bis zur Taille offenes karmesinrotes Hemd, welches ein übergroßes goldblaues Medaillon der Muttergottes enthüllte, das sich ins schwarzgelockte Haar seiner männlichen Brust schmiegte. Dayr Zafaran erhält unendlich viel mehr Besucher als Mar Gabriel, und ich hatte sogleich den Verdacht, daß die herablassende Haltung, die dieser bunte Vogel Roberts und mir gegenüber an den Tag legte, etwas mit der Höhe des Trinkgeldes zu tun haben mußte, das er von jemandem erwartete, der auf so bescheidene Art herumreiste. Bei einer Reisegruppe von Skandinaviern, die soeben hintereinander zu ihrem Bus herausmarschiert kamen, zeigte er sich hingegen höchst unterwürfig und verbeugte sich jedesmal, während sie ihm Lira in die ausgestreckte Hand drückten.

Wenn ich schon den Türsteher eine Spur arrogant fand, war das noch harmlos im Vergleich zur Haltung des Mönchs, der in dem kühlen klösterlichen Garten Hof hielt. Die imposante und korpulente, in schwarze, fließende Roben gekleidete Gestalt wurde von einem Gefolge von Einheimischen flankiert, die anscheinend aus keinem anderen Grund hier waren, als sich die Zeit zu vertreiben, und alle gierig an ihren Zigaretten zogen, als hinge ihr Leben davon ab. Er nahm von meiner Ankunft Notiz, indem er mir mit einem kaum sichtbaren Zucken einer schweren Augenbraue einen Sitzplatz zuwies. Auch in diesem Kloster gab es Schüler, die Aramäisch lernten. Hin und wieder trat einer von ihnen an die Seite des Mönchs und las ihm aus einem Buch vor. Hier war jedoch nichts von der sanften, weltfremden Atmosphäre von Mar Gabriel zu verspüren. In meinen Augen war dies viel eher eine öffentliche Theatervorstellung, mit Schülern, alten Kumpanen und dem Türsteher in der Rolle eines schmeichlerischen Chors, der herumscharwenzelte, auf Befehl lauthals lachte und wetteifernd um die Gunst des Meisters buhlte.

Ein düster wirkender, als armer Dorfkurde aufgemachter Amerikaner, der mit muslimischen Rosenkranzperlen herumspielte, ließ sich neben mir auf einen Stuhl fallen. Er hatte mehrere Wochen lang im Kloster gewohnt, um Kräfte zu sammeln und in die Richtung weiterzureisen, aus der ich gekommen war. Irgendwann wollte er in die ehemalige UdSSR überwechseln, wo er seine wahren Wurzeln zu haben glaubte.

Mein Empfang lief gleich von Anfang an schief. »Ich spreche Ihr Englisch nicht«, sagte der Priester, als er sich nach etwa zwanzig Minuten endlich herabließ, meine Existenz zur Kenntnis zu nehmen, mit verächtlich geschürzten Lippen, wie wenn er etwas Obszönes in den Mund nehmen würde. Sein hofierendes, affektiert grinsendes Gefolge nickte im Einverständnis, und der prahlerische Türsteher wiederholte die Bemerkung in etwas weniger flüssigem Englisch, worauf er hinzufügte: »Was Sie wollen?« Ich erklärte, daß ich gerne hier übernachten wollte und von Mar Gabriel herkam. Ich hielt meine Dokumente in der Hand und überreichte sie ihm, in der Hoffnung, er werde endlich einsehen, daß ich völlig respektabel sei, auch wenn er zuvor Vorurteile gegen Besucher gehegt haben mochte, die mit dem Fahrrad hier ankamen. Der Mönch bedachte die Briefe und den Zeitungsartikel mit einem kurzen Blick, dann rümpfte er geringschätzig die Nase und wischte die Papiere beiseite. Doch als er den zweizeiligen kurdischen Brief erspähte, setzte er sich auf und vergaß ganz, daß er kein Englisch sprach. »Das ist Kurdisch«, sagte er. »Ja«, bestätigte ich, verblüfft über seine schockierte und empörte Miene. Vor wenigen Monaten, als irakische Kurden zu Tausenden vor den Drangsalierungen durch Saddam Hussein quer durch Tur Abdin geflohen waren, hatten die Mönche von Mar Gabriel, wie sie mir selbst berichteten, ihr Kloster in ein Zentrum verwandelt, das den Flüchtlingen half, Verwandte und Freunde in der Türkei aufzufinden. Doch im nur hundertdreißig Kilometer entfernten Dayr Zafaran galten offensichtlich andere Kriterien. »Kurden Mörder, nicht gut, stehlen, töten«, sagte er und zog mit jener unmißverständlichen Gebärde einen Finger quer über die Kehle. »Sie Freund von Kurden?« wollte er wissen, die Lippen schon wieder gekräuselt. Ich merkte, daß dies ein Ultimatum war, und war darauf bedacht, ihn versöhnlich zu stimmen, denn inzwischen war auch ich der allgemeinen unterwürfigen Haltung zum Opfer gefallen. »Gewisse Kurden sind gut«, begann ich zögernd. »Kein Kurde ist gut!« brüllte er dazwischen und schlug mit der Hand auf den Tisch. »Sie Freund von Kurden, gehen zu Moschee. Sie nicht halten hier.« »Aber ich bin doch Christin«, wandte ich ein und zeigte ihm mein Kreuz. Dies schien ihn zu überzeugen, mir noch eine letzte Chance zu geben. Er drehte sich mir zum erstenmal richtig zu und schleuderte mir mit zugekniffenen Augen ganz bewußt seine Herausforderung ins Gesicht: »Sie lieben Kurden?« Selbst wenn mir die Kette der Freundlichkeiten, die mir auf dieser Reise von seiten der Kurden zuteil geworden waren, nicht durch den Kopf gegangen wäre, während ich nach einem Ausweg aus diesem Dilemma suchte, gab es nur eine mögliche Antwort auf seine Frage. »Natürlich liebe ich gewisse Kurden«, sagte ich endlich. Und weil ich soeben meine Chance verspielt hatte, versuchte ich kühn hinzuzufügen, daß ich mir Mühe gab, alle Menschen zu lieben, nur leider ohne viel Erfolg, und daß ich eigentlich dachte, dies sei das mindeste, was jeder bekennende Christ anstreben konnte, vor allem einer, der in einem Meer des Islams seinen Glauben vertrat. »Kein Kurde ist Freund!« brüllte der hitzige alte Scheinheilige und schnitt mir das Wort ab. »Sie gehen zu Moschee.« Und das ganze Gefolge lachte über seinen geistreichen Witz, ob sie ihn nun verstanden hatten oder nicht.

Als mich sein poppig aufgemachter Günstling hinausließ, erinnerte ich mich an einen Moment im Prozeß gegen Jesus, als Pontius Pilatus ihn freilassen wollte und die Unruhestifter in der Menge gerufen hatten: »Wenn du diesen Mann gehenläßt, bis du kein Freund des Kaisers.« Im Gegensatz zu Pilatus hatte ich es versäumt, meine Loyalität gegenüber den herrschenden Mächten unter Beweis zu stellen. Als letztes versicherte mir der Türsteher, daß sie die Polizei in Mardin anrufen und ihnen mitteilen würden, ich sei im Besitz eines kurdischen Briefes.

Ich kann nicht so tun, als hätte es mich nicht tief getroffen, von dem einzigen Tor weggewiesen zu werden, wo ich ein Willkommen zu finden gehofft hatte. Wäre ich nicht sogleich lospedalt, wäre ich wohl aus einem Gemisch von Wut, Zurückweisung und völliger Erschöpfung in Tränen ausgebrochen. Doch es war halb vier Uhr, die Hitze war fürchterlich, und schon bei der geringsten Anstrengung schien mein Herz bis zum Hals hinauf zu schlagen. Ich hatte keine Flüssigkeit für Tränen übrig.

Als ich mich wieder soweit gefaßt hatte, um zu überlegen,

wohin ich mich wenden sollte, begann ich mir Sorgen zu machen wegen der Drohung, man werde die Polizei anrufen. Ich hatte wenig Vertrauen in die türkische Polizei und noch weniger in türkische Gefängnisse. Würde man mich eventuell für eine Kurdin halten, weil ich inzwischen so dünn und wettergegerbt aussah, meine Kleider von der Reise fleckig waren und meine zerzauste Frisur dringend einen Haarschnitt benötigte? Obwohl diese Vorstellung an den Haaren herbeigezogen sein mochte, sind in dieser Gegend schon verrücktere Dinge geschehen, da hier offenbar die Praxis vorherrscht, zuerst zu handeln und erst hinterher zu überlegen – wenn überhaupt. Ich sah mich bereits in einer Zelle schmachten, und wenn mich irgend jemand verhört hätte, der so stur und hochfahrend war wie der jakobitische Priester, hätte man mich leicht zu Mus schlagen können, bevor jemand auf den Gedanken kam, meine Referenzen zu überprüfen.

Inzwischen hatte ich die Außenviertel von Mardin erreicht. Angesichts der Polizisten, die überall mit gezogener Pistole herumstanden, hielt ich es jedoch für ratsam, mich in die Gegenrichtung zu wenden. Dies war auch der Weg des geringsten Widerstandes, da er bergabwärts zu den Ebenen führte. Lange hätte ich vermutlich nicht mehr weiterpedalen können, doch das war auch gar nicht nötig: Ich mußte nur wach bleiben und Roberts auf Kurs halten. Ich fuhr im Freilauf etwa fünfundzwanzig Kilometer weiter, während die Geländeneigung langsam auslief und meine Knie allmählich zu zittern aufhörten, bis ich schließlich an der langen, schnurgeraden Fernstraße anhielt, die in westöstlicher Richtung am Fuß der Berge verlief.

An der Straßenkreuzung stand eine Tankstelle, deren Besitzer Kurden waren. Auf dem verwahrlosten Platz hinter der stillgelegten Reparaturwerkstatt würde mein Zelt zwischen den Schotterhaufen gewiß nicht allzusehr auffallen. Der Besitzer hielt das Kampieren jedoch für zu gefährlich und bot mir statt dessen eine Matratze auf dem Dach an. Ich könne oben beim Nachtwächter schlafen, meinte er, und zeigte mir, daß wir durch ein niedriges Mäuerchen diskret getrennt sein würden. Zwei furchteinflößende Hunde wurden dort oben gehalten und, soweit ich sehen konnte, nie hinuntergelassen. Mit dem eingetrockneten Kot und dem Wirrwarr von altem Plunder und ausrangierten Autoteilen war dies zwar kein Ersatz für das ehrwürdige Safran-Kloster, doch mir schien es wie ein sicherer Hafen im Sturm. Wenn mir die Polizei auf den Fersen war, würde sie wohl kaum hier nachsehen. Nach der brüsken Zurückweisung durch meine Mitchristen empfand ich es als ungemein tröstlich, wie beiläufig und bedingungslos mich diese Kurden hier aufnahmen.

Als die Sonne endlich untergegangen war, ging ich mit meinem Gepäck und der Matratze zum Dach hoch und bereitete mir aus Früchten, Nüssen und Tee so etwas wie eine Mahlzeit zu. Ich hatte in Mardin Brot gekauft, doch es mußte mir in Dayr Zafaran herausgerutscht sein, als ich meine provokativen Dokumente hervorzog. Ich hielt es für eine Ironie des Schicksals, daß ausgerechnet jene, die sich so ungastlich gezeigt hatten, davon profitieren sollten. Was mir jedoch geblieben war, waren die letzten Tropfen des Whiskys, den ich in Dogubayazit gekauft hatte, und da ich mir den Glauben meiner Vorfahren aus den schottischen Highlands an dieses Allheilmittel gegen jegliche körperliche Beschwerden bewahrt habe, beschloß ich, ihn zusätzlich zu den Antibiotika einzunehmen, was von den Ärzten kaum empfohlen wird.

Schon nach einer Stunde hatte die Nacht die schmutzige Szenerie verwandelt. Während die Temperatur fiel, klarte der Himmel auf, und aus der samtblauen Schwärze blitzten Sterne auf. Als ich einschlief, war ich von Staunen erfüllt, wie unmittelbar über einem so häßlichen Ort eine solche Schönheit aufblühen konnte. Gewehrschüsse knatterten periodisch durch die Nacht. Einmal wachte ich auf, weil ganz nah Rufe ertönten und die Hunde Amok liefen, bis der Nachtwächter, der auf seiner eisernen Bettstelle unter Lumpen zusammengerollt neben ihnen lag, sie mit seinen Flüchen zum Schweigen brachte. Eingesponnen in meinen Schlafsack, die Satteltaschen dicht um mich gestapelt, um die Kraft des Windes zu brechen, der erbarmungslos unter diesen Bergen weht – heiß und trocken bei Tag, kalt und trocken bei Nacht –, war mir sehr bequem, und nachdem ich mich versichert hatte, daß der Aufruhr nicht mir galt, fiel ich bald wieder in Schlaf.

In der grauen Morgendämmerung war ich bereits auf und kochte Kaffee. Ich fühlte mich schon wieder viel besser und wollte mich möglichst schnell auf den Weg machen. Der Nachtwächter, der geweckt werden mußte, um die Hunde im Zaum zu halten und die Garage aufzuschließen, wo Roberts eingesperrt war, war nicht sehr erbaut über meinen frühen Start. Ich gab ihm ein Trinkgeld für seine Bemühungen, doch er hätte lieber Dollars gehabt. Um mir seine Vorliebe verständlich zu machen, stellte er sich sehr erfinderisch an, denn er sprach kein Wort Englisch, nicht einmal »Dollar«. Leider war die Liebesmüh vergeblich, denn ich hatte keine Dollars mehr und nur noch wenig an anderer Fremdwährung übrig, da meine Reise beinahe zu Ende war. Eine Stunde Schinderei gegen einen starken Wüstenwind und zwei weitere Stunden Busfahrt auf der pfeilgeraden Straße, die mehr siegreiche Heere als jeder andere Landstrich auf dieser Welt hatte durchziehen sehen, brachten mich nach Urfa, meinem letzten Ziel, dessen Alter sich mit dem jeder anderen Stadt unter dem Zeichen des Halbmondes messen konnte.

Urfa trat schon in die Annalen der Geschichte ein, bevor die Hethiter die Stadt eroberten. Es war die Feste der Hurriter, die den Streitwagen erfanden, mit dem sie im alten Ägypten schwere Verwüstungen anrichteten. Als Alexander der Große viele Jahrhunderte später auf seiner stürmischen Eroberung der Welt hier durchkam, tauften seine Veteranen Hurri nach ihrer Heimatstadt in Mazedonien in Edessa um. Edessa lag ständig im Brennpunkt der Geschichte und der Eroberungszüge und wechselte mehrere Jahrhunderte lang zwischen den Arabern, Byzantinern, Seldschuken und Armeniern die Hand, bis es im Jahr 1098 kurze Zeit zum ersten von mehreren Kreuzfahrerstaaten im Nahen Osten wurde, weil Graf Baldwin beschlossen hatte, lieber hier Regent zu sein, als in den Genuß von weit ungewisseren Belohnungen zu kommen, falls er Jerusalem je erreichte.

Dem damaligen Europa, das aus dem finsteren Mittelalter auftauchte, gab Edessa einen ersten Geschmack von arabischer Kultur und Wissenschaft, was sich letztlich in den Spitzbögen und im Auftreten der gotischen Architektur niederschlug. Als die heilige

Stadt Edessa sechsundvierzig Jahre später an die Seldschuken fiel, trauerte die gesamte Christenheit um diesen Verlust, und der Papst rief flugs zu einem zweiten Kreuzzug auf. Imad al-Din Zengi, der die Kreuzritter aus Edessa verjagte, hatte einen Enkel, der unter dem volkstümlichen Namen Saladin berühmt wurde und dem es schließlich gelang, alle Kreuzfahrer weit und breit aus dem Heiligen Land zu vertreiben.

In Urfa ist sehr wenig von dieser ruhmvollen Vergangenheit zu sehen, zu oft ist hier schon geplündert worden. Über dem Geröll auf dem Zitadellenfelsen, der die Stadt beherrscht, ragen zwei ungeheuer große korinthische Säulen auf, als »Nimrods Thron« bekannt. Weitere wiederverwertete klassische Säulen zieren die Ulu Cami, die Große Moschee, deren Mauern verdächtig danach aussehen, als wären sie einst Teil einer prachtvollen christlichen Kirche gewesen. Im übrigen wirkt Urfa wie eine heiße, staubige und altmodische osmanische Stadt. Am lebendigsten ist der weitläufige schattige Basar, wo eifrige kleine Jungen beflissen ihr Handwerk erlernen, mit untergeschlagenen Beinen gruppenweise vor ihren Mentoren sitzen und auf Schuhe oder mit großem Lärm auf Metalltöpfe und -pfannen loshämmern. Doch trotz des Fehlens von sehenswerten Monumenten liefen hier in Urfa die vielen Fäden der Geschichte zusammen, die sich in meine Reise verwikkelt hatten, und ich fand es ungemein befriedigend, müßig herumzusitzen und darüber nachzusinnen, wie sie sich alle wie ein großes Spinnennetz in ein Muster verwoben. Daß mir dies an keinem geringeren Ort als neben den Teichen Abrahams gewährt wurde, war ein weiterer Bonus.

Obwohl es durchaus möglich wäre, durch Urfa zu fahren, ohne den geringsten Hinweis auf seine ruhmvolle Vergangenheit wahrzunehmen, ist seine Verbindung zu Abraham unübersehbar. Abraham ist im Islam eine fast ebenso bedeutsame Figur wie im Judaismus und im Christentum, und Urfa behauptet von sich, der Geburtsort des Stammvaters zu sein. Am Fuß der großen Zitadelle steht ein zentraler Gebäudekomplex zur Erinnerung an diesen Glauben und bildet ein wichtiges Ziel für muslimische Pilgerfahrten. Zahlreiche Moscheen und *Madresesi,* die bis ins dreizehnte Jahrhundert zurückreichen, darunter auch jene, die über der »Höhle der Geburt« errichtet wurde, flankieren ein Netz aus rechteckigen Wasserbecken. Das Wasser dieser Teiche Abrahams wird von Tausenden fetter »heiliger« Karpfen aufgewühlt. Die Pilger glauben, sich religiöse Verdienste zu erwerben, wenn sie sie füttern, obwohl mehrfach darauf hingewiesen wird, dies sei zu unterlassen. Es gibt mehrere Legenden, die für die spezielle Heiligkeit der Fische bürgen. Der populärsten zufolge weigerte sich Abraham, heidnische Riten zu praktizieren, und wurde vom babylonischen König Nimrod in ein Feuer geworfen, worauf Gott das Feuer in Wasser verwandelte und die erlöschten Kohlen zu goldenen Fischen wurden. Interessanterweise war die Quelle, die diese Fischteiche speist, den Griechen schon viele Jahrhunderte vor dem Auftreten des Islams heilig, was einmal mehr darauf hindeutet, daß die Idee des »Heiligen« fortdauert, welche Verkörperung sie auch immer annehmen mag.

In dem staubigen Park, der die Teiche umgibt, arbeitete ich an meinen Notizen. Unter den Laubbäumen waren Cafétische aufgestellt, an denen sich die Pilger erholten, Mineralwasser schlürften und den Karpfen allerlei unnütze Dinge zuwarfen. Obwohl diese Pilger alle Muslims waren, hatte ich den Eindruck, daß sich die drei großen Glaubensbekenntnisse hier die Hand reichten. »Sind wir nicht alle Menschen der Heiligen Schrift?« soll Mohammed einst gesagt haben, womit er sich auf das geteilte Erbe von Juden, Christen und Muslims bezog und auf die Einheit hinweisen wollte, deren sie sich deshalb erfreuen sollten.

Meine ganz persönliche Begegnung mit Abraham sollte jedoch in Haran stattfinden, fünfundzwanzig Kilometer südlich von Urfa, nahe der syrischen Grenze. Haran liegt auf der Ebene von Jullab, einer trostlosen, öden Weite, nur hier und dort von auffälligen Erdhügeln uralter Siedlungen durchbrochen. Zwischen diesen kleinen Hügeln umringen die Überreste einer Mauer mit einer Inschrift von Saladin die wirr verstreuten Ruinen der Stadt, die im Jahr 1260 von den Mongolen zerstört und nie wieder aufgebaut wurde. Doch obwohl Haran bis ins Jahr 2000 v. Chr. zurückdatiert werden kann, als dort im Tempel des Mondgottes Sin ein Friedensvertrag unterschrieben wurde, wirken die Ruinen im Vergleich zu den seltsamen, mit bienenstockförmigen Kuppeln bedeckten Lehmziegelhäusern, die sich um sie drängen, wie aus weit späteren Zeiten. Bis vor kurzem erstreckten sich diese traubenartigen »Bienenstockdörfer« der ganzen Grenze entlang. Sie wurden von halbnomadischen Arabern bewohnt, deren Leben seit biblischen Zeiten im wesentlichen unverändert geblieben ist. Vermutlich sah es dort ganz ähnlich aus, als Abraham etwa zur selben Zeit, als der Frieden im Tempel von Sin bekräftigt wurde, mit seiner Familie in Haran eintraf, wie es uns in der Genesis überliefert wird:

> Da nahm Tharah seinen Sohn Abram und seinen Enkel Lot ... und führte sie aus Ur in Chaldäa hinweg, um ins Land Kanaan zu ziehen. Und sie kamen bis Haran und ließen sich dort nieder.

Frauen und Mädchen in leuchtenden Farben spazierten mit ihren Eseln zu den Brunnen hin und zurück, um Wasser zu schöpfen, oder arbeiteten in ihren Gärten und fütterten die Hühner und Jungtiere. Einige luden mich in ihre merkwürdigen kleinen Häuser ein und zeigten mir, wieviel kühler die Luft unter den verlängerten Dachkuppeln war. Sie baten mich um kleine Geschenke wie Feuerzeuge, Kämme oder Streichhölzer, ohne je aufdringlich zu werden, und schienen mir viel sanftmütiger zu sein als die Leute, an die ich mich in den letzten paar Wochen gewöhnt hatte. Wie ich erfuhr, lebten sie hauptsächlich vom Schafschmuggel nach Syrien, weil die Preise dort etwas höher waren – worin sicher auch Abraham sehr geschickt gewesen wäre, denn keiner der Stammväter war sich damals für ein bißchen Betrug oder eine kleine Gaunerei zu schade.

Doch Abraham blieb nicht lange in Haran. Im 1. Buch Mose steht er am Ende der langen Generationslinie von Noahs Söhnen und markiert den Beginn eines neuen Zeitalters. Die Söhne Noahs haben getan, was Gott ihnen auftrug: auszuziehen, sich zu mehren und die Erde zu füllen. Sie haben ihre Städte und ihre

Tempel errichtet und leider auch ihren Turm zu Babel – ein weiteres Versagen der menschlichen Rasse.

Abraham wird eine ganz andere Aufgabe aufgebürdet. Er soll sich nicht um Sicherheit kümmern, sondern die Grenzen des Bewährten und Vertrauten überschreiten und ein Wanderer werden, bis sein Gott entscheidet, wann er reif ist, ein Land zu erben, das ihm verheißen wurde. Ob mit diesem gelobten Land ein kleines, steiniges Gebiet im Nahen Osten gemeint ist oder das, was der Autor des Briefes an die Hebräer mit »keine irdische Stadt« beschreibt, oder etwas völlig anderes, wie im Weltraum herumzuspazieren oder sich neue Gedankengebiete zu erschließen, hängt vom jeweiligen Standpunkt ab. Abraham, so wird uns berichtet, erreichte sein Ziel nie. Ihm mußten die Reise und die Verheißung genügen.

Während ich am Ende meiner persönlichen kleinen Odyssee um die Bienenstockhütten von Haran wanderte, wobei mir mehrere barfüßige, schmuddelige kleine Mädchen Gesellschaft leisteten und auf meine Freigebigkeit hofften, erkannte ich erneut, welche besondere Bedeutung die Geschichte von Abraham für mich hat. Sie steht als Symbol dafür, sich ins Unbekannte zu wagen und darauf zu vertrauen, daß der Aufwand das Risiko auf jeden Fall lohnen wird. Mir scheint, daß alle Reisen, auf welche Weise sie auch unternommen werden, an dieser kreativen Unbekümmertheit teilhaben – selbst wenn der Reisende sich dabei nicht einmal aus seinem Sessel erhebt.

Nicht daß ich etwa glauben würde, daß Reisen je wirklich zu Ende gehen. Tun sie das, so nur deswegen, um zu einer weiteren Reise zu führen. Wie ich an der Stelle stand, wo »Abram sein Weib Sarai nahm und Lot, seines Bruders Sohn, und all ihre Habe, die sie gewonnen hatten, und die Leute, die sie in Haran erwarben, und sie auswanderten, um ins Land Kanaan zu ziehen«, fragte ich mich, wie lange es wohl dauern würde, bis ich mich ein weiteres Mal auf den Weg machte.

Reiseausrüstung

Das Fahrrad für diese Reise wurde von Roberts in Croydon hergestellt – ein echter Vollblüter, ohne heimtückische Gewohnheiten und mit einer erstaunlichen Übersetzung.

Ron Kitching in Harrogate lieferte die Bestandteile von Suntour, die alle ausgezeichnet funktionierten.

Die Numbus-Spezialreifen hielten sich auf den gräßlichen Straßen und Wegen ausgezeichnet, außer in dickem Schlamm und weichem Sand. Sie überdauerten die gesamte Reise ohne eine einzige Reifenpanne.

Das einzige Ausrüstungsteil, das versagte, war der Bolzen an der »TTT«-Sitzaufhängung, der auf meiner letzten Tagesreise in der Türkei durchscheuerte, was bedeutete, daß mein bequemer Spezialsattel nicht mehr richtig am Fahrrad befestigt war. Wäre dies früher passiert, hätte es sich katastrophal auf meine Reise ausgewirkt.

Avocet lieferte einen winzigen elektronischen kombinierten Höhenmesser, Kilometerzähler und Tachometer für Roberts, der mir sehr viel unverhofftes Vergnügen verschaffte und zugleich nützliche Informationen lieferte. Ich fand es tröstlich zu wissen, wie weit ich schon geklettert war und wie weit ich noch fahren mußte. Zudem konnte ich mich damit amüsieren, mir auszurechnen, wie viele Mount Everests (oder dessen Äquivalent) ich hochgefahren war.

Der Dog Dazer wird in den USA hergestellt. Ich erhielt meinen über die Adresse: Dog Dazer, Freepost, London.

Mein Zelt: ein »Tadpole« von North Face.

Mountain Equipment lieferte meinen »Dewline«-Schlafsack, der nur knapp fünfhundert Gramm wiegt und jeden anderen zuvor benutzten weit in den Schatten stellt. Er ist mit einem nur hundert Gramm schweren seidenen Innenschlafsack versehen, der sich separat verwenden läßt, und hielt mich selbst in den kalten Septembernächten in der Osttürkei warm genug.

Von Thermarest stammt die leichte, dreiviertellange, sich selbst füllende Luftmatratze, ohne deren Komfort ich heute nie und nimmer kampieren würde.

Der Kocher auf dieser Reise war ein leichter, mit Mikropatronen aus einem Butan/Propan-Gemisch betriebener Epigas-Brenner. Sofern ich genügend Windschatten fand, funktionierte diese Kombination schnell und effizient. Ein kleiner Trangia-Kessel diente als Kochkessel und Teekanne, eine kleine Aluminiumpfanne für alles weitere, wozu sich so ein Gefäß verwenden läßt – Kochtopf, Waschbecken, Kerzenhalter, Nachttopf für Notfälle usw.

Stamford in Long Acre versah mich mit einer Straßenkarte der Türkei von Kümmerly und Frey.

Rohan lieferte das meiste meiner Bekleidung.

Meine Fotokamera war eine Olympus AF-1 Twin. Film: Kodak Kodachrome Professional.

Der Whisky stammte aus Schottland.

Zu dieser Grundausrüstung gesellten sich zahlreiche weitere Kleinigkeiten wie Sicherheitsnadeln, Notizbücher, Kugelschreiber,

Gedichtbände, Taschenmesser, Verbandskasten, Bindfaden und Reiseschecks in einer Lenker- und vier Satteltaschen von Carradice in Nelson. Diese Taschen sind so robust, daß sie, falls ich einmal Urenkel haben sollte, die gern mit dem Fahrrad reisen, ihren Zweck ganz sicher weiterhin glänzend erfüllen werden.

Dank

Alle Reisenden sind auf das Wohlwollen der Menschen jener Gegenden angewiesen, durch die sie reisen. Obwohl die östliche Türkei mannigfaltige Gefahren barg, überwog die Freundlichkeit, die mir zuteil wurde, die Feindseligkeiten bei weitem. Ich bin daher einer großen Zahl von Leuten zu Dank verpflichtet, deren Namen in diesem Buch nicht erwähnt werden können.

Ich möchte Jock Murray für die Einführung bei seinen liebenswürdigen Freunden in Istanbul danken, die ich inzwischen auch als meine Freunde schätze.

Wer lange herumreist, darf sich glücklich schätzen, wenn er einen Partner hat, der ihm seine Abwesenheit nicht verübelt. Es liegt mir besonders am Herzen, meinem Ehemann für seine Geduld und Nachsicht zu danken und dafür, daß er sich in dieser Zeit um alles Nötige gekümmert hat.

Mein Dank gilt auch all jenen, denen meine Bücher gefallen und die mir dies geschrieben haben. Ihre Ermutigung hat mir ungeheuer geholfen, wenn es einmal hart auf hart ging.

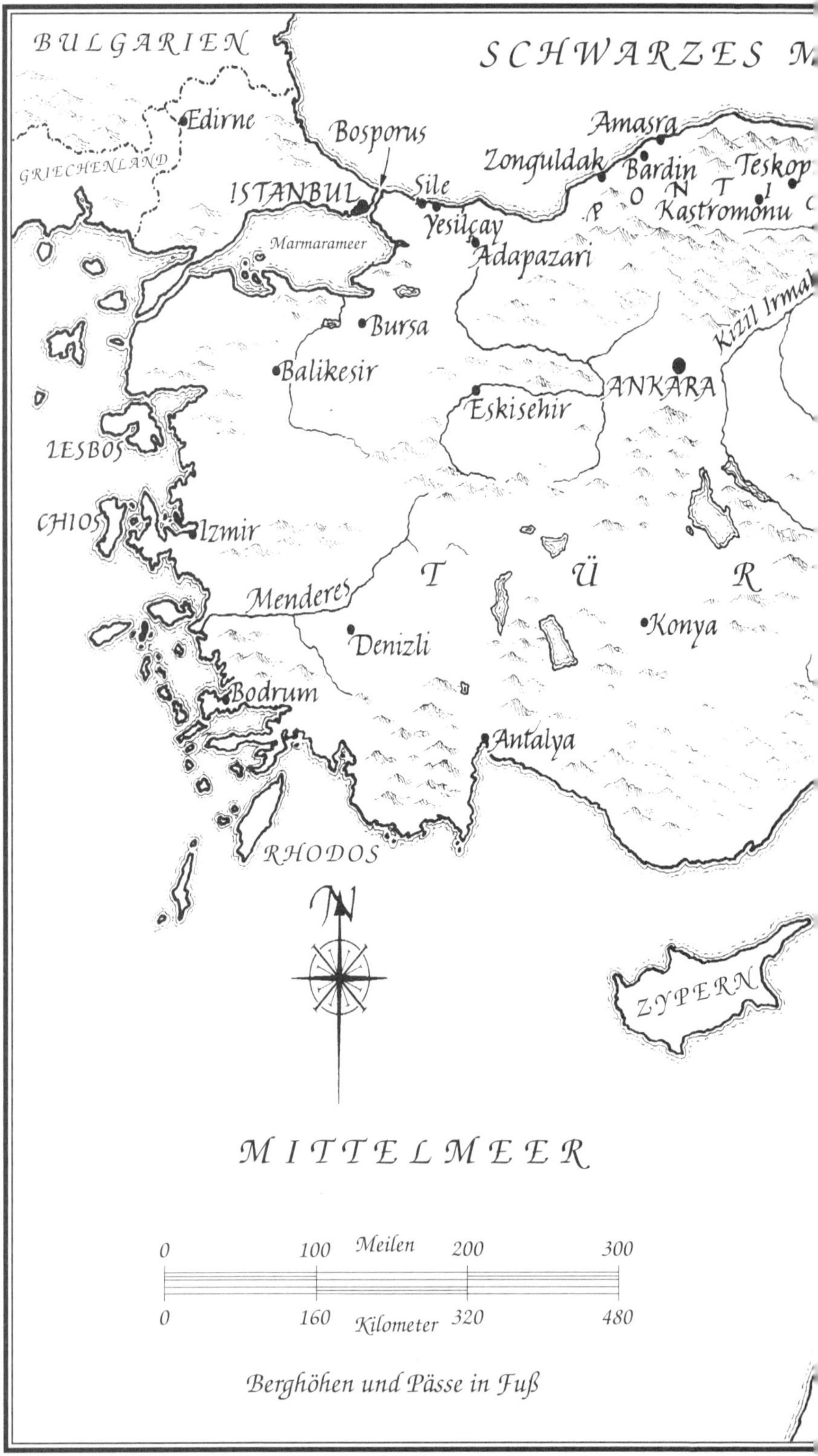

BULGARIEN
SCHWARZES M
Edirne
GRIECHENLAND
Bosporus
Amasra
Zonguldak
Bardin
Teskop
ISTANBUL
Sile
P O N T I
Kastromonu
Yesilçay
Marmarameer
Adapazari
Kizil Irma
Bursa
Balikesir
ANKARA
Eskisehir
LESBOS
CHIOS
Izmir
T Ü R
Menderes
Konya
Denizli
Bodrum
Antalya
RHODOS
N
ZYPERN
MITTELMEER
0 100 Meilen 200 300
0 160 Kilometer 320 480
Berghöhen und Pässe in Fuß